जनता स्टोर

छात्र राजनीति के भीतरखाने की दुनिया
जहाँ से दिखेगी मुख्यधारा की राजनीति
कुछ और साफ़!

नवीन चौधरी

जनता स्टोर

फंडा
राधाकृष्ण का उपक्रम

ISBN : 978-81-8361-896-0

मूल्य : ₹250

पहला संस्करण : दिसम्बर, 2018
दूसरा संस्करण : जनवरी, 2020
तीसरा संस्करण : जुलाई, 2022

राधाकृष्ण का उपक्रम

प्रकाशक
राधाकृष्ण प्रकाशन प्राइवेट लिमिटेड
जी-17, जगतपुरी, दिल्ली-110 051

शाखाएँ : अशोक राजपथ, साइंस कॉलेज के सामने, पटना-800 006
पहली मंजिल, दरबारी बिल्डिंग, महात्मा गांधी मार्ग, प्रयागराज-211 001
36 ए, शेक्सपियर सरणी, कोलकाता-700 017

वेबसाइट : www.radhakrishnaprakashan.com
ई-मेल : info@radhakrishnaprakashan.com

मुद्रक
यश प्रिंटोग्रफिक्स, ग्रेटर नोएडा 201 310

JANATA STORE
Novel by Naveen Chaudhary

यह पहला उपन्यास
दादी, पुष्पा और शेखर भाई के नाम...

कहानी के पीछे की कहानी

शायद हर कहानी के पीछे दो कहानियाँ होती हैं—एक जो लिखते समय की होती है और दूसरी जो लिखने से छपने के बीच की होती है। अब जब आप 'जनता स्टोर' पढ़ने जा रहे हैं तो दोनों कहानियाँ बताना चाहता हूँ, पर जैसे मूल कहानी आगे से पीछे की तरफ़ गई है, वैसे ही यहाँ भी दूसरी कहानी पहले कहता हूँ।

मैनुस्क्रिप्ट ख़त्म होने को थी तो एक अच्छे प्रकाशक की तलाश शुरू हुई और मेरे एक मित्र ने अलिंद महेश्वरी से परिचय करवाया। अलिंद ने बड़े धैर्य से मुझे सुना और कहा कि उन्हें यह कहानी अच्छी लग रही है, लेकिन अन्तिम निर्णय सत्यानन्द निरुपम करेंगे। निरुपम जी से एक रोज जयपुर लिटरेचर फेस्टिवल में मुलाक़ात हुई तो उम्मीद के विपरीत वे बड़े हँसमुख और सहज व्यक्ति लगे। बड़ी ख़ुशी से मिले, ईमेल एड्रेस दिया और कहा कि प्रपोज़ल भेजिए, फिर बात करते हैं।

मैं प्राय: ह्यूमर लिखता हूँ और मुझे दोस्त उसी के लिए जानते हैं। यह किताब ह्यूमर नहीं है, इसलिए मैं निरुपम जी को प्रपोज़ल भेजने के बाद भी आशंकित था। डेढ़ महीना धुकधुकी में कटा...एक दिन किसी कार्यक्रम में निरुपम जी मिले और पहली लाइन बोले—'छपेगा भाई, छपेगा।' और यहाँ से इस उपन्यास की छपाई की प्रक्रिया शुरू हुई। अगर कहानी अच्छी बनानी है तो मुझे लगता है कि एक सम्पादक और लेखक के बीच रिश्ते दो तरह के होने चाहिए—या तो वैम्पायर का जहाँ वह एक-दूसरे का इतना ख़ून पिएँ कि एक-दूसरे के विचार उनकी रगों में दौड़ने लगें या फिर प्रेमियों जैसा जहाँ इशारों में ही

एक-दूसरे की बात समझ जाएँ और कहानी को सही दिशा दे दें। अब मेरे और निरुपम जी में इनमें से कौन-सा रिश्ता रहा, यह मैं नहीं बताऊँगा, लेकिन किताब का नाम रखने से पहले उन्होंने मुझे पूरा जयपुर एक बार जरूर घुमा दिया। सिर्फ़ इतना ही नहीं, मैंने हवामहल की खिड़कियाँ भी गिनी। इस पूरे प्रोसेस में एक चीज़ जो कायम रही, वह था भरोसा; मुझे पता था कि जैसी यह कहानी है उसका सही सम्पादन निरुपम जी ही कर पाएँगे और वही हुआ। कहानी आपके सामने है।

दो और युवा क्रान्तिकारियों ने इस किताब के बनने में बड़ा सहयोग दिया। वर्तिका निरुपम जी के साथ 'जनता स्टोर' के सम्पादन पर काम कर रही थी। इधर काम शुरू हुआ और उधर लवेरिया वाली उम्र में यह लड़की भयानक मलेरिया से पीड़ित हो गई, तो भी "show must go on" का नारा बुलंद किए रही। दूसरे क्रान्तिकारी हैं—सुमेर सिंह राठौड़, जिसकी घर जाने की ट्रेन का रिज़र्वेशन कई बार हमने इसलिए कैंसिल करवा दिया क्योंकि हमें किताब के प्लान पर चर्चा करनी थी।

'जनता स्टोर' जैसा है, वैसा आपके सामने लाने के लिए सत्यानन्द निरुपम जी, अलिंद महेश्वरी, सुमेर, वर्तिका, शुऐब, अंशुल, राकेश जी, संदीप जी और राजकमल प्रकाशन के उन सभी साथियों का धन्यवाद, जिन्होंने इस पर काम किया है। राजकमल प्रकाशन समूह को अलग से धन्यवाद इसलिए नहीं लिख रहा, क्योंकि ये सब दोस्त मिलकर ही तो इस समूह को बनाते हैं।

उम्मीद है, आप इसे पसन्द करेंगे और प्रतिक्रिया देंगे। यह तो थी लिखने से छपने की कहानी...अब लिखने और उससे पहले की कहानी कुछ यूँ है—

एक दिन दादी को एक किताब हाथ में लिए बैठे देखा। दादी पढ़ी-लिखी नहीं थीं, इसीलिए उनके हाथ में किताब देखकर उत्सुकता हुई। किताब पर लेखक का नाम था—डॉ. अर्कनाथ चौधरी, जो मेरे पिता हैं। दादी किताब के कवर पर हाथ फेर रही थीं, मैं शायद आठवीं क्लास में था तब। दादी काफ़ी खुश थीं अपने बेटे की किताब देखकर। मुझसे बोली कि जिस दिन तू किताब लिखेगा, मुझे तेरी माँ से भी ज़्यादा

ख़ुशी होगी क्योंकि मेरे पिता उनके लिए मूल हैं और मैं सूद। उसी दिन सोचा कि किताब लिखूँगा ज़रूर...क्या लिखूँगा, यह नहीं मालूम था।

शादी हो गई तो मुझे अपने एक गुण की याद आई। वह गुण बचपन से था, पर जैसे हनुमान जी को उनकी शक्ति याद दिलाई गई वैसे ही मेरी बीवी ने ताने के रूप में ही सही, मुझे मेरे गुण की याद दिलाई। बचपन में पापा की डाँट, स्कूल/कॉलेज में टीचर्स की और शादी के बाद बीवी की डाँट से बचने को मैंने बहुत कहानियाँ बनाई थीं। बस, समझ में आ गया कि मुझे अकादमिक किताब नहीं, कहानी लिखनी है...और 'जनता स्टोर' का सफ़र शुरू हुआ।

दादी के उन प्रेरक शब्दों के बाद अगर किसी ने वाकई यह किताब लिखने के लिए मुझे सहयोग किया और उत्साहित किया तो वह है मेरी बीवी—पुष्पा झा जो अब चौधराइन हो चुकी है। उसने मुझे रोज़ दो पेज लिखने का टार्गेट दिया और एक कड़क मैनेजर की तरह वह इस टार्गेट को रिव्यू करती रही। मैं बिना किसी डिस्टर्बेंस के किताब पूरी कर सकूँ, इसलिए पिछले दो सालों में वह मुझसे दूर दूसरे शहर में रही। अकेले ही हमारे बेटे आर्यादित्य को सँभाला और अपनी नौकरी को भी, लेकिन टार्गेट रिव्यू करना न भूली। मैं भी कई बार नया आइडिया आने पर रात 2 बजे उसे फ़ोन करके चैप्टर सुनाता और वह सुनकर अपना फीडबैक देती। परिणाम यह रहा कि पांडुलिपि डेढ़ साल में पूरी हो गई। हालाँकि एक एंगल और है, और वह यह कि इस दौरान मुझ पर लौकी, टिंडा, तुरई जैसी सब्ज़ियाँ खाने का कोई दबाव नहीं था जिस वजह से मैं रोज़ बड़े अच्छे मूड में रहता था और किताब लिखने के लिए मूड का अच्छा रहना ज़रूरी है।

पापा की लगभग 21 किताबें हैं। वह मेरे प्रेरणास्रोत रहे हैं। माँ को इस उपन्यास का अधीरता से इन्तज़ार करते पा रहा हूँ। माँ बहुत धीरे-धीरे शब्दों को जोड़कर पढ़ पाती हैं, इसलिए वह अपने बेटे का उपन्यास जरूर पढ़ लेंगी। उम्मीद है, आर्यादित्य भी अपनी दादी की ख़ुशी देख एक दिन अपनी माँ को ऐसी ही ख़ुशी देगा।

जब कहानी लिखी जा रही थी तो मुझे स्कूल के वे लड़के याद आए जो बड़े नेता बनते थे, क्योंकि उनके सही-ग़लत में उनका साथ देने के लिए उनके बड़े भाई थे। मेरे बड़े भाई शेखर की मृत्यु सिर्फ तीन साल की उम्र में (मेरे जन्म से पहले) हो चुकी थी। जब भी दोस्तों के बड़े भाइयों को देखता हूँ तो इच्छा होती है, काश! शेखर होता। यही वजह रही कि मुख्य पात्र मयूर के कैरेक्टर को तैयार करते हुए तीसरे ड्राफ्ट में मुझे लगा कि उसे बड़े भाई का सहयोग मिलना चाहिए और इस तरह कहानी में मयूर के भाई शेखर भारद्वाज की एंट्री हुई।

अब उपन्यास आपके हवाले। चाहे जहाँ रखें...

—नवीन चौधरी

नोएडा
नवम्बर, 2018

23 सितम्बर, 1999; रात 11:50 बजे

जयपुर

''गाड़ी जनता स्टोर पे ले ले।''

''बन्द हो गया होगा।''

''अबे! ले तो...''

जयपुर के बापू नगर में जनता स्टोर एक मार्केट है। मार्केट छोटा है पर इतनी दुकानें हैं कि बापू नगर, गांधी नगर, यूनिवर्सिटी और विधायक निवास में रहने वाले लोग अपनी रोज़मर्रा की ज़रूरत की चीज़ें ख़रीदने और कुछ हल्का-फुल्का खाने को आते रहते हैं। मज़ेदार बात यह है कि इस मार्केट में कोई जनता स्टोर नहीं हैं; हाँ, बहुत सालों पहले एक हुआ करती थी। लेकिन जिस तरह हमारे जनतंत्र से जन के गायब होने पर भी उसे जनतंत्र कहा जाता है, वैसे ही जनता स्टोर बन्द होने पर भी इस मार्केट को आज भी जनता स्टोर कहा जाता है।

संजय ऑमलेट वाला अपनी दुकान का शटर गिराकर ताला मार ही रहा था कि सामने एक सफ़ेद एम्बेसडर कार रुकी। कम-से-कम दस तरह के ऑमलेट बना सकने वाला जनता स्टोर स्थित संजय ऑमलेट पूरे जयपुर में इतना प्रसिद्ध है कि कहते हैं, यहाँ पर जैन और ब्राह्मण भी बिना प्याज का ऑमलेट खा लेते हैं। ऑमलेट वाले ने कार को देखा और ताला मारते हुए एक हाथ ऊपर उठाकर कहा—''बन्द हो गया अब।'' ड्राइवर सीट पर बैठे आदमी ने खिड़की का काँच खोला और कहा—''देख तो ले कौन है...'' ऑमलेट वाले ने ड्राइवर को पहचाना और फिर अन्दर झाँका। ड्राइवर के साथ बैठे आदमी को देखकर नमस्ते किया और बोला—''अरे भाईसाब भी हैं क्या...'' फिर थोड़ा हिचकिचाते हुए बोला—बहुत देर हो गई है भाईसाब, अब सब बन्द कर दिया है।''

''अरे, देर कहाँ हुई है यार? रोज़ थोड़ी आते हैं हम दोनों तेरे पास? खोल ले वापस!'' ड्राइवर सीट पर बैठे आदमी ने कहा।

''दस मिनट में तो तारीख़ भी बदल जाएगी भाईसाब...और अब तो प्याज-टमाटर भी ख़त्म हो गए हैं।''

ड्राइवर के बग़ल वाला आदमी, जो चुप था, मुस्कुराया और बोला—''संजय भाई, हम तारीख़ बदलने ही निकले हैं; तुम बिना प्याज-टमाटर का ऑमलेट बना के बस पैक कर दो। कल की तारीख़ में तुम्हारा भी नाम दर्ज हो जाएगा।'' ऑमलेट की दुकान फिर खुली, ऑमलेट पैक हुआ और कार जवाहरलाल नेहरू मार्ग पर निकल पड़ी।

जवाहरलाल नेहरू मार्ग जयपुर की सबसे अच्छी और चहल-पहल वाली सड़कों में से एक है। इसके एक तरफ़ यूनिवर्सिटी है तो दूसरी तरफ़ गौरव टॉवर। चहल-पहल वाली यह सड़क रात होने की वजह से एकदम ख़ाली थी तो ड्राइवर ने एक्सेलेटर पर पैरों का दबाव बढ़ा दिया।

जवाहरलाल नेहरू मार्ग पर आगे एक स्मृति वन है, जहाँ लोग अपनों की याद में पेड़ लगाया करते थे। अब तो यह जगह एक अख़बार वालों ने ले ली है तो काफ़ी सुन्दर बन गया है, लेकिन उन दिनों में यह असल में वन ही था। स्मृति वन के गेट के पास कोने में एक यामाहा आरएक्स-100 ऐसे खड़ी थी कि किसी की नज़र न पड़े। यामाहा के बग़ल में झाड़ियों में बैठे दो लोगों में से एक के हाथ में ओल्ड मंक का पव्वा था। पैग लगाते हुए उस आदमी ने साथ वाले को कहा—''अबे असलम, झाड़ियों में बैठे-बैठे पिछवाड़ा दुख गया है। कब आएँगे बे वह लोग?''

''लगता है, आने वाले हैं।'' असलम ने जेब में वाइब्रेट करते मोबाइल फ़ोन को उठाते हुए कहा। मोबाइल फ़ोन तब नई और काफ़ी महँगी चीज़ थी, इनकमिंग कॉल के भी 16 रुपये प्रति मिनट लगा करते थे, लेकिन असलम और शुक्ला जिस काम से आए थे उसकी क़ीमत और अहमियत मोबाइल के खर्चे से कहीं ज़्यादा थी। फ़ोन पर बात करके असलम बोला—''शुक्ला, बोतल छोड़ो...वह लोग किसी भी टाइम यहाँ होंगे।

शुक्ला ने असलम को अनसुना कर एक घूँट और भरते हुए कहा—''तुमको एक काम की बात बताएँ...जब फ़ोन को वाइब्रेशन में रखते हो तो ऊपर की जेब में रखने के बजाय पैंट की पॉकेट में रखा करो...मज़ा आएगा!''

''बकवास बन्द करो और खड़े हो जाओ, कार आ रही है। शायद उन्हीं की है।'' दोनों स्मृति वन की झाड़ियों से निकल सड़क पर आ गए। सोडियम लाइट की रोशनी में सफ़ेद एम्बेसडर कार चमक रही थी। कार मुश्किल से पचास

गज दूर होगी कि असलम सड़क के बीचोबीच आकर खड़ा हो गया। उसने जेब से छोटी टॉर्च निकाल लाइट पहले कार की नम्बर प्लेट पर और फिर चलाने वाले के चेहरे पर मार पक्का किया कि गाड़ी सही है। उसके बाद हाथ से कार को रुकने का इशारा किया। कार ज्यों ही धीमी हुई, उसने पैंट में पीछे खोंसी हुई पिस्तौल निकाली और कार पर गोली चला दी।

गोली लगने से कार का सामने का शीशा टूट गया। अचानक हुए इस हमले से घबराकर ड्राइवर ने कार तेज़ी से बैक की, तब तक असलम ने दो गोलियाँ और दाग दीं। कार रुकी और ड्राइवर कार का दरवाज़ा खोल बाहर निकलकर भागने लगा। असलम ने आगे बढ़ दो गोलियाँ और उस पर दाग दीं। गोली जिस काम के लिए बनी थी उसने वह काम किया और ड्राइवर सड़क पर गिर पड़ा। असलम एक और गोली चलाने को था कि कार के दूसरी तरफ़ का दरवाज़ा खुला। शुक्ला ने उस तरफ़ बढ़ दरवाज़े को पकड़ा। शुक्ला कुछ करता उससे पहले अन्दर बैठे आदमी ने ज़ोर से गेट खोलकर शुक्ला को धक्का दिया। कुछ बोतल का असर था और कुछ धक्का तेज़ था, शुक्ला बैलेंस नहीं बना सका। पिस्तौल हाथ में लिये वह सड़क पर गिर पड़ा, लेकिन गिरते-गिरते भी उसने कार से निकलने वाले आदमी पर गोली चला दी। गोली आदमी के कन्धे में लगी और वह अपना कन्धा पकड़कर उल्टी दिशा में दौड़ने लगा। असलम पहले से पिस्तौल ताने खड़ा था, बिना मौक़ा चूके उसने अपनी आख़िरी गोली उस पर चला दी। असलम के पिस्तौल की गोली ने इस बार भी वफ़ादारी निभाई और इस दौड़ते आदमी की बाईं जाँघ में घुस गई।

स्मृति वन के साथ में ही पच्चीस-तीस फुट गहरी खाई है और उसके पीछे अरावली की पहाड़ियाँ। गोली लगने से आदमी लड़खड़ाकर गिरा और उसकी नज़र सड़क के बीच ख़ून में लिपटे बेसुध पड़े ड्राइवर पर पड़ी। शुक्ला सँभल चुका था और उसने फिर निशाना साधा। जब कुएँ और खाई में से चुनना हो तो जानी-पहचानी खाई में कूद पड़ना ज़्यादा समझदारी का काम होता है। इस सड़क से रोज़ गुज़रने वाले उस आदमी ने शुक्ला की पिस्तौल की गोली को मौक़ा नहीं दिया और उस खाई में कोशिश करके तेज़ी से लुढ़क पड़ा।

अँधेरे में खाई में कुछ दिख नहीं रहा था, इसलिए शुक्ला ने दो-तीन गोलियाँ इधर उधर खाई में यों ही चला दीं। असलम ने मोटरसाइकिल स्टार्ट की और शुक्ला को पीछे बिठाकर अगले चौराहे से बाएँ दिल्ली हाईवे की तरफ़ बढ़ चला।

6 अगस्त, 1997

"सर, दुर्गाराम जी आए हैं, मिलना चाहते हैं?" शिक्षामंत्री सिकन्दर बेनीवाल के पी.ए. ने फ़ोन पर पूछा।

"दुर्गाराम कौन! दुर्गाराम जाट?" सिकन्दर ने पूछा।

"जी सर...अपॉइंटमेंट नहीं है।" जवाब आया। अशोक डेवलपर्स एंड बिल्डर्स—एडीबी का मालिक अशोक विजयवर्गीय सिकन्दर के पास बैठा सरकारी स्कूल की बिल्डिंग बनाने के ठेके से सम्बन्धित एक फ़ाइल पढ़ रहा था। दुर्गाराम का नाम सुनकर उसकी आँखें फ़ाइल से हटकर सिकन्दर पर टिक गईं। सिकन्दर बेनीवाल ने सीसीटीवी कैमरे में देखा और स्क्रीन घुमाकर अशोक विजयवर्गीय को दिखाया। अशोक ने कन्धे उचकाए; जैसे पूछ रहा हो कि यह यहाँ क्यों आया है?

"सर, मैं मना कर दूँ उन्हें?" पी.ए. ने ऐसा सिर्फ़ इसलिए नहीं पूछा क्योंकि सिकन्दर का जवाब नहीं आया। दरअसल उसे एक ज़माने के जिगरी दोस्त सिकन्दर और दुर्गाराम के हालिया तल्ख़ रिश्तों के बारे में भी पता था।

"नहीं-नहीं...मना क्यों करोगे? कोई हमारे दरवाज़े पर आया है तो मिलेंगे ही। भेजो उन्हें।"

"जी, सर।"

"और सुनो... ऐसे ही मत भेजना। सिक्योरिटी को कहो कि पूरी तलाशी ले, तब भेजे।" सिकन्दर का यह आदेश सुनकर अशोक सिर डुलाते हुए मुस्कुराया और वापस फ़ाइल में देखने लगा। सिकन्दर ने फ़ोन रखा, सीसीटीवी कैमरे में दुर्गाराम की चेकिंग होते हुए देख मुस्कुराया और अशोक के कन्धे पर हाथ रखकर 'महल' फ़िल्म का गाना गाने लगा—"आएगा, आएगा, आएगा... आएगा, आएगा आने वाला..."

दरवाज़े पर ठक-ठक की आवाज़ हुई। कुछ सेकंड बाद छह फुटा बलिष्ठ दुर्गाराम जाट सफ़ेद शर्ट, सफ़ेद पैंट और चमड़े की चप्पलें पहने हुए कमरे में दाख़िल हुआ। सिकन्दर ने उसे देखा और अशोक से अमिताभ बच्चन के अन्दाज़ में बोला—"जानता है इनका नाम? दुर्गाराम जाट, पूरा नाम दुर्गाराम सीताराम जाट। चीफ मिनिस्टर की डायरी में इनका रोज़ का अपॉइंटमेंट होता है, हाँ। इतना बड़ा आदमी आज अपुन को मिलने आया है...क्या देखता है तुम, खड़ा होकर वेलकम करो।"

अशोक ने नज़र उठाकर दुर्गाराम को देखा और फिर फ़ाइल में घुस गया।

सिकन्दर ने व्यंग्य-बाण जैसे पूरे नहीं छोड़े थे। उसने अशोक से फिर से कहा—"फ़ाइल में क्या देखता है अशोक, दुर्गाराम जी को देख। इनके पास दारू के ठेके हैं, होटल और बार, सी-स्कीम इलाक़े में बँगला है, क्या है तुम्हारे पास ?" फ़िल्मों का शौक़ीन सिकन्दर अक्सर अपनी बातों को फ़िल्मी डॉयलॉग के अन्दाज़ में बोला करता।

अशोक ने फ़ाइल बन्द की और बोला—"मेरे पास...मेरे पास दोस्त है, सिकन्दर बेनीवाल जैसा दोस्त। वैसे तुम्हें बता दूँ कि पिछले हफ़्ते दुर्गाराम जी के छह बार सरकार ने बन्द करा दिए और बँगला...वह तो कल ही मुख्यमंत्री के आदेश से टूटा है। अब घंटा है दुर्गाराम जी के पास!"

"ओहो...वही वाला बँगला न...जो दुर्गाराम जी ने अपने पिताजी के नाम पर बनवाया था—सीताराम निवास! बहुत दुख हुआ दुर्गाराम जी यह सुन के..." सिकन्दर ने दुर्गाराम के जले पर नमक छिड़कते हुए कहा। उसके बाद सिकन्दर और अशोक ने एक-दूसरे को देखा और दोनों ठहाका मारकर हँसने लगे।

जब दोनों का हँसना कम हुआ तो दुर्गाराम ने बुझी हुई आवाज़ में कहा—"माफ़ी माँगने आया था। सोचा था, पुराने दोस्त हो, माफ़ कर दोगे...पर कोई बात नहीं। मेरी ग़लती थी जो तुम्हारे पास आया। चलता हूँ..." कहकर दुर्गाराम हाथ जोड़कर जाने लगा।

"रुक जा..." सिकन्दर बेनीवाल ने बीस साल पुराने अपने दोस्त दुर्गाराम को आदेश देते हुए कहा। "तेरी ग़लती यह नहीं कि तू यहाँ आया, तेरी ग़लती यह थी कि तू यहाँ से चला गया। तेरी ग़लती यह थी कि अपने फ़ायदे के लिए तूने उन लोगों को छोड़ दिया जो तुझे ऊपर उठाकर लाये। आज तेरे साथ जो हो रहा है, यह उसी की सज़ा है। वापस वहीं आना पड़ा, जहाँ से तू गया था।" सिकन्दर की आवाज़ में ग़ुस्सा साफ़ नज़र आ रहा था।

"ग़लती नहीं की मैंने, बहुत बड़ी ग़लती की। माफ़ कर दे यार..." दुर्गाराम ने हाथ जोड़ते हुए कहा।

"यार नहीं हूँ मैं तेरा।" सिकन्दर ने पूरे तैश में कहा—"उस राज्येश सिंह राठौड़ को जाकर यार बोलना, मुझे नहीं।" कहकर सिकन्दर ने मुँह घुमा लिया। प्रेमचन्द की कहानियों के किसी भी किसान का चेहरा याद कर लीजिए जो साहूकार की मार से मरा हुआ हो, बस वैसा ही चेहरा इस वक़्त दुर्गाराम का था। बस उसका बलिष्ठ शरीर और सफ़ेद कलफदार कपड़े उसे प्रेमचन्द की कहानी के पात्र से अलग कर रहे थे।

"यार कहने का हक़ खो चुका हूँ, इसलिए आपसे और कुछ नहीं कहूँगा, सर।

बस माफ़ी माँगने आया था, पुराना दोस्त था, यही सोचकर माफ़ कर दीजिएगा।'' सिकन्दर से कोई प्रतिक्रिया न पाकर दुर्गाराम बोला—''आप सच कहते थे, यह राजपूत कभी हम जाटों को ऊपर उठता नहीं देख सकते। मेरी ग़लती थी जो आपकी बात नहीं सुनी और उससे हाथ मिला लिया। उस हरामी राज्येश सिंह राठौड़ ने... ख़ैर, अब इन सब बातों का क्या फ़ायदा। चलता हूँ।''

राजपूतों की बुराई सुन सिकन्दर पलटा और दुर्गाराम से बोला—''कहा था न मैंने...पर नहीं...बात तो सुननी नहीं है तुझे!'' सिकन्दर ने एक लम्बी साँस छोड़ी और दुर्गाराम को बैठने का इशारा किया और पूछा—''जो हो गया, सो हो गया; अब मेरे पास क्यों आया है ?''

''जो ग़लती की वह सुधारने आया हूँ। बता अब क्या करूँ तेरे लिए ? तू अलग होकर सरकार बनाना चाहता था न, बना; मैं पैसा लगाऊँगा। जितना चाहिए उतना, पर इस आदमी को...'' दुर्गाराम तैश में अपना वाक्य पूरा नहीं कर पाया।

''बच्चों का खेल है क्या ? जब मौक़ा था तब तू अपने छोटे फ़ायदे के लिए भाग गया। अब आया है यहाँ बड़ी बातें करने! क्या भरोसा तेरा ? फिर कोई खेल खेलने आया हो तू हमारे साथ उस राठौड़ के कहने पर...'' इस बार अशोक विजयवर्गीय ने दुर्गाराम से कहा।

दुर्गाराम ने सिर झुका लिया, फिर कुछ सोच के बोलने ही वाला था कि सिकन्दर ने उसे चुप होने का इशारा किया और अशोक से बोला—''दगाबाज़ ही सही, पर दोस्त है; आज दो साल के बाद हम लोगों के पास वापस आया है। ड्रिंक्स मँगाता हूँ, फिर पीते-पीते बात करेंगे और इसकी भी सुनेंगे।'' अशोक इतनी आसानी से दुर्गाराम को छोड़ना नहीं चाहता था, पर सिकन्दर ने उससे फिर कहा—''ड्रिंक्स के साथ बात करेंगे।'' अशोक चुप हो गया। सिकन्दर ने घंटी बजाकर अर्दली को बुलाया और ड्रिंक्स लाने का इशारा किया।

3 अक्टूबर, 1997; दोपहर 11 बजे
राजस्थान कॉलेज, जयपुर

''...तो लड़की अरुण को बोली कि पापा के सोने के बाद मैं गली में सिक्का फेंकूँगी, तुम आवाज़ सुन के आ जाना। लड़की ने सिक्का फेंका पर अरुण पहुँचा घंटे भर बाद। लड़की ने पूछा इतनी देर क्यों लगी तो अरुण बोला कि जो सिक्का फेंकी थी, वही ढूँढ़ रहा था।'' सारे दोस्त हँसने लगे कि मयूर बोला—''अबे

रुको, अभी जोक बाक़ी है...'' सारे दोस्त हँसी दबाकर मयूर को देखने लगे और मैं उसे घूर रहा था। मयूर बोला—''लड़की ने अरुण को कहा कि पगले, सिक्के में धागा बाँध के फेंका था, वापस खींच लिया। आख़िर मैं भी गुप्ता हूँ।'' इस बार ठहाका ज़ोर से गूँजा, और सिर्फ़ मेरे दोस्तों का ही नहीं, लाइन में खड़े और भी कई लड़कों का।

राजस्थान कॉलेज यूनिवर्सिटी का ह्यूमेनिटीज़ / आर्ट्स कॉलेज है। यूनिवर्सिटी के बाक़ी कॉलेजों से हर तरह से अलग। एक लम्बी सफ़ेद चूने से पुती प्लेटफार्म जैसी बिल्डिंग, जिसके पिछले हिस्से में हम लोग एग्ज़ाम फीस जमा कराने को लाइन में लगे हुए थे। लाइन में समय लग रहा था और मयूर के वाहियात चुटकुलों का शिकार हमेशा की तरह मैं था। क़रीब पौने छह फ़ीट लम्बा मध्यम क़द-काठी का मयूर अपने चेहरे से सिर्फ़ तब तक मासूम लगता जब तक कि वह मुँह न खोलता। एक बार मुँह खुला और उसका शरारती चेहरा सामने आने लगता। हमारे ग्रुप का सबसे ज़्यादा तेज़ और ठंडे दिमाग़ का होने के नाते एक तरह से वह ग्रुप का नेता था। कोई भी मुसीबत हो तो मयूर सबको उससे बचा लेता था। ख़ुशमिज़ाज था, मदद करता था इसलिए स्कूल में लगभग हर कोई उसे जानता था। अब कॉलेज आने के बाद स्कूल के जाने-पहचाने चेहरे मयूर का बहुत बड़ा ग्रुप सिकुड़कर हम लोगों में ही छोटा-सा रह गया था।

मैं हूँ—अरुण कुमार गुप्ता, इस कहानी का सूत्रधार और शायद एक अहम हिस्सा भी। मैं, मयूर, दुष्यन्त और प्रताप स्कूल के टाइम से दोस्त हैं और तब राजस्थान कॉलेज से बीए कर रहे थे। सेकंड ईयर की परीक्षाओं के लिए कॉलेज में फॉर्म भरे जा रहे थे और हम सब उसी लाइन में थे। लाइन में अभी भी हमारे आगे इक्कीस और लड़के खड़े थे, और हरेक लड़का फॉर्म जमा कराने में तक़रीबन तीन से पाँच मिनट ले रहा था। इस हिसाब से हमारा नम्बर कम-से-कम सवा घंटे के बाद ही आना था। कॉलेज के पीछे एक बड़ा मैदान है, एडमिन ऑफ़िस की फीस खिड़की मैदान में खुलती थी। चूँकि फीस जमा कराते लड़कों की भीड़ बहुत लम्बी हो जाती, इसलिए यह काम इस मैदान में खुलने वाली खिड़की से होता। लड़के खिड़की की ग्रिल से फॉर्म और पैसे देते और अन्दर बैठा क्लर्क रसीद फाड़ देता।

जयपुर में अक्टूबर-नवम्बर में भी हलकी-सी गर्मी रहती है। गर्मी बहुत नहीं पड़ती, पर इतनी होती है कि ज़्यादा देर धूप सहन न हो। शुक्र था कि जहाँ हम खड़े थे, वहाँ पेड़ थे। कॉलेज का मैदान यूँ तो खेल-कूद के लिए था, पर इस्तेमाल सबसे ज़्यादा सालाना वृक्षारोपण कार्यक्रम के लिए होता। इस कार्यक्रम में जहाँ पेड़ एक लगता है, वहीं लगाने वाले नेता या अफ़सर की कम-से-कम बारह

फ़ोटो छपती है। कॉलेज प्रशासन थोड़ा दुरुस्त था और उन्होंने पेड़ मरने नहीं दिए और नेताओं से ऐसे फ़ोटो खींचने-खिंचवाने के चक्कर में अनजाने में भला काम हो गया।

गप्पें मारते हुए हम धीरे-धीरे आगे बढ़ रहे थे। अगल-बग़ल में दो और लाइन लगी हुई थीं जो फ़र्स्ट ईयर और थर्ड ईयर वालों की थी। मर्फी लॉ के मुताबिक जिस लाइन में हम थे वह सबसे धीरे खिसकनी थी और ऐसे मामलों में मर्फी लॉ फेल नहीं होता। लाइन में लगे-लगे हम थक चुके थे और मेरा नम्बर पूरे दो घंटे के बाद आया। थका-हारा खिड़की पर पहुँचा और फॉर्म अन्दर देने को हाथ उठाया ही था कि किसी ने मेरा कन्धा ज़ोर से पकड़कर साइड में धक्का दिया! मेरा फॉर्म नेनो सेकंड के अन्तर से खिड़की से अन्दर जाने के बजाय बाहर गिर पड़ा। एकदम से, इतनी तेज़ धक्का लगने से, मेरा बैलेंस बिगड़ गया और फॉर्म के साथ मैं भी लगभग गिर ही गया होता अगर मयूर ने मुझे थाम न लिया होता। मेरे दिमाग़ में नाम कौंधा—दुष्यन्त! इस तरह मज़ाक़ में धक्का-मुक्की पूरे ग्रुप में दुष्यन्त ही कर सकता था। मैं जब तक सँभलकर उससे कुछ कहता देखा, कि एक हट्टा-कट्टा लड़का खिड़की के अन्दर फॉर्म दे चुका था। मुझे जब तक यह समझ आया कि मुझे धकेलने वाला लड़का दुष्यन्त नहीं, बल्कि यह हट्टा-कट्टा लड़का है, तब तक मयूर उससे उलझ पड़ा था।

''ओये, लाइन कैसे तोड़ी तूने और धक्का क्यों दिया, बे?''

वह लड़का हमें अनसुना करके अन्दर बैठे क्लर्क से बोला—''मेरे गाँव का छोरा है खंडेलवाल जी, इसका फॉर्म पहले जमा करो।'' अब तक मैं सँभल चुका था। अब मैंने उसके कन्धे पर हाथ रखकर बोला—''ओये हीरो, तेरे को ही बोल रहे हैं।''

''देख न रा, फॉर्म जमा कर रा हूँ। चल पाछे हट।'' उस लड़के ने जितनी तेज़ मुझे धक्का दिया था, उससे भी ज़्यादा तेज़ मेरा हाथ झटकते हुए कहा। इतनी देर में पहली बार मैंने उसके चेहरे को ध्यान से देखा—गेहुँआ रंग, बड़ा चेहरा जो घुटे हुए सिर की वजह से और भी बड़ा लग रहा था, सिगरेट पीने से काले पड़े हुए मोटे होंठ, लगभग 5 फुट 11 इंच क़द, गंगानगरी स्टाइल के सफ़ेद रंग के कुरते-पाजामे में दिखता उसका कसा हुआ बदन और पैरों में हवाई चप्पल—कुल मिलाकर वह डरावना लग रहा था। बनिया भले ही दुनिया के किसी भी बैंक को निडर होकर चूना लगा जाए, पर लड़ाई-झगड़े से हमेशा डरता है। मैं भी उसके हाथ झटकने भर से ही अन्दर से डर गया था, लेकिन तब तक मयूर और दुष्यन्त मेरे बग़ल में आकर खड़े हो गए। दोस्त बग़ल में खड़े हों तो दुनिया की ऐसी-तैसी! मेरी हिम्मत बँधी और इस बार मैंने उसे पीछे

खींचा। पूरे टशन से उसे धमका के कहा—"लाइन में आ जा, चुपचाप!"

मेरा यह टशन उस लड़के को रत्ती भर भी पसन्द नहीं आया। मैं यह बात पूरे दावे से इसलिए कह सकता हूँ क्योंकि उसने धमकी का जवाब नहीं दिया, बल्कि पलटकर ऐसा झन्नाटेदार थप्पड़ मेरे गाल पर मारा कि कान में सीटी बजने लगी और सिर घूमने लगा। मैंने उस दिन जाना कि 'दिन में तारे नज़र आना' सिर्फ़ कहावत नहीं है। थप्पड़ का असर इतना तेज़ था कि मैं सँभल नहीं पाया और वहीं ज़मीन पर बैठ गया। मुझे देख मयूर ने भी घुमा के एक थप्पड़ उस लड़के को दे मारा। उस लड़के ने बाएँ हाथ से मयूर को गर्दन से पकड़ा और घूँसा मारने को दाएँ हाथ की मुट्ठी बाँधी कि दुष्यन्त ने उसका हाथ पकड़ लिया। इस लड़के ने मयूर की गर्दन छोड़कर बाएँ हाथ से दुष्यन्त को खिड़की की तरफ़ धकेला और फिर से मयूर को पकड़कर उसके चेहरे पर कस के मुक्का मारा। मयूर को मुक्का पड़ते ही मैं और घबराया, पर अगले ही पल मुझे थोड़ा अच्छा लगा; क्योंकि अब ग्रुप के सब पिट चुके थे। मुझ अकेले का मज़ाक़ अब मयूर नहीं उड़ाएगा, 'अच्छा' लगनेवाली बात यही थी।

मुक्के से मयूर का होंठ कट गया और ख़ून आने लगा। दुष्यन्त ने उस लड़के को पीछे से पकड़ा, पर लड़के ने पलटी मार दुष्यन्त को गिरा दिया और उसके ऊपर बैठ गया। स्कूल की दुनिया बहुत छोटी होती है और उसमें हमारे लिए दुनिया का तीसरा सबसे मज़बूत आदमी था—दुष्यन्त। पहले दोनों—सिल्वेस्टर स्टेलोन और अर्नाल्ड श्वाजनेगर—थे। इस लड़के को देखकर यह साफ़ हो गया कि दुष्यन्त तीसरा नहीं, शायद चौथा सबसे हट्टा-कट्टा आदमी है। यह अकेला ही हम तीनों पर भारी पड़ गया था!

यह सब कुछ मिनट भर के अन्दर बहुत तेज़ी से हुआ। बाक़ी दोस्त जो लाइन में थे, उन्हें समझ में नहीं आया कि क्या हुआ और क्या करें? हमारे चारों तरफ़ लड़के घेरा बना के तमाशा देखने लगे थे, जिसमें मेरे स्कूल के दोस्त भी थे। मुझ पर थप्पड़ का असर अभी भी था, मैं ज़मीन पर पड़े-पड़े ही अपने दोस्तों से बोला कि देख क्या रहे हो, बचाओ उसे। तब तक मयूर ने पीछे से जाकर उस लड़के को गर्दन से पकड़ा और उसे अपनी ओर खींचने लगा। मेरी आवाज़ सुनकर बाक़ी दोस्त भी मयूर की मदद को बढ़े। दुष्यन्त उस लड़के की पकड़ से छूट चुका था और उसने घुमाकर एक किक पहले उस लड़के के पेट में मारी और उसके बाद पलक झपकने भर में ही जबड़े पर एक घूँसा जड़ दिया।

दुष्यन्त नेशनल लेवल का फुटबॉल खिलाड़ी था, अगर उसकी किक मारी फुटबॉल कान के पास से गुज़र जाए तो लगता था कि बग़ल से गोली निकली

है। उसकी किक ने इस लड़के को हिला दिया। दुष्यन्त अब फिर से मेरे लिए दुनिया का तीसरा सबसे मज़बूत आदमी बनने वाला था। मेरे सारे दोस्तों ने भी अब तक जिधर से हो सके, उधर से उस लड़के को थप्पड़-घूँसे मारने शुरू कर दिए। इस तरह के जवाबी हमले की उम्मीद उसे बिलकुल नहीं थी। जिस लड़के का फॉर्म जमा कराने वह आया था, वह लड़का अभी तक भौंचक्क होकर एक तरफ़ खड़ा था। इस पहलवान ने उस लड़के को आवाज़ दी—"देखै के है, हॉस्टल जा गे छोरां नै बुला ल्या...बोल, पूनिया पर हमलो होग्यो। जा, दौड़ जा..."

'दौड़ जा' पर पूनिया ने ख़ासा ज़ोर दिया और वह लड़का बिल्डिंग के गेट की तरफ़ भागा। दुष्यन्त ने दौड़कर उसको पकड़ने की कोशिश की, पर लड़का शायद एथलीट था। दुष्यन्त के छोड़ते ही पूनिया पर हम सबकी पकड़ भी कमज़ोर हुई और वह भी उतनी ही तेज़ी से भागा। दुष्यन्त ने भागते-भागते उसके पैर में एक किक मारी। पूनिया लड़खड़ाया पर गिरा नहीं, सँभला, और फिर भागने लगा। भागते-भागते बोला—"अठै ही रुक। पूनिया गै हाथ लगायो है तू, हाथ काट दयूँगा। रुक 5 मिन्ट।" दुष्यन्त भी चिल्लाया—"हाँ, आ जा, यहीं खड़े हैं हम। देखें, कितनी बड़ी तोप है तू!"

वे दोनों भाग गए और हमारे दोस्त मुझे, मयूर और दुष्यन्त को सँभालने लगे। मयूर के होंठों से ख़ून साफ़ किया गया, उसके होंठ सूज गए थे। उसे चिन्ता होने लगी कि घर पे क्या बोलेगा। दुष्यन्त बोला—"फॉर्म जमा कराते हैं।" हम सब वापस फीस काउंटर की तरफ़ बढ़े। लड़के घेरा छोड़कर वापस लाइन में आ गए थे और फॉर्म जमा कराने लगे थे। हमें देखते सब लड़कों ने हमारे लिए जगह बना दी। प्रताप ने सबकी आँखों में डर पढ़ लिया और मौक़े का फ़ायदा उठाकर हम सबका फॉर्म एक साथ खिड़की से अन्दर दे दिया। अन्दर बैठे खंडेलवाल जी विशुद्ध सरकारी कर्मचारी थे, माहौल देखकर एडजस्ट हो जाते। जहाँ और लड़कों को वह डाँटते हुए एक फॉर्म देने के लिए समझा रहे थे, वहीं हमारे चारों फॉर्म एक साथ ले लिए। उसके बाद हमारे एक-दो और दोस्तों ने भी फॉर्म ऐसे ही खिड़की से अन्दर डाल दिए, तभी थर्ड ईयर वाली लाइन का एक लड़का अपना फॉर्म जमा कराके हमारे पास आया और बोला—"तुम लोगों को यहाँ रुकना नहीं चाहिए। यह बड़ा गुंडा है और हॉस्टल में रहता है। अभी थोड़ी देर में सारे हॉस्टलर जमा हो जाएँगे तो तुम लोगों को मुश्किल हो जाएगी।"

दुष्यन्त बोला—"घनेरे देखे ऐसे! हम नहीं डरते, आने दो।"

"ठीक कह रहा है ये। निकल जाओ, वर्ना बहुत पिटोगे।" खिड़की के अन्दर

से खंडेलवाल जी की आवाज़ थी। खंडेलवाल जी ने उसी गेट की तरफ़ निकलने का इशारा किया जिधर से पूनिया भागा था।

दुष्यन्त बोला—"होगा हॉस्टलर, आने दे साले को। यहीं..."

दुष्यन्त कुछ और कहता कि मयूर ने उसका कन्धा दबाकर बोलने से रोक दिया और बोला—"सुन, निकल लेते हैं। वैसे भी हॉस्टलर हैं यार, झुंड बना के आएँगे। इन्हें चोट-वोट भी लग गई तो घर पे जवाब तो देना नहीं अपनी तरह!" कहते-कहते मयूर का हाथ अपने होंठों की सूजन पर चला गया।

दुष्यन्त जितना मज़बूत बदन का था, उतना ही मोटे दिमाग़ का। उसे बात जल्दी समझ में न आती और एक बार किसी बात पे सनक गया तो सनक गया। ऐसे में सिर्फ़ मयूर उसे समझा सकता था। कभी-कभी लगता कि दुष्यन्त के दिमाग़ की चाभी मयूर के पास है। जब मयूर ने चलने को कहा तो सारी अकड़ छोड़ दुष्यन्त तुरन्त मान गया। मेरा सिर अभी तक भन्ना रहा था, मैंने भी मयूर की हाँ में हाँ मिला दी। जो दोस्त लाइन में पीछे थे उन्हें बता दिया कि फॉर्म जमा कराके कॉलेज पार्किंग में मिलें। अगर हम वहाँ नहीं मिले तो जवाहर कला केन्द्र में मिलेंगे। इसके बाद हम लोग पार्किंग की ओर चल पड़े।

कॉलेज की गैलरी रेलवे प्लेटफार्म की तरह बहुत लम्बी थी। हमारी बाईं तरफ़ क्लासरूम थे और दाईं तरफ़ दीवार, जिसमें लोहे की ग्रिल लगी हुई थी। गैलरी ख़ाली थी और बाहर भी कोई नहीं था। हम लोग पार्किंग में आ गए। पार्किंग के साथ ही कॉलेज की कैंटीन है जिसमें चाय और समोसे के अलावा कुछ नहीं मिलता था। कैंटीन के ठीक पीछे एक बड़ा-सा प्ले ग्राउंड है। प्ले ग्राउंड के पीछे राजस्थान कॉलेज का अपना हॉस्टल—विवेकानन्द हॉस्टल—है, जहाँ पूनिया रहता था। वैसे हॉस्टल जाने के लिए कैंटीन के साथ ही सड़क भी है, लेकिन पैदल जाने वाले प्ले ग्राउंड से होकर जाते; क्योंकि रास्ता छोटा पड़ता है।

पार्किंग में पहुँच मयूर ने मेरे स्कूटर के काँच में अपने होंठों पर लगी हुई चोट को देखा। ख़ून अभी भी थोड़ा-सा लगा हुआ था। वह कैंटीन की तरफ़ पानी माँगने बढ़ा कि उसकी नज़र सामने प्ले ग्राउंड में दौड़ते कुछ लड़कों की तरफ़ पड़ी। कुछ लड़के हाथ में रॉड और डंडे लिये दौड़ रहे थे। कोई शॉर्ट्स में था, कोई कुरता-पाजामा में और एक तो सिर्फ़ तौलिये और बनियान में था।

"आ गए वह लोग! सबसे आगे वही पूनिया है जिससे अभी लड़ाई हुई है, और उसके हाथ में तलवार है।" मयूर इतनी शान्त आवाज़ में बोला, जैसे पूनिया तलवार नहीं चॉकलेट लेकर आ रहा हो।

आवाज़ तो नहीं आई, पर यह देख हम सबकी फट चुकी थी। अब तक जंग लड़ने वाले दुष्यन्त के चेहरे का भी रंग उड़ गया। मयूर ने ज़ोर से ताली बजाई। हम सबने उसकी ओर देखा। गेट की तरफ़ इशारा कर मयूर ज़ोर से बोला—"भागो!" और दुष्यन्त का हाथ पकड़ उसे खींचता हुआ भाग लिया। लड़के इतने पास आ गए थे कि मेरे पास स्कूटर स्टार्ट करने का भी वक़्त नहीं था। मैंने स्कूटर वहीं छोड़ा और सबके साथ बाहर दौड़ लगा दी। पीछे से आवाज़ तेज़ हो रही थी—"ओ भाग रया भेन्चो...पकड़!"

हम लोग कॉलेज गेट से बाहर आ गए थे और जवाहर कला केन्द्र की तरफ़ भागने लगे। मयूर भागते-भागते बोला—बस, विक्रम, टेम्पो—जो दिखे चढ़ जाओ। हम लोग चलते विक्रम में लटक लिए। एक लड़के ने पीछे से डंडा घुमाकर फेंका जो दुष्यन्त की टाँग से लगते-लगते रह गया! लड़कों ने कुछ दूर हमारा पीछा किया, पर विक्रम वाला इस रोड पर रोज़ का आने-जाने वाला था। इसलिए माहौल ख़ुद ही समझकर उसने विक्रम को ज़्यादा तेज़ दौड़ा दिया और हमें लगा कि हमारा पीछा छूटा।

***

विक्रम पर लटके हुए हम राजस्थान कॉलेज पार कर कॉमर्स कॉलेज की तरफ़ बढ़ चुके थे कि पीछे से किसी ने हॉर्न मारना शुरू किया। पलट के देखा तो चेहरे पर स्कार्फ़ बाँधे, आँखों पर काला चश्मा लगाये एक लड़की लूना पर हमारे पीछे थी। लूना उस ज़माने में लड़कियों की पसन्दीदा मोपेड थी। उसमें साइकिल जैसे पैडल होते थे जिसे घुमाकर लूना स्टार्ट करना लड़कियों को सुविधाजनक लगता। पलट के देखने पर उस लड़की ने हाथ हिलाया। मुझको देख के तो कोई लड़की हाथ नहीं हिलाती! प्रताप को देखकर कई बार हाथ उठा देती है, इसलिए मैं समझ नहीं पाया कि मुझे हेलो किया गया या किसी और को! लेकिन लड़की है, इसलिए उसे बेनिफिट ऑफ़ डाउट देना बनता था। मैंने भी मुस्कुराते हुए हाथ हिलाकर हेलो का जवाब दे दिया। लड़की ने इशारे से पूछा—"किधर?" मैंने भी सिर गोल घुमाकर एक हाथ से विक्रम को पकड़े दूसरे हाथ से बड़े दार्शनिक अन्दाज़ में इशारे से ही जवाब दिया—"जहाँ यह सड़क ले चले।"

जब मैंने अपना सिर गोल घुमाया था तो मेरी एक नज़र मयूर पर पड़ी, वह भी लूना वाली लड़की की तरफ़ देखकर न में सिर हिला रहा था। मैंने फिर लड़की

को देखा, वह बाएँ हाथ की तर्जनी उँगली से दाईं ओर मुड़ने जैसा कुछ इशारा कर रही थी। मैंने फिर प्रताप और दुष्यन्त को देखा, वह भी लड़की को देख रहे थे पर कोई रिएक्शन नहीं था। मैंने मयूर से कहा—"ओ भाई, तू रहने दे, मेरे लिए हाथ हिला रही है।"

मयूर ने व्यंग्यात्मक लहज़े में कहा—"साले, तुझे देख के बकरी तक पूँछ नहीं हिलाती, लड़की हाथ हिलाएगी!" शुक्र है, मेरी यह सच्चाई उस लड़की को नहीं सुनाई पड़ी। मयूर फिर बोला—"अबे, श्रुति है। जवाहर कला केन्द्र में मिलने को बोल रही है।"

"श्रुति..." मैंने पलट के लड़की की तरफ़ देखा, चेहरा तो पूरा ढँका हुआ था। लूना का नम्बर देखा—हाँ, श्रुति ही थी। मैंने सिर पीटा, एक बार फिर धोखा हो गया। मैंने श्रुति की ओर ज़ोर से हाथ हिलाया और न सिर्फ़ इशारा करके बल्कि ज़ोर से बोला—"जवाहर कला केन्द्र में बोल रही हो न। तुम पहुँचो, वहीं मिलते हैं।" उसने गर्दन हिलाकर ओके का इशारा किया और मयूर को फिर से उँगली से दाईं तरफ़ पहुँचने का इशारा कर आगे निकल गई।

"पागल है क्या? यहाँ फटी पड़ी है और तू उसको मिलने को बोल रहा है। नहीं मिल सकते इस हालत में। अगर वह लड़के आ गए तो? क्या करेंगे फिर?"—मयूर ने ग़ुस्सा होते हुए कहा।

"अबे, लड़की बुलाए तो मना नहीं करते।" मैंने पीछे मुड़कर देखा, दूर तक लड़कों का कोई नामो-निशान न था। मैंने कहा—"कोई नहीं है अब, देख पीछे। कॉलेज में चाय भी नहीं पी पाए थे, यहाँ कॉफ़ी पी लेते हैं...श्रुति बिचारी इतने दिनों बाद मिली है और हमें बुला रही है। मयूर जब तक कुछ री-एक्ट करता, मैंने विक्रम की छत पर दो बार हाथ मारकर ड्राइवर को रुकने का इशारा किया। विक्रम रुका और हम सब उतर गए। मयूर का मुँह बना हुआ था, इसलिए उसका किराया मैंने दे दिया और हम लोग सड़क पार कर जवाहर कला केन्द्र की ओर बढ़ गए।

श्रुति स्कूल में हमारी क्लासमेट थी। जब भी 1995 बैच की पाँच ख़ूबसूरत लड़कियों का नाम लिया जाएगा तो श्रुति उसमें दूसरे या तीसरे नम्बर पर तो रहेगी ही। पूरी की पूरी फेमिनिस्ट, हर बात पर आन्दोलन को तैयार रहने वाली। आज भी जब लड़कियों को अपने मन की करने की उतनी आज़ादी नहीं है तो आज से बाईस साल पहले एक छोटे शहर में कहाँ थी! हालाँकि श्रुति को इससे फ़र्क़ नहीं पड़ता था। वह जितना हो सकता, घरवालों से लड़-झगड़कर भी अपने मन का कर ही लेती। उस समय फेसबुक नहीं था, वर्ना उसके बायो

में पक्का “mah lyf, mah rulz” ही लिखा होता।

स्कूल में मयूर और श्रुति को कपल माना जाता था, हालाँकि दोनों में से किसी ने भी किसी को कभी प्रपोज़ नहीं किया। जैसे ईद पर सलमान भाई की फ़िल्म का इन्तज़ार होता है, वैसे वैलेंटाइन डे पर सबको इन्तज़ार रहता था कि दोनों में कोई तो किसी को प्रपोज़ करेगा। जैसे रिलीज़ के बाद सलमान भाई की फ़िल्म बिना कहानी के निकलती, वैसे ही वैलेंटाइन डे बिना प्रपोजल के निकल जाता। लड़कियाँ गॉसिप के लिए इस ख़बर का इन्तज़ार करती रह जातीं और यह दोनों 'वी आर वेरी गुड फ्रेंड्स' से कभी आगे ही नहीं बढ़े।

इन दोनों के इस गुड फ्रेंड वाले कन्फ़्यूज़न में बहुत से लड़के अपने अरमान दिल में ही लिये रह गए। ऐसा नहीं था कि सभी लोगों ने अरमान दिल में रखे, कुछ बहादुरों ने श्रुति पर ट्राई भी किया। उन दिनों फ्रेंडज़ोन का कंसेप्ट था, पर आज जैसा पॉपुलर नहीं। इसलिए लड़के प्रपोज़ ही 'मुझसे फ्रेंडशिप करोगी' कह के करते थे। कोई मना कर देती, कोई हाँ, पर कुछ श्रुति जैसी ख़तरनाक होतीं। वह लड़कों को फ्रेंडज़ोन में नहीं डालतीं, बल्कि उससे ज़्यादा ख़तरनाक ज़ोन में डाल देती थीं—'भाई-ज़ोन।' जी हाँ, भाई-ज़ोन। लड़कियाँ न सिर्फ़ क़रीबी लड़कों को, बल्कि चिपकने वाले लड़कों को भी राखी बाँध देती थीं। श्रुति ने अपने पीछे पड़ने वाले 90 प्रतिशत लड़कों को भाई-ज़ोन में डाल दिया था। जो उसे प्रपोज़ नहीं कर पाए वह बाक़ियों की हालत देखकर अपने अरमान दिल में रखकर ख़ुद ही फ्रेंडज़ोन में एडजस्ट हो गए।

श्रुति अपनी लूना जवाहर कला केन्द्र की पार्किंग में लगाकर गेट पर खड़ी थी। हमारे पहुँचते ही उसने मयूर का हाथ पकड़ा और कहा, चलो, कॉफ़ी पिलाओ—और फिर उसका हाथ पकड़े हुए ही अन्दर की तरफ़ मुड़ गई। श्रुति मुड़ी, ठिठकी, और उसने फिर से मुड़ के मयूर को देखा—"यह क्या हुआ तुम्हें? मिट्टी लगी हुई है चेहरे पर, होंठ सूजा हुआ है...क्या किया?"

"कुछ नहीं, गिर गया था।" मयूर झूठ बोला।

श्रुति कुछ और कहे, उससे पहले मैंने हँसते हुए कहा—"गिरा नहीं है, पिट के आया है अभी-अभी। हमारी लड़ाई हो गई थी।" मेरे यह कहते ही मयूर की भौंहें टेढ़ी हुईं और उसने घूर के मुझे देखा। मेरी हँसी बन्द हो गई। मैं चुप हो गया, लेकिन अपने ऊपर बने चुटकुले का हिसाब बराबर कर लिया। मयूर से ज़्यादा दुष्यन्त को मेरी बात बुरी लगी और उसने तुरन्त सफ़ाई दी—"पिटाई नहीं हुई है, हमने पीटा है उसे और इतना कि भाग गया। वापस

अकेले आने की हिम्मत नहीं थी तो 20–25 लड़कों को लेकर आया था, पर हम निकल लिए।''

''वेरी गुड, तुम लोग बिलकुल नहीं बदले। स्कूल में भी वही लड़ाई–झगड़े और कॉलेज में भी। प्राउड ऑफ़ यू बॉयज़।'' श्रुति ने ताना मार लिया।

''अन्दर चलें पहले ? तुम्हें कॉफ़ी पिलाते हैं। अभी यहाँ बाहर खड़े रहना ठीक नहीं।'' मयूर ने चारों तरफ़ देखते हुए कहा।

जवाहर कला केन्द्र एक आर्ट सेंटर है। बहुतेरे आर्टिस्ट, थिएटर वाले और लेखक यहाँ आते रहते हैं। मयूर की थोड़ी–बहुत थिएटर में रुचि थी, इसलिए उसने यहाँ आना शुरू किया था। ऊपर से सस्ते भाव फ़िल्टर कॉफी और डोसा वग़ैरह भी तो मिल जाते!

हमारी कॉफ़ी आ गई थी। पहला सिप लिया ही था कि एक और दोस्त राकेश आ पहुँचा। उसकी शक्ल जितनी मनहूस थी, बातें उससे भी ज़्यादा मनहूस किया करता था। बोला—''भाई, बहुत बड़ा पंगा ले लिया तुम लोगों ने। फीस वाली खिड़की के पास 50–60 लड़के आ गए थे रॉड, लाठियाँ और हॉकी स्टिक लेकर। लड़कों को धमका के पूछ रहे थे कि कौन जानता है तुम लोगों को। जब किसी ने जवाब नहीं दिया तो काउंटर पे जो बाबू फॉर्म जमा कर रहा था, उससे बोले कि उन लड़कों का फॉर्म दो, घर का एड्रेस चाहिए।'' हम सब के मुँह यह सब सुनकर खुले के खुले रह गए! प्रताप ने काँपती आवाज़ में पूछा—''फिर ?''

''उस बाबू ने मना कर दिया। बोला कि लड़कों ने फॉर्म ही नहीं जमा कराए और भाग गए।'' मयूर ने यह सुनकर चैन की साँस ली ही थी कि राकेश ने आगे बताना शुरू किया—''जिसे पीटा था वह तलवार लहरा के कह रहा था कि जहाँ दिखेंगे, काट दूँगा। जिसे उनका पता लगे, बताना। फिर सारे लड़कों को बोला कि कल से सब लोग पूरे दिन इसी खिड़की के आसपास रहें और जैसे ही वह लड़के आएँ, उन्हें उठाकर हॉस्टल लाएँ।''

राकेश की मनहूसियत वाली ख़बरें अभी ख़त्म नहीं हुई थीं। आगे बोला—''वहाँ लड़के कह रहे थे कि यह सुन्दर पूनिया बहुत बड़ा गुंडा है और इस पर बहुत सारे पुलिस केस हैं। किसी नेता का रिश्तेदार है, इसलिए यहाँ हॉस्टल में टिका हुआ है। वार्डन की भी हिम्मत नहीं होती इसे कुछ कहने की।''

''इट सीम्स यू गाइज़ आर इन डीप शिट।'' श्रुति ने बड़े शान्त भाव से कहा। जब वह इस अन्दाज़ में बोलती तो मयूर की कॉपी लगती। मयूर भी ऐसा ही

था, या तो बहुत ग़ुस्सा या बहुत शान्त।

मयूर कोशिश करके मुस्कुराया और आवाज़ में बेफ़िक्री लाते हुए बोला—"अरे नहीं यार, होता रहता है यह सब। निपट जाएगा। प्रिंसिपल से शिकायत कर देंगे।" मयूर अच्छा एक्टर था, पर अभी और निखरना बाक़ी था। आवाज़ में बेफ़िक्री वह ले आया था, लेकिन उसके चेहरे की मुस्कुराहट उसकी आवाज़ का साथ नहीं दे रही थी। मयूर की आवाज़ से साफ़ था कि अभी वह कुछ सोच नहीं पा रहा है। यह चिन्ता की बात थी, क्योंकि वह नहीं सोच पा रहा था तो कोई और भी नहीं सोच पाएगा। उसे चिन्तित देख दुष्यन्त भी चिन्तित हुआ।

"नहीं मयूर, तुम्हें इसे हलके में नहीं लेना चाहिए। अगर वह पॉलिटिशियन से कनेक्टेड है तो प्रिंसिपल भी ज़्यादा-से-ज़्यादा क्या करेंगे? उसे कॉलेज में रोक देंगे, पर कॉलेज के बाहर तो नहीं न? उसे आज तुम्हारा एड्रेस नहीं मिला, पर कल को मिल गया तो? और न भी मिला तो क्या तुम लोग कभी कॉलेज नहीं जाओगे? यू शुड डू समथिंग टू कम आउट ऑफ़ दिस।" श्रुति एकदम से चहकी और बोली—"सुन, तू शेखर भैया को बता दे। वह रास्ता निकाल देंगे।"

दुष्यन्त की आँखों में भी यह सुनकर थोड़ी सी चमक आई, पर मयूर चेहरा बनाते हुए बोला—"नहीं यार, पहले डाँटेगा, फिर पापा को चुगली लगा देगा वह अलग। रहने दे, ख़ुद ही कुछ करते हैं।"

"तेरी शक्ल से घर पे पता लग जाएगा कि तू लड़ के आया है। अपना होंठ देख, सूज के कितना मोटा हो गया है।" श्रुति ने फटाफट अपने बैग से एक छोटा आईना निकाल के मयूर को दिया। इतना ही नहीं, बैग से एक वेट टिश्यू निकाला और मयूर का घाव साफ़ किया। इसके बाद बैग से क्रीम भी निकाली, बोली, यह लगा लो, शायद थोड़ा ठीक हो जाए। मैं आँखें फाड़ के श्रुति और उसके बैग को देख रहा था। श्रुति बोली—"क्या है?" मैंने पूछा—"और क्या-क्या भरा है बैग में?" वह मुँह बनाकर बोली—"तुमसे मतलब?" और मयूर की ओर घूम गई।

दुष्यन्त मयूर से बोला—"यार...वैसे मुझे भी लग रहा है कि अब इस पंगे से शेखर भैया ही निकाल सकते हैं। उनको तो सब जानते हैं। प्रिंसिपल से तो सही में कुछ नहीं होगा, और अगर नेता का रिश्तेदार भी है तो उसे शेखर भैया ही सँभाल सकते हैं।"

मयूर कुछ बोला नहीं, चुपचाप सोचता रहा।

6 फरवरी, 1996

दो लोगों के बीच दोस्ती या तो इस वजह से होती है कि दिल मिल जाते हैं या इसलिए कि उनकी ज़रूरतें एक-दूसरे से पूरी होती हैं। दूसरी स्थिति को सौदेबाज़ी भी कह सकते हैं, पर जब सौदेबाज़ी लम्बी चल जाए तो कई बार दोस्ती का भ्रम उत्पन्न हो जाता है। दुर्गाराम और सिकन्दर की बीसियों साल पुरानी दोस्ती इसी भ्रम का शिकार थी और भ्रम डेढ़ साल पहले तब टूटा जब चुनावों में पार्टी के बहुमत जीतने पर सिकन्दर और राज्येश सिंह राठौड़ के बीच मुख्यमंत्री पद की रस्साकशी शुरू हुई।

''वीर भोग्या वसुंधरा अर्थात् केवल वीर और शक्तिशाली ही इस धरती का भोग करते हैं...और हम राजपूतों से बड़ा वीर कौन ?'' किसी भी राजपूत समाज की सभा में राज्येश सिंह राठौड़ इस वाक्य का इस्तेमाल बहुत धड़ल्ले से करता था और आज वह जीते हुए राजपूत विधायकों से बात कर रहा था। आज इस तरह की बातों की और भी ज़्यादा ज़रूरत थी, क्योंकि पहले एक बार मुख्यमंत्री रहे राज्येश सिंह की राह इस बार इतनी आसान नहीं थी। इस बार मुख्यमंत्री पद के लिए बहुमत पार्टी को भले ही मिल गया था पर पार्टी में ही उसके धुर विरोधी सिकन्दर बेनीवाल ने पूरे ज़ोर-शोर से न सिर्फ़ ताल ठोक रखी थी बल्कि काफ़ी हद तक अपने पक्ष में माहौल बनाता भी दिख रहा था। ''आज तक हमारी जूतियों के नीचे रहने वाले लोग आज हमसे बराबरी करने का ख्वाब देखने लगे हैं। लोकतंत्र है, ख्वाब देखें वह पर राजतंत्र तो राजा के हाथ में ही रहना चाहिए। हमारी संख्या इस बार कम है, इसलिए हमें जल्द से जल्द बाक़ी विधायकों को अपने पक्ष में करना होगा।''

भ्रष्टाचार और ज़मीन हड़पने के आरोप में पुलिस की नौकरी से बर्खास्त हुए राज्येश सिंह राठौड़ ने राजनीति में ख़ुद को एक सच्चे राजपूत नेता के रूप में स्थापित कर लिया था। ज़मीन से राज्येश को हमेशा मोह रहा, जब पुलिस में था तो पुलिसिया रोब में बहुत से लोगों से ज़मीन औने-पौने दाम में ख़रीदा या क़ब्ज़ा कर लिया। जो नहीं माना, उन्हें किसी मुक़दमे में फँसा दिया। अपनी नौकरी के दौरान राज्येश ने बहुत से प्रभावशाली राजपूतों की मदद की थी, बदले में उन्होंने भी राजनीति में स्थापित होने में उसकी मदद की।

राजनीति में आते ही राज्येश पर्दे के पीछे एक ज़मीन माफ़िया बन गया और किसी ज़माने का मामूली पुलिस इंस्पेक्टर आज शाही ठाट से रहा करता था। उसने अपना रंग इस क़दर जमाया कि विरोधी पार्टी वाले भी उससे उलझने से पहले सोचते थे, पर अब अपनी ही पार्टी का नेता उससे उलझा हुआ था। जो राज्येश अपनी कनपटी के एक बाल के भी सफ़ेद होने से पहले उसे अपनी

मर्ज़ी के रंग में रंग देता था, उसके सामने पार्टी में पहली बार कोई उसकी मर्ज़ी के ख़िलाफ़ खड़ा था। राज्येश चीज़ों को इस क़दर अपने कंट्रोल में रखता कि सभाओं में तेज़ हवा भी उसके सिर के किसी बाल को इधर-से-उधर नहीं कर पाती थी और आज एक जाट नेता उसके नीचे से कुर्सी खिसकाने में लगा था!

राज्येश ने अपने विधायकों के सामने आख़िरी दाँव फेंका—"आज तक किसी जाट ने हम राजपूतों पर राज नहीं किया तो आज कैसे करने दें? उठो और राजपूतों की शान को फिर से स्थापित करने की तैयारी करो।" जब आदमी अपनी जंग जीतने का कोई आसान तरीक़ा नहीं देखता तो वह धर्म और जाति की बातें करता है। राज्येश कोई अकेला यह सब नहीं कर रहा था। उसका विरोधी सिकन्दर बेनीवाल भी जाति के इसी खेल में लगा था। सिकन्दर का कहना था कि राज्य में जाटों की संख्या राजपूतों से ज़्यादा होने के बावजूद आज तक कोई जाट मुख्यमंत्री नहीं बना। इस बार उसकी वजह से जाटों के 70 प्रतिशत वोट पार्टी को पड़े हैं और जीतने वाले जाट विधायकों की संख्या भी ज़्यादा है, इसलिए इस बार मुख्यमंत्री की कुर्सी पर उसका हक़ है।

दोनों का विवाद थम नहीं रहा था और मीडिया रोज़ 'कौन बनेगा मुख्यमंत्री' खेल रहा था। राज्येश ने पार्टी के प्रदेश अध्यक्ष के बेटे के लिए एक ज़बरदस्त बिज़नेस प्लान बनाया, लेकिन उस बिज़नेस प्लान के लिए फाइनेंसर उसके मुख्यमंत्री बनने के बाद ही मिलता। इस प्लान के बाद प्रदेश अध्यक्ष को लगा कि राज्येश का ही दुबारा कुर्सी पर बैठना न सिर्फ़ कार्यकर्ताओं की भावना का सम्मान होगा, बल्कि प्रदेश के विकास और युवा रोज़गार को बढ़ाने में भी मददगार होगा। उधर सिकन्दर मुख्यमंत्री न बनने की स्थिति में विपक्ष से मेलजोल कर सरकार बनाने की तैयारी कर रहा था।

पार्टी अध्यक्ष विजय अग्रवाल और राज्येश ने सिकन्दर को दोतरफ़ा घेरने की प्लानिंग की। एक तरफ़ विजय अग्रवाल ने पार्टी के वरिष्ठ और सम्मानित नेता श्याम जोशी को सिकन्दर को मनाने की ज़िम्मेदारी सौंपी तो दूसरी तरफ़ राज्येश ने सिकन्दर के कैम्प के लोगों को तोड़ने की तैयारी की और पहला शिकार सिकन्दर बेनीवाल के क़रीबी दोस्त और फाइनेंसर दुर्गाराम जाट को बनाया।

क़रीब 25 साल पहले सिकन्दर जब पहली बार निर्दलीय विधायक का चुनाव लड़ा था तो उसे धन और बाहुबल दोनों की ज़रूरत थी। तब के एक छोटे से शराब ठेकेदार दुर्गाराम जाट को बड़ा बनने के लिए राजनीतिक समर्थन और संरक्षण की ज़रूरत थी। दुर्गाराम ने सिकन्दर को फंड और आदमी दिए और बदले में सिकन्दर ने जीतने पर और बाद में मंत्री बनने पर उसे शराब के ठेके से लेकर बार के लाइसेंस तक दिलवाए। बेनीवाल की दोस्ती एक-दूसरे की

ज़रूरत पूरी करने से शुरू हुई थी और जब तक राज्येश उनके बीच नहीं आया, तब तक उन्हें भ्रम था कि वह अब ज़रूरत से आगे बढ़ दोस्त बन चुके हैं।

दुर्गाराम राज्य के दो बड़े शराब के ठेकेदारों में से एक था। राज्येश की तरह दुर्गाराम को भी ज़मीन की भूख थी और सिकन्दर के समर्थन और संरक्षण की सीमाएँ थीं। राज्येश जानता था कि अगर विधायक तोड़कर सरकार बनाने की नौबत आयी तो दुर्गाराम और अशोक विजयवर्गीय ही सिकन्दर को पैसा उपलब्ध कराएँगे। अशोक को तोड़ना मुश्किल था क्योंकि उसकी दोस्ती सिकन्दर से कॉलेज के ज़माने से दिल से थी। दुर्गाराम सिर्फ़ पैसे से ही दमदार नहीं था बल्कि कई विधायक भी उसके प्रभाव में थे। दुर्गाराम को तोड़ने से सिकन्दर के न सिर्फ़ फंड रुकते बल्कि दुर्गाराम के प्रभाव वाले विधायक भी राज्येश के साथ आ जाते।

राज्येश सिंह ने दुर्गाराम को तीन ऑफर दिए; पहला—पूरे राज्य का शराब का ठेका सिर्फ़ उसी को मिलेगा, दूसरा—राज्येश की बेनामी ज़मीनों पर होटल और बार बनाकर चलाने का मौक़ा, तीसरा—पहली बार विधायक बनी दुर्गाराम की बीवी को राज्य मंत्री का पद। बदले में दुर्गाराम को सिर्फ़ दस विधायकों को राज्येश के पक्ष में करना था।

राज्येश दुर्गाराम को यह समझाने में सफल हो गया कि पार्टी अध्यक्ष राज्येश के पक्ष में हैं इस वजह से सिकन्दर मुख्यमंत्री नहीं बनेगा। विपक्ष से मिलकर भी वह सरकार नहीं बना पाएगा और अगर बना भी लिया तो विपक्षी पार्टी उसे अपने मन की करने नहीं देगी, ऐसे में दुर्गाराम को पैसे और धन्धे दोनों में नुकसान ही होगा। राज्येश ने उसे समझा लिया कि उसके साथ मिलना ही दुर्गाराम के भविष्य के लिए फ़ायदेमन्द है। दुर्गाराम ने पाला बदला और इसी के साथ सिकन्दर के 31 समर्थक विधायक 21 रह गए वहीं राज्येश के समर्थन में 36 विधायक हो गए।

सिकन्दर समझ गया कि अभी वह राज्येश से मात खा चुका है इसलिए उसने दूसरा दाँव खेला। उसने पार्टी में ऑफर दिया कि अगर श्याम जोशी को मुख्यमंत्री बना दिया जाए तो उसे कोई आपत्ति नहीं, पर राज्येश बना तो वह पार्टी से अलग हो जाएगा। पार्टी अध्यक्ष ने इस बात को मानने से इनकार किया क्योंकि मामला युवा रोज़गार में बढ़ोतरी का था। श्याम जोशी हमेशा से पार्टी के सिपाही रहे और उन्होंने कभी भी पार्टी हित से अलग नहीं सोचा इसलिए उनका सम्मान सब करते थे। विजय अग्रवाल के कहने पर उन्होंने सिकन्दर से सिर्फ़ इतना कहा कि हममें से कोई पार्टी से बड़ा नहीं और पार्टी के निर्णय के साथ ही जाना है। श्याम जोशी ने अगले दो दिन तक सिकन्दर को समझाया-बूझाया और उसे

सरकार का हिस्सा बनने को मना लिया। सिकन्दर के पास उस वक़्त ज़्यादा चारा नहीं था, पैसा और विधायक दोनों पाला बदल चुके थे। उसने सरकार में ही रहकर राज्येश से संघर्ष करने का निर्णय किया।

10 फरवरी, 1996 को राज्येश सिंह राठौड़ ने मुख्यमंत्री पद की शपथ ली। मुख्यमंत्री के अलावा उसने शहरी विकास मंत्रालय और आबकारी विभाग अपने पास रखा। श्याम जोशी को दूसरा सबसे महत्त्वपूर्ण पद—गृहमंत्री—सौंपा गया जिसे उन्होंने इस शर्त पर स्वीकार किया कि गृह मंत्रालय के काम में किसी की दखलन्दाजी नहीं होगी। अप्रत्यक्ष रूप से उनका इशारा था कि राज्येश अपनी राजशाही सब जगह चलाएँ पर उनके मंत्रालय में नहीं और पार्टी के वफ़ादार होने के नाते इतना सम्मान पाने का उनका हक़ है। राज्येश और विजय अग्रवाल दोनों जानते थे कि श्याम जोशी ही सिकन्दर को काबू में रखेंगे, इसलिए यह माँग मान ली गई। सिकन्दर बेनीवाल को शिक्षामंत्री बनाया गया। सिकन्दर ने उच्च शिक्षा मंत्रालय और स्कूल शिक्षा मंत्रालय दोनों माँगे जो उसे दे दिए गए, क्योंकि कमाई तो स्कूल के तबादलों से होती है और उच्च शिक्षा में नियुक्तियों से।

राज्येश और सिकन्दर एक-दूसरे को अन्दर-अन्दर काटते रहते पर ऊपर से सब के सब सेट थे जब तक कि राज्येश की प्रॉपर्टी की भूख ने दुर्गाराम के उस बँगले पर दाँत नहीं गड़ाए जो उसने अपने पिता के नाम पर बनवाया था।

3 अक्टूबर, 1997; शाम 4 बजे

शेखर भैया के ऑफ़िस के बाहर

चाय की थड़ी पर साइकिल का टायर काटकर बनाए हुए मोढ़े पर बैठे शेखर भैया की बाएँ हाथ की कोहनी जाँघ पर टिकी थी और मुट्ठी उनके चेहरे को टिकाए हुए थी। दाएँ हाथ में चाय का गिलास लिये शेखर भैया मयूर के लिए बोले—"इस लफंगे के साथ घूमोगे तो ऐसे ही फँसते रहोगे। मत घूमा करो इसके साथ।"

"मैं कह रहा था, कोई फ़ायदा नहीं है शेखर भैया के पास आने का। कभी-कभी तो लगता है भाई है ही नहीं यह मेरा।" मयूर ने अपने ऊपर मारे गए टॉन्ट के जवाब में चिढ़ते हुए कहा।

"सही बोल रहा है, तू भाई नहीं है मेरा। तू तों सड़क किनारे मिला था, वहीं से उठा के लाये थे।" शेखर भैया ने मयूर को आँख मारते हुए कहा। मयूर ने

ग़ुस्से से मुँह घुमा लिया। शेखर भैया उसे देख के मुस्कुराए और फिर प्रताप को बोले—"क्या बना जी, आपके रहते एक लड़के से चारों पिट आए? आपको तो प्रजा की रक्षा करनी चाहिए थी।" शेखर भैया ने प्रताप के मज़े ले लिए थे।

प्रताप का पूरा नाम था प्रताप सिंह शेखावत। प्रताप जिस इलाक़े में रहता था वहाँ अधिकतर राजपूत थे। उस इलाक़े में जब कोई बच्चा पैदा होता तो उसे ऐसा टीका लगाया जाता जिससे बच्चे के ख़ून के RBC रेड ब्लड सेल की जगह राजपूत ब्लड सेल बन जाते थे और उस बच्चे को बड़ा होते-होते लगने लगता कि वह राजा है और प्रजा की रक्षा उसका फ़र्ज़ है। एक-दो बार उसने ऐसा शेखर भैया के आगे बोल दिया था, आज शेखर भैया ने इस पर उसके मज़े ले लिए।

"अरे भैया, जाटों से कोई राजपूत पिटा है क्या आज तक? हमने तो फोड़ ही दिया था उस जाट को पर वह तलवार ले आया। मैं तो बिना तलवार भी लड़ जाता पर इन सबकी चिन्ता थी।" प्रताप के बोलने के टोन से पता ही नहीं लग रहा था कि उसने मज़ाक़ का जवाब मज़ाक़ में दिया या सही में शेखी बघारी, पर जो कहा पूरे कॉन्फिडेंस से कहा। मयूर से एक्टिंग क्लासेज का असर उस पर भी बराबर हो रहा था।

"सुन्दर पूनिया से भिड़े हो तुम लोग...शुक्र मनाओ कि तलवार लाया, वर्ना तो जैसा उसका रिकॉर्ड है, ऐसे मामलों में कट्टा निकाल लेता है वो।" हम लोगों ने आँखें चौड़ी कर एक-दूसरे को देखा। "ख़ैर, चिन्ता की बात नहीं। इलाज करते हैं इसका। रात को बताता हूँ, क्या करना है।"

शेखर भारद्वाज राजस्थान के नामी पॉलिटिकल जर्नलिस्ट और मयूर के बड़े भाई। राज्य की राजनीति की हर छोटी-बड़ी हलचल उन्हें पता होती थी, और अक्सर बहुत सी ब्रेकिंग पॉलिटिकल न्यूज़ बाईलाइन छपा करती थी। बड़े-बड़े नेता, मंत्री, पुलिस अफ़सर उनको नाम और चेहरे से पहचानते थे। उनके लिए हमें इस मुसीबत से निकालना बाएँ हाथ का खेल था। जब उन्होंने कह दिया—चिन्ता की बात नहीं—तो हमारे चेहरे से चिन्ता उड़न-छू हो गई और हमने राहत की साँस ली।

4 अक्टूबर, 1997; सुबह 8 बजे

मालवीय नगर, जयपुर

अगले दिन मैं और दुष्यन्त शेखर भैया के बताए पते पर जा पहुँचे। मालवीय

नगर, सेक्टर 1 के उस एचआईजी फ्लैट के गेट पर काले रंग के पत्थर पर अंग्रेज़ी में बड़ा-सा 'शर्मा' लिखा हुआ था। मैं स्कूटर का स्टैंड लगा ही रहा था कि मयूर भी पहुँच गया।

सामने पोर्च में एक काले रंग की ओपन जीप खड़ी थी। लड़कों को लड़कियों से भी ज़्यादा कुछ और देखना पसन्द है तो वह हैं गाड़ियाँ। हम सबकी नज़र जीप पर टिक गई। काँच के ऊपर वाला हिस्सा, वही हिस्सा जिसमें नोएडा वाले 'गुज्जर' और 'यादव' लिखते हैं, उसी हिस्से में बड़ा-बड़ा लिखा हुआ था—अध्यक्ष। मुझे जीप कुछ देखी-सी लगी, पर याद नहीं आया कहाँ देखी है।

हम लोग स्कूटर से उतरकर क्रीम कलर से पेंट हुए लोहे के मेन गेट से अन्दर घुसे। सामने लम्बा पोर्च, उसमें खड़ी जीप और उस जीप के आगे एक पुराना लम्ब्रेटा स्कूटर खड़ा था जो शायद सालों से स्टार्ट नहीं हुआ था। गेट से घुस के दाईं तरफ़ बरामदा था और उसके सामने ठीक-ठाक साइज़ का लॉन। बाहर लॉन में बेंत की कुर्सियाँ रखी हुई थीं और लॉन के आख़िरी हिस्से में लगी हुई थी झूले वाली कुर्सी। बरामदे में पहुँच शेखर भैया ने घंटी बजाई। घंटी बजाते ही अन्दर से आवाज़ आई—"हाँ शेखर भाई, आ जाओ, खुला हुआ है गेट।

बाहर जाली वाला दरवाज़ा था जिससे हम अन्दर नहीं देख पा रहे थे, पर अन्दर वाला हमें देख रहा था। शेखर भैया ने दरवाज़ा बाहर की तरफ़ खोला और अन्दर बढ़े। अन्दर एक और लकड़ी का गेट था जो खुला हुआ था। हम ड्राइंग रूम में घुसे तो एक लड़का उठकर शेखर भैया से गले मिला। यह लड़का भी देखा-देखा-सा लग रहा था। भरा हुआ शरीर, औसत भारतीय लम्बाई, थोड़े बड़े बाल और बीच की निकाली हुई माँग। उस टाइम में यह बीच की माँग वाला हेयर स्टाइल बहुत चलता था; सलमान, शाहरुख़, आमिर, संजय दत्त सबके-सब बीच की माँग निकाला करते थे। उस लड़के ने ट्यूबलाइट ऑन की, हम सबसे हाथ मिला के सोफ़े पर बैठने को कहा। अब मैंने उसे ध्यान से देखा तो उसकी मूँछें भी थीं। उसका हेयर स्टाइल और उस पर अनिल कपूर से भी ज़्यादा घनी मूँछें उसे एक अलग-सा लुक दे रही थीं। वह शेखर भैया को कुछ बोलते हुए मुस्कुराया तो मेरा ध्यान गया कि यह थोड़ा-सा साउथ के फ़िल्म स्टार नागार्जुन जैसा लगता है। हाँ, बिलकुल वैसा ही हेयर स्टाइल, वैसी ही मूँछें। उस टाइम में नागार्जुन की फ़िल्म आई थी—शिवा; कॉलेज के लड़कों पर थी और सुपरहिट थी। बहुत से लड़कों ने उस फ़िल्म के बाद नागार्जुन जैसी मूँछें रखने की कोशिश की थी। पता नहीं, यह भी नागार्जुन का फैन था या ऐसे ही मूँछें बढ़ा ली थीं, पर जैसा भी था बन्दा था काफ़ी हैंडसम और मूँछें उस पर फब रही थीं।

उसने हम सबकी तरफ़ देख के शेखर भैया से कहा—"तो यह हैं हमारे शेर!

सही फोड़ा है भाई, कल यूनिवर्सिटी में तुम लोगों की ही चर्चा थी चारों तरफ़। पागलों की तरह ढूँढ़ रहा था पूनिया तुम लोगों को। ख़ैर, कोई बात नहीं, अब मार दिया तो मार दिया। निपटा देंगे।'' उसने हमें आश्वासन देते हुए कहा। फ़िल्म में शिवा अपने कॉलेज के दोस्तों को गुंडों से बचाता है। हमें हमारा शिवा मिल गया था और हमें बचाने वाला था। शेखर भैया मुस्कुराए और फिर उन्होंने हमारा इंट्रोडक्शन हमारे शिवा से कराया।

''जानते हो इनको ? इनका नाम राघवेन्द्र शर्मा है। पहले महाराजा कॉलेज के प्रेसिडेंट थे और अभी यूनिवर्सिटी के कल्चरल सेक्रेटरी हैं।''

दुष्यन्त ने कहा—''हाँ, इनको तो मैंने देखा है कई बार, राघव...राघवे... राघवेन्द्र भैया को।'' तीन बार कोशिश करके दुष्यन्त उसका नाम ठीक से बोल पाया।

यह देख के राघवेन्द्र हँसने लगा और बोला—''तुम लोग मुझे राघव या रघु भी कह सकते हो।'' इसके बाद उसने आवाज़ लगाई—''राजू...शेखर आया हुआ है।''

''कैसा है पत्रकार ?'' एक भारी-भरकम आवाज़ थी। हम सबने सिर उठाकर देखा तो सामने बॉक्सर और ग्रे रंग का सैंडो बनियान पहने, कन्धे पर तौलिया रखा हुआ एक छह फुटा बॉडी बिल्डर खड़ा था। शेखर भैया ने खड़े होकर हाथ मिलाया तो हम लोग भी खड़े हो गए। उसने शेखर भैया को गले लगाया और हमें हाथ से इशारा करके बैठने को कहा।

यह आदमी था राजेन्द्र चौधरी, राजस्थान विश्वविद्यालय के छात्रसंघ का अध्यक्ष। हल्की-सी दाढ़ी और मूँछें, करीने से कटे बाल, डोलों और छाती पर कसरत का असर दिख रहा था। शक्ल बहुत अच्छी नहीं थी और गाल कुछ खुरदुरे थे, फिर भी राजेन्द्र उर्फ़ राजू काफ़ी डैशिंग लग रहा था। यह यूनिवर्सिटी के प्रेसिडेंट वग़ैरह अक्सर काफ़ी डैशिंग होते हैं, पर पता नहीं क्यों, असली राजनीति में जाते ही गबदू से लगने लगते हैं।

''पागल है यह सुन्दर पूनिया। कोई नहीं, समझा दूँगा उसको।'' राजेन्द्र चौधरी ने शेखर भैया से कहा।

''इस पर तो केस था न ? हॉस्टल से रस्टीकेट भी हुआ था ! फिर वापस कैसे आ गया हॉस्टल ?'' शेखर भैया के अन्दर का पत्रकार जाग उठा।

''हाँ, काग़ज़ों पर रस्टीकेट है, पर हॉस्टल में ही रहता है। रस्टीकेट होने पर चार दिन के लिए बाहर चला गया था। वापस आ गया। वार्डन से लेकर लड़कों तक सबको हड़का रखा है—किसी ने कहा कि पूनिया अभी भी हॉस्टल में है तो उसकी ख़ैर नहीं। बहुत से लोगों का हाथ भी तो है उस पर !''

''अख़बार में ख़बर निकाल दूँ क्या? फँस जाएगा।''—शेखर भैया ने कहा।

''इतना कुछ करने की ज़रूरत नहीं है, पत्रकार! इतनी तो इज़्ज़त है मेरी कि जाटों का कोई लड़का मेरी बात नहीं काटेगा। मैं समझा दूँगा उसे। कुछ नहीं बोलेगा।''

''पर थोड़ा सही से करना, ऐसा न हो कि तुम्हारे कहने पर ख़ुद तो सामने न आए और हॉस्टल वालों से बाद में कोई झगड़ा करवा दे इसका। छोटा भाई है मेरा, कुछ होना नहीं चाहिए इसे।'' शेखर भैया ने 'छोटा भाई' पर काफ़ी ज़ोर दिया।

''ठीक है, ऐसी पक्की व्यवस्था करेंगे कि हॉस्टल वाले इसे अपने में ही मिला लेंगे।'' राघवेन्द्र शेखर भैया को आँख मारते हुए बोला। राजेन्द्र चौधरी ने दीवार घड़ी देखी और हम लोगों से पूछा—''कैसे आए हो तुम लोग?''

''मैं और दुष्यन्त स्कूटर से और मयूर पैदल।'' मैंने कहा।

''ठीक है, 8:15 बज रहे हैं। अभी सब हॉस्टल में ही होंगे। मैं तैयार होके आता हूँ। तुम लोग स्कूटर यहीं खड़ी कर दो और मेरे साथ चलो,'' राजेन्द्र चौधरी फिर शेखर भैया को बोला—''तू बेफ़िक्र होकर जा, तेरा छोटा भाई मेरा छोटा भाई है। मैं निपटाता हूँ इसे आज ही।''

6 अगस्त, 1997; रात 10 बजे

राजस्थान का बनिया जवानी में जो भी खाता-पीता हो, बिज़नेस में लगने के बाद सात्त्विक और धार्मिक हो जाता है। उसे डर होता है कि कहीं लक्ष्मी माता उसके खाने-पीने से नाराज़ न हो जाएँ। अशोक विजयवर्गीय नींबू पानी पीकर मस्त था, सिकन्दर और दुर्गाराम व्हिस्की पीकर टुन्न थे। दुर्गाराम राज्येश के साथ अपने डेढ़ साल के वक़्त के बारे में बता रहा था और रह-रहकर दोनों से माफ़ी भी माँग रहा था।

राज्येश ने अपने तीनों वादे पूरे तो किए लेकिन दुर्गाराम ने जो उम्मीद की थी वैसा कुछ हुआ नहीं। शराब के कुछ और ठेके दुर्गाराम को दिलवा दिए गए, जबकि वादा पूरे राजस्थान के ठेकों का था। दुर्गाराम की पत्नी को राज्य मंत्री का पद तो दिया गया पर ऐसे पोर्टफोलियो के साथ कि उसका कोई काम ही न था। एकमात्र फ़ायदे का सौदा राज्येश के बेनामी होटल और बार चलाने का था, लेकिन उसमें भी फ़ायदे का 60 प्रतिशत राज्येश का था और ख़तरा 100 प्रतिशत दुर्गाराम का।

दुर्गाराम ने कई बार राज्येश से बात करनी चाही, पर राज्येश हर बार चतुराई से टाल गया। पैसा पहले से ज़्यादा आ रहा था इसलिए दुर्गाराम ने भी बहुत ज़ोर नहीं लगाया। समस्या तब हुई, जब राज्येश सिंह राठौड़ को दुर्गाराम ने एक बार अपने बँगले पर बुलाया।

दुर्गाराम ने यह बँगला बहुत चाव से बनवाया था और उसका नाम अपने पिता के नाम पर सीताराम निवास रखा था। 3 करोड़ रुपये में ख़रीदी गई ज़मीन पर 5 करोड़ की क़ीमत का बँगला बना था। बँगले में स्विमिंग पूल से लेकर बैडमिंटन कोर्ट तक था। एक हिस्से में बार बनाया गया था जिसमें बीस लोगों की क्षमता वाला छोटा-सा फ़िल्म थिएटर भी था। राज्येश ने किसी बँगले में इतनी सुविधाएँ एक साथ कभी नहीं देखी थीं। उसे एहसास हुआ कि यह बँगला दुर्गाराम से ज़्यादा उसके क़ब्ज़े में अच्छा लगेगा। उसने दुर्गाराम से कहा कि यह बँगला वह राज्येश के नाम कर दे। दुर्गाराम पहले समझा, राज्येश मज़ाक़ कर रहा है; पर नहीं, वह गम्भीर था। दुर्गाराम ने साफ़ मना किया और कहा कि यह उसने अपने पिता के नाम पर बनवाया है, इसलिए इसे वह राज्येश सिंह को नहीं दे सकता।

राज्येश को कोई प्रॉपर्टी पसन्द आए तो वह उसे किसी भी हाल में हथिया लेता था, और अगर सामने वाली पार्टी मज़बूत हो और देने से मना कर दे तो उस ज़मीन को किसी-न-किसी बहाने से सरकारी अधिग्रहण में ले लेता—जो ज़मीन उसकी नहीं हुई वह उसके मालिक की भी न रहे। राज्येश की इस नाजायज माँग से दुर्गाराम उखड़ गया और उसने ग़ुस्से में राज्येश पर बाक़ी वादों को सही तरीक़े से पूरा करने का दबाव डाला। राज्येश को अखर गया कि शराब का एक ठेकेदार, वह भी जाट, उस जैसे बड़े राजनीतिज्ञ और राजपूत से ऐसे बात कर रहा है।

अगले एक महीने में राज्येश ने अपने ही छह बार पर, जिसे दुर्गाराम सँभाल रहा था, नकली शराब जाँच के नाम पर छापा पड़वाया। उसने बार बन्द करवाए और कुछ दिनों बाद उसकी पत्नी को मंत्री पद से यह कहते हुए हटा दिया कि उसके मंत्री रहने से जाँच प्रभावित होगी। सबसे आख़िरी और बड़ा वार राज्येश ने किया दुर्गाराम के उस बँगले पर। दुर्गाराम का बँगला चौराहे के कोने पर था। राज्येश ने उस कोने में स्लिप रोड बनाने के नाम पर उसके बँगले का कोना तुड़वा दिया और दूसरा हिस्सा सरकारी ज़मीन पर अतिक्रमण के नाम पर।

''यह सब कुछ उसने इतनी तेज़ी और धोखे के साथ किया कि मैं कुछ कर ही नहीं पाया और न ही कोर्ट जा पाया। बहुत बड़ी ग़लती हो गई, यार...उसके साथ जाके...मुझे माफ़ कर दो यारो। राज्येश के ख़िलाफ़ जो भी करना है, बोलो,

मैं साथ हूँ।'' दुर्गाराम ने लगभग रोते हुए कहा। दुर्गाराम ने राज्येश के समर्थन से जितना पाया था उससे ज़्यादा खो दिया था। खोने से ज़्यादा वह अपने अपमान और घर के टूटने से जल रहा था। ऐसे में उसके पास एक ही सहारा बचा था, उसका पुराना दोस्त सिकन्दर बेनीवाल, जिसके पास वह आ चुका था।

''तुझे तो राज्येश का कच्चा-चिट्ठा अच्छे से पता होगा अब ? तू वापस सिकन्दर के साथ आना चाहता है न, तो एक काम कर। राज्येश के ज़मीन घोटालों का हिसाब-किताब और जितना भी काग़ज़ी सबूत ला सकता है ले आ। यह सब इकट्ठा कर, फिर देखते हैं कि उसके ख़िलाफ़ क्या और कैसे करना है। यह कर पाया तो यक़ीन हो जाएगा कि अब तू धोखा देने नहीं आया।'' अशोक विजयवर्गीय ने प्रस्ताव रखा।

दुर्गाराम थोड़ी देर सोच में पड़ गया और फिर मन में निश्चय करके बोला— ''ठीक है, करूँगा। टाइम दे, और इस बार कोई धोखा नहीं। चलता हूँ।'' दोनों को हाथ जोड़कर दुर्गाराम निकल गया।

''देख, राज्येश को उड़ाना आसान नहीं है। अगर दुर्गाराम काम कर पाया तो इस राज्येश को हटा के कुर्सी लेंगे। इस बीच जितने राज्येश के सपोर्टर तेरे डिपार्टमेंट में हैं, उन्हें लपेट। जब काग़ज़ आएँगे तो इसके ख़िलाफ़ भ्रष्टाचार का मुक़दमा दायर करने को कोर्ट में जाएँगे। एक बार कोर्ट ने मुक़दमा चलाने की इजाज़त दे दी तो फिर तेरा रास्ता साफ़।'' अशोक सिकन्दर को देखकर मुस्कुराया। सिकन्दर भी जवाब में सिर्फ़ मुस्कुराया।

***

ठीक 8:45 पर हम सब छात्रसंघ अध्यक्ष की ओपन जीप में बैठे हुए मालवीय नगर से जवाहरलाल नेहरू मार्ग की तरफ़ निकल चुके थे। जीप राघवेन्द्र शर्मा चला रहा था और राजेन्द्र चौधरी साइड में बैठा हुआ था। हम तीनों पीछे की सीट पर सेट हो गए। एक तो ओपन जीप और उस पर से यूनिवर्सिटी के सबसे पॉवरफुल आदमी के साथ; रोमांचित इतने थे कि लग रहा था, जैसे नसों में ख़ून नहीं, करंट दौड़ रहा है। यह रोमांच सिर्फ़ मुझमें नहीं, बाक़ी दोनों के चेहरों पर भी उतनी ही मात्रा में था।

हवा से बाल उड़ रहे थे। सिर्फ़ बाल उड़ने से मुझे अपने मन में दिलीप कुमार टाइप की फीलिंग आ रही थी। 'नया दौर' फ़िल्म में दिलीप कुमार के हवा से

बाल उड़े तो वैजयन्ती माला ने गाना गा दिया—''उड़े जब-जब जुल्फें तेरी''...जीप जब गांधी सर्किल से दाएँ घूम रही थी तो कोने पर कनोडिया गर्ल्स कॉलेज दिखा। सुबह काफ़ी जल्दी का समय था, इसलिए कॉलेज के बाहर कोई वैजयन्ती माला नहीं थी जो मेरे लिए गाना गाती। इसलिए मैंने ख़ुद की ही तारीफ़ करने को थोड़ा झुककर जीप के साइड में लगे काँच में देखा और बालों की हालत देखकर मैं वापस दिलीप कुमार से अरुण कुमार गुप्ता बन गया।

विवेकानन्द हॉस्टल का गेट आ गया था। राघवेन्द्र शर्मा ने बड़े स्टाइल में जीप को हॉस्टल बिल्डिंग के सामने तेज़ ब्रेक के साथ रोक दिया। वाह! बन्दा सिर्फ़ हैंडसम ही नहीं था, स्टाइल मारना भी भरपूर जानता था।

हॉस्टल की बिल्डिंग भी कॉलेज की तरह रेलवे प्लेटफार्म सी लम्बी थी। राजस्थान में पहले ईंटों की जगह पत्थर का इस्तेमाल बिल्डिंग बनाने को होता था, और अब भी काफ़ी जगह होता है। हॉस्टल भी उन्हीं पत्थरों से बना हुआ है, और उसके ऊपर कोई भी पुताई या प्लास्टर नहीं है। दो मंज़िला हॉस्टल की दीवार पर लगे एक-एक पत्थर को देखकर लगता है कि मज़दूर नहीं, किसी कलाकार ने इन पत्थरों को करीने से काटा है। हॉस्टल के गेट पर स्वामी विवेकानन्द की एक मूर्ति लगी हुई है। सामने लम्बी गैलरी थी जिसमें दीवारों के बीच बहुत से लकड़ी के दरवाज़े नज़र आ रहे थे। यह दीवारें बाहरी दीवार की तरह नंगी न थीं। इन पर प्लास्टर था उस पर पीले रंग का पेंट किया हुआ था। अन्दर की दीवार को देख के लगता था कि बाहर की दीवारों की नग्नता ज़्यादा सुन्दर है। कुछ दरवाज़ों के ऊपर कमरों के नम्बर लिखे थे, तो कुछ कमरों के नम्बर पर पुताई करने वाले ने अपने काम का सबूत छोड़ दिया था। सुबह का टाइम था, गैलरी में कुछ लड़के पिलर का सहारा ले बैठकर अख़बार पढ़ रहे थे, कुछ ब्रश कर रहे थे, कोई नहा के आया था और दो पिलर के बीच बँधी रस्सी पर गीले कपड़े डाल रहा था।

तेज़ ब्रेक से आवाज़ हुई और कुछ धूल उड़ी, परफेक्ट फ़िल्मी सीन की तरह। लड़कों का ध्यान भंग हुआ। कुछ लड़के उछले और 'राजू भाईसाब, राजू भाईसाब' बोलकर मिलने को आगे बढे, वहीं कुछ ने अध्यक्ष को नज़रअन्दाज़ किया और तेज़ी से अपने कमरे में ऐसे घुस गए जैसे कोई लड़की अगले एक्स को देखकर गायब हो जाती है। राजेन्द्र जीप से उतरा और सबसे आगे वाले लड़के को बाईं बाँह में भरकर गले लगाया और साथ ही पीछे वाले की तरफ़ मिलाने को दायाँ हाथ बढ़ा दिया और पूछा—''हॉस्टल में सब ठीक?'' राघवेन्द्र शर्मा भी उतरा, कुछ लड़के उससे भी मिलने आए।

उनसे हाथ मिलाकर राजेन्द्र चौधरी सीधा फ़र्स्ट फ्लोर पर चढ़ा, उसके पीछे-

पीछे काफ़ी सारे लड़के आ गए। राजेन्द्र गैलरी के आख़िरी छोर से दूसरे कमरे के सामने रुका और दरवाज़ा ठोका। कुंडी नहीं लगी हुई थी, हाथ मारते ही दरवाज़ा खुल गया। राजेन्द्र अन्दर घुसा और उसके साथ हम भी। दरवाज़े से घुसते ही ठीक सामने की खिड़की पर मच्छर रोकने को मच्छरदानी का एक हिस्सा काटकर लगाया हुआ था। खिड़की के दोनों तरफ़ कोनों में प्लाईवुड से बने पलंग रखे थे और उनमें से एक पर एक मासूम-सा दिखने वाला लड़का टीशर्ट और निक्कर पहने आधा लेटा हुआ माइक्रो इकोनॉमिक्स की किताब पढ़ रहा था। राजेन्द्र को देखते ही वह उठकर सीधा बैठ गया और हाथ जोड़कर बोला—"राम-राम भाई जी।" लड़का शायद ग्रामीण था, क्योंकि गाँवों में अभी भी अभिवादन राम-राम कहकर ही होता है। राजेन्द्र चौधरी ने दाहिना हाथ कन्धे तक उठाकर उसके अभिवादन का जवाब दिया और पूछा—"के हाल है रामबीर, पढ़ाई कियाँ चालै है रै?" लड़के ने सिर हिलाकर सब ठीक होने का जवाब दिया।

सामने पड़े ख़ाली पलंग पर राजेन्द्र चौधरी बैठ गया और कमरे में साथ आए लड़कों से पूछने लगा—"हॉस्टल में सब ठीक है नी? मैस गी रोटी- पानी ठीक मिलण लाग री है नी? कोई दिक़्क़त परेशानी तो कोनी के?" सब लड़कों ने लगभग 'सब ठीक है' जैसे जवाब ही दिए। उस ज़माने में स्वच्छ भारत सेस नहीं था, फिर भी एक-दो ने झाड़ू नहीं लगने की शिकायत करी। राजेन्द्र चौधरी ने सबको कहा कि हॉस्टल वार्डन से बात करके ठीक करवाएगा इसे। फिर उसने एक मोटे लड़के से पूछा—"रे पहलवान, पूनिया कठे गयो?"

"अबार बुलाऊँ हूँ भाईसाब," लड़का बोल के बाहर निकल गया और राजेन्द्र चौधरी जिनके नाम जानता था, उनसे नाम लेकर बातें करने लगा।

मैं अब पीछे खिड़की की तरफ़ आ गया था जहाँ से पूरा कमरा दिखता था। दरवाज़े के दाईं तरफ़ एक अलमारी थी जो उस बिस्तर के सामने पड़ती थी जिस पर राजेन्द्र चौधरी बैठा था। अलमारी के दो पल्लों वाला लकड़ी का दरवाज़ा हरे रंग से पुता हुआ था। उस हरे अलमारी के एक पल्ले पर पामेला एंडरसन की आधी नंगी तस्वीर चिपकी हुई थी तो दूसरी पर ममता कुलकर्णी की। दरवाज़े के बाईं ओर रामबीर के बिस्तर के सामने एक टेबल और कुर्सी थी। टेबल पर स्टेटिस्टिक्स की किताब और शेक्सपियर की A Midsummer Night's Dream रखी थी। अजीब था, दो लड़कों के कमरे में एक ही टेबल-कुर्सी, और इस चीज़ की शिकायत किसी ने नहीं की। टेबल से लगभग दो फुट ऊपर हनुमान जी का फ़ोटो था। जाट हनुमान जी की पूजा करते हैं। रामबीर के पलंग के बग़ल में दीवार पर स्वामी विवेकानन्द का एक पोस्टर लगा हुआ

था जिस पर उनका एक विचार लिखा हुआ था—''उठो, जागो और तब तक नहीं रुको जब तक लक्ष्य न प्राप्त हो जाए,'' वहीं दूसरी ओर के बिस्तर के साथ वाली दीवार पर स्वामी विवेकानन्द के पोस्टर से कम-से-कम दुगुना बड़ा ब्रूसली का मुक्का ताने हुए पोस्टर लगा हुआ था।

कमरा छोटा-सा हिन्दुस्तान था, अन्तर्विरोध और विविधता से भरा हुआ। जहाँ एक ओर ब्रह्मचारी हनुमान जी का मुक़ाबला पामेला और ममता से था तो दूसरी ओर स्वामी विवेकानन्द के विचारों का मुक़ाबला ब्रूसली के मुक्के से था। मैं कमरा देख ही रहा था कि बाहर से किसी के ज़ोर-ज़ोर से गाने की आवाज़ आई—मेरा पिया घर आया हो राम जी...और गाने की आवाज़ दूर से पास होती गई और फिर दरवाज़े से गाना गाता और नाचता हुआ सुन्दर पूनिया अन्दर आया। बिना इधर-उधर देखे सीधा राजेन्द्र चौधरी के पास गया और गले मिलके उलाहना दिया—''थे तो भूल ही गया म्हने, थे अब आवह ही कोनी हॉस्टल। MLA बनबा के टाइम भी पूनिया ही खड़ा होवेगा थारे साथ, भूलो न म्हने।'' और राजेन्द्र के बग़ल में बैठ गया।

बैठते ही उसकी नज़र मेरे पर पड़ी और उसने मुझे पहचानने की कोशिश की। उसकी नज़र पड़ते ही मैं अन्दर से काँप गया। पूनिया ने आश्चर्य में थोड़ी नज़र घुमाई तो पहले उसे सामने वाले बिस्तर पर बैठा मयूर दिखा और फिर बिस्तर के पास ही खड़ा दुष्यन्त। तीनों को देखते ही उसका चेहरा लाल हो उठा और अभी तक गाता-गुनगुनाता पूनिया काफ़ी उत्तेजित हो उठा। उसने पलंग के नीचे हाथ डाला और एक रॉड निकालकर माँ की गाली बकता हुआ मयूर की तरफ़ झपटा। मयूर ने गर्दन थोड़ा दाएँ घुमा अपने दोनों हाथ बचाव की मुद्रा में उठा दिए। जितनी तेज़ी से पूनिया मयूर पर झपटा उससे भी ज़्यादा तेज़ी से दुष्यन्त ने रॉड को पकड़ लिया। दुष्यन्त अगर एक सेकंड से भी चूकता तो मयूर का सिर फट चुका होता। मयूर मौक़ा देख वहाँ से उछल के उठा और मेरे बग़ल में खड़ा हो गया। राजेन्द्र ने पूनिया को पकड़ा और उसे देख बाक़ी के लड़कों ने भी पूनिया को पकड़ लिया और कहने लगे—''शान्त हो जाओ भाईसाब, शान्त हो जाओ।''

राजेन्द्र के इशारे पर लड़कों ने जैसे-तैसे पूनिया को वापस पलंग पर बैठा दिया। राजेन्द्र पूनिया के कन्धे पर हाथ रख के बोला—''ठंडा हो जा...क्या हो गया? क्यों ग़ुस्सा हो रहा है इन पर?

''मैरै पर हाथ उठायो है इण हरामजादा। अब आपगै हाथां पगां पर कोनी जावैगा। छोड़ दियो थे मंनै।'' पूनिया इतने ग़ुस्से में था कि उसकी गर्दन की नसें तन गई थीं और बोलते वक़्त मुँह से थूक निकल के भद्दे मोटे होंठ के किनारों पर जमा हो रहा था।

''ठा है रे। ओ आपणो ही आदमी है। इने ठा कोनी ही के थूँ कुण है। ज्यूँ ही ठा पड़ी, म्हारे कने आयगो। मैं कह दियो, ज्यूँ थूँ म्हारो छोटो भाई है बियाँ ई पूनियो। डरण री बात कोनी, मैं ओ टंटो निपटाय देऊँ। ढब, अबार ओई हाथ जोड्याँ ऊबो हुई थारे आगे माफी माँगण ने।''—(पता है रे! यह भी अपना ही आदमी है। इसे मालूम नहीं था कि तू कौन है, जैसे ही पता लगा मेरे पास आ गया। मैंने कह दिया, जैसे तू मेरा छोटा भाई, वैसे ही पूनिया भी छोटा भाई, इसलिए डरने की कोई बात नहीं। मैं दोनों की बात ख़त्म करा दूँगा। अभी तेरे से माफ़ी माँगेगा ये।)—फिर राजेन्द्र हम सबसे बोला—''सीनियर है तुम्हारा, हाथ नहीं उठाना चाहिए। चलो, सॉरी बोलो पूनिया भाईसाहब को।''

''सॉरी से न होगा भाईसाब। बेइज़्ज़ती हुई है मेरी! पूरा हॉस्टल हँस रहा है मेरे पे कि पूनिया वैसे नेता बना फिरे है और बाहर जूनियरों से पिट जाए है। अब यह सिर्फ़ मेरी इज़्ज़त का मामला नहीं, पूरे हॉस्टल की इज़्ज़त का मामला है भाईसाब। हॉस्टल का लड़का आज तक न पिटा कभी।'' पूनिया को पता था कि राजेन्द्र चौधरी मारपीट करने नहीं देगा, इसलिए उसने अगला सवाल वहाँ खड़े हॉस्टलर्स से पूछा—''क्यों रे, है कि नी हॉस्टल की इज़्ज़त का मामला?''

पता नहीं, लड़के पूनिया की बात से सहमत थे या उसे मना करने से डरते थे, उन्होंने उसकी हाँ में हाँ मिला दी। यह देख के राजेन्द्र चौधरी थोड़ा-सा ढीला पड़ा और उसने फिर से पूनिया को समझाना शुरू किया कि इस सबमें कुछ नहीं रखा। सॉरी बुलवा और ख़त्म कर, पर पूनिया टस से मस नहीं हो रहा था।

लड़कों को तमाशे में मज़ा आ रहा था और वे धीरे-धीरे आगे बढ़ते हुए दोनों पलंगों के पास आ गए। अन्दर की गहमागहमी बाहर को फैली और बाक़ी कमरों के लड़कों की भी भीड़ इसी कमरे में जुटने लगी। उस छोटे से 12×12 के कमरे में लगभग 30 लड़के जमा हो चुके थे। तरह-तरह के लड़के कमरे में थे, कोई मरियल तो कोई दढ़ियल। कोई पढ़ाकू लग रहा था तो कोई लड़ाकू। मेरे अन्दर का डर बढ़ने लगा और मैं सोचने लगा कि कहीं हमसे ग़लती तो नहीं हो गई यहाँ आकर। बाहर हमारी दुनिया थी, हम सेफ थे; पर इस बार अन्दर उनके ही कमरे में फँस गए थे, जहाँ से निकलना मुश्किल था। मैंने मयूर की तरफ़ देखा। वह पूनिया को ही देख रहा था और उसका शरीर भी डर से काँप रहा था। दुष्यन्त अभी भी पलंग के पास था और लड़कों ने उसे भी चारों ओर से घेर लिया था।

उनकी इस बहस के बीच वह पहलवान बोल पड़ा—''रे पूनिया, एक काम कर...एक-एक रपटा मार कस के सालों के और जाने दे इनको। राजू भाईसाब बोल रहे हैं, उनका मान तो रखना पड़ेगा...और राजू भाईसाब, आप भी मान

जाओ। यह एक रपटा मार देगा तो हॉस्टल की इज़्ज़त भी रह जाएगी।''

राजेन्द्र चौधरी ने जितना सोचा था, मामला उतना आसान निकला नहीं उसके लिए। एक तरफ़ शेखर भारद्वाज जैसे बड़े पत्रकार का भाई, और दूसरी तरफ़ यह सब लड़के जो उसके चुनावों में उसके साथ खड़े थे। पहलवान की बात सुनकर राजेन्द्र मन-ही-मन नफा-नुकसान तौलने लगा। मयूर डरा हुआ भले ही था, लेकिन बहुत गौर से हर चीज़ को देख रहा था—लड़कों के हावभाव, पूनिया का ग़ुस्सा, राजेन्द्र चौधरी की उलझन! उसने धीमी आवाज़ में राजेन्द्र चौधरी को कहा—''एक बात बोलूँ राजू भैया ?'' राजेन्द्र ने हाँ में सिर हिलाया और साथ ही सारे लड़कों के साथ मेरी और दुष्यन्त की नज़र भी मयूर पर टिक गई।

मयूर ने नज़र घुमाकर सबकी तरफ़ देखा और फिर पूनिया की आँखों में आँखें डालकर बोला—''यहाँ हम बात ख़त्म करने आए थे। ग़लती नहीं है हमारी, तब भी माफ़ी माँगने को तैयार हैं; क्योंकि यह सीनियर हैं। लेकिन अगर हमें मार ही खानी है चाहे वह एक ही थप्पड़ क्यों न हो यहाँ इस कमरे में इनके बीच में फँस के क्यों खाएँ? वहीं कॉलेज में आ जाएँ और वहीं कर लेंगे हिसाब बराबर। जिसका हाथ भारी पड़ा वह जीता और क़िस्सा वहीं ख़त्म।''

पूनिया फिर ग़ुस्से में कूदने लगा—''देखा भाईसाब, कितना बदतमीज है। रगड़ देऊँ साले को यहीं'' और यह कहते हुए उसने फिर से रॉड उठा ली। राजेन्द्र चौधरी ने रॉड पकड़ ली और उसे हाथ के इशारे से शान्त होने को कहा।

मयूर आगे बढ़ा और पूनिया के सामने खड़ा हो गया। उसे देखकर दुष्यन्त भी एकदम उसके बग़ल में आ गया। जब मयूर कोई क़दम उठा ले तो दुष्यन्त सोचता नहीं, और मयूर के क़दम से क़दम मिला लेता था। मुझे समझ में ही नहीं आ रहा था कि क्या करूँ...आगे जाने का मतलब हाथ-पैर तुड़वाना था, पर वैसे भी कौन-सा मैं सेफ था! यह सोचकर मैं भी उनके बग़ल में जाके खड़ा हो गया। मयूर ने इस बार राजेन्द्र चौधरी को देखकर पहले से भी ज़्यादा दृढ़ता से कहा—''आपके भरोसे पर आए थे राजू भैया, अब यहाँ से सही-सलामत आपको ही निकालना है हमें।'' दुष्यन्त ने उसके समर्थन में सिर हिलाया। मैं मौक़े की नज़ाकत को देख वैसा ही खड़ा रहा।

मयूर के मन में चाहे जो चल रहा हो, पर जब बोलता था तो इतने कॉन्फिडेंस से बोलता था कि सामने वाले को एक बार सोचना पड़ जाता था। थिएटर जाने से अपने चेहरे के भावों को भी थोड़ा बहुत कंट्रोल करना उसे आ गया था। राजेन्द्र चौधरी मयूर का यह अन्दाज़ देखकर भौंचक्का रह गया! उसने उम्मीद नहीं की थी कि मयूर इतना बोल सकता है। वह कुछ सोच-समझ पाता तब

तक मयूर ने एक और फायर मार दिया, बोला—"और हाँ, अब तो मैं इससे माफ़ी भी नहीं माँगूगा। जो होना है, कॉलेज में ही होगा आमने-सामने। अगर यहाँ कुछ होगा तो सिर्फ़ समझौता होगा, और वह भी बिना माफ़ी के।"

"एक मिनट...इधर सुनो सब..." पीछे से आवाज़ थी। राघवेन्द्र शर्मा दरवाज़े के पास अब तक चुपचाप खड़ा तमाशा देख रहा था। लड़कों की भीड़ को बीच में से चीरता वह आगे आया और मयूर और दुष्यन्त के कन्धों पर हाथ रखकर खड़ा हो गया। उसके इस अन्दाज़ से हम सबका कॉन्फिडेंस लेवल बढ़ गया।

"क्या बदतमीजी की इसने पूनिया? जब राजेन्द्र ने बोल दिया कि झगड़ा ग़लतफ़हमी में हुआ और यह भी कि हमारा ही आदमी है तो तेरे को समझ में नहीं आ रहा क्या? तू राजेन्द्र की बात काटकर उसको मारने की बात कर रहा है, इतनी ही इज़्ज़त करी तूने राजेन्द्र की? माफ़ी माँगने आए लड़के को हॉस्टल में घेर के मारोगे, इसमें बड़ी इज़्ज़त बढ़ जाएगी हॉस्टल की?" राघवेन्द्र ने राजेन्द्र को देखा, उसने आँखों से ही राघवेन्द्र को बात जारी रखने को कहा। राघवेन्द्र ने सबकी तरफ़ उँगली घुमाकर कहा—"सब सुन लो, यह तीनों भी अपने ही हैं। इनके साथ वैसे ही रहना है, जैसे बाक़ी हॉस्टल वालों के साथ रहते हो। आज के बाद इनसे कोई झगड़ा नहीं करेगा। समझ गए!"

'समझ गए' पर राघवेन्द्र ने ऐसा ज़ोर दिया कि सबने राघवेन्द्र के समर्थन में सिर हिला दिया। राजेन्द्र भी उठकर मेरे पास खड़ा हो गया। पूनिया असहमत था और ग़ुस्सा भी, पर यह सब देख के एकदम से कुछ रिएक्ट नहीं कर पाया। दो सेकंड के पॉज के बाद उसने अपनी आवाज़ उठाई—"लेकिन भाई साब, यह हॉस्टल का..."

मयूर ने पूनिया की बात काटी और काफ़ी ग़ुस्से में बोला—"फिर से हॉस्टल के इज़्ज़त की बात करेगा? तू तो रस्टीकेट है न यहाँ से, फिर कौन सा हॉस्टल?" उसका ग़ुस्सा देख एक बार को पूनिया सहमा पर तुरन्त उसने ख़ुद को सँभाला और उग्र होने ही वाला था कि पहलवान ने उसे पीछे से अपने दोनों हाथों के बीच पकड़ लिया और बोला—"राजेन्द्र भाईसाब बोल रहे हैं न! बड़े हैं हमारे। उनकी बात माननी पड़ेगी और इन लड़कों का क्या है, छोटे हैं, जाने दे। आप लोग जाओ भाईसाब, मैं समझा दूँगा इसे। कोई दिक़्क़त न आएगी अब से इन लड़कों को।" फिर हमें बोला—"कोई दिक़्क़त हो तो बेहिचक मेरे पास आ जाना और दुबारा हॉस्टल वालों से झगड़ा मत करना।"

राघवेन्द्र की एंट्री बिलकुल हीरो वाली थी और उसने वाकई हमें बचा लिया था। हम निकलने लगे, तब पीछे से पहलवान की आवाज़ सुनाई पड़ी—"भेन्चो, हॉस्टल से रस्टीकेट है तू, यह लौंडे भी जानते हैं। ऊपर से भाईसाब से पंगे लेके

कहाँ जाएगा? बाहर ही निकलेगा यहाँ से। चुप कर और भूल जा।''

मयूर ने सुना और मेरे और दुष्यन्त की तरफ़ देखकर मुस्कुरा के बोला—''ब-च-ग-ए-भा-ई!''

26 सितम्बर, 1997

''राठौड़ साहब, बड़े लोग नाराज़ चल रहे हैं आपके फ़ैसलों से। कोर्ट में जा रहे हैं।'' गृह मंत्री श्याम जोशी ने फ़ोन पर मुख्यमंत्री राज्येश से कहा।

''आप तो नाराज़ नहीं हो न, जोशी जी?'' राज्येश सिंह राठौड़ ने ठिठोली की।

''आप मुख्यमंत्री हैं, राजा हैं। आपसे नाराज़ होकर मैं ग़रीब ब्राह्मण कहाँ जाऊँगा?'' श्याम जोशी ने राज्येश की टाँग खींचते हुए कहा।

''आपसे बातों में कहाँ जीतूँगा? बताइये क्या हुआ? कौन कोर्ट जा रहा है?''

''आज तीन लोग कोर्ट में सरकार के ज़मीन अधिग्रहण वाले कुछ फ़ैसलों के ख़िलाफ़ याचिका डाल रहे हैं, जिनमें आपका मनीष परनामी भी है।''

मनीष परनामी का एक बड़ा प्लॉट कूकस में था। सरकार उसे इंडस्ट्रियल एरिया आधिकारिक रूप से घोषित करने वाली थी। ऐसे इलाक़ों की ज़मीनें नेता हमेशा पहले ख़रीद लेते हैं ताकि अधिग्रहण में मुनाफा कमाएँ, राज्येश भी ऐसा ही था। उसने उस इलाक़े में सभी लोगों से ज़मीनें ख़रीदी पर मनीष ने अपना फ़ायदा देख ज़मीन उसे नहीं बेची।

राज्येश को मनीष जैसे लोग हमेशा विकास कार्य में बाधा लगे। मुख्यमंत्री अपने विकास के लिए ज़मीन लेना चाहता है और यह मुआ अपने विकास की सोच रहा है। राज्येश ने जिन ज़मीनों को ख़रीदा था, उन पर इंडस्ट्रियल डेवलपमेंट ऑफ़िस बनाने की घोषणा की। राज्येश की अपनी ज़मीनें सरकार ने ख़रीद ली और मनीष के ज़मीन के हिस्से को छोड़ दिया। मनीष को सबक सिखाने के लिए इस ऑफ़िस को इस तरह से प्लान किया गया कि मनीष के प्लॉट के सामने की रोड भी इंडस्ट्रियल डेवलपमेंट ऑफ़िस का हिस्सा बन गई और इस तरह मनीष के अपने प्लॉट पर जाने के लिए सड़क ही नहीं रही। सरकारी प्लॉटों के बीच उसका इकलौता प्लॉट एक आइलैंड बन गया। आखिरकार मनीष ने हताश होकर प्लाट राज्येश को बेचने की सोच ली थी, लेकिन तभी दुर्गाराम जाट ने उसकी हिम्मत बढ़ाई। दुर्गाराम अपने बँगले के टूटने पर कोर्ट जा चुका था, उसने परनामी को भी कोर्ट जाने के लिए तैयार कर लिया। बाक़ी तीनों

लोग भी इसी तरह के केस वाले थे।

''और मनीष परनामी को हवा कौन दे रहा है? सिकन्दर?''—राज्येश ने पूछा।

''सिकन्दर सामने नहीं आया है, पर बन्दूक दुर्गाराम के कन्धे पर ही है। दुर्गाराम इन लोगों से मिल रहा है और इन्हें हिम्मत दे रहा है कोर्ट जाने को। अपने बँगले वाले मामले में उसने आप पर सीधा आरोप लगाया, इससे इन लोगों की भी हिम्मत बढ़ी है।'' श्याम जोशी ने कहा।

''दुर्गाराम जब सिकन्दर से मिलने गया था, तभी लग गया था कि अब कुछ करेगा।''

''अभी यह बहुत कुछ करेगा। पहले तो सीधे-सीधे आप पर और लोग आरोप लगाएँगे। दूसरे, विपक्ष वालों से भी लगातार मिलेगा कि वह लोग आप पर भ्रष्टाचार के मामले में हमला तेज करें और...''

''और ज़रूरत हो तो कुछ विधायक तोड़कर विपक्ष में मिल जाएँ।'' राज्येश ने श्याम जोशी के वाक्य को पूरा किया। ''अच्छा किया, बता दिया; लेकिन जोशी जी आपकी इंटेलिजेंस ब्यूरो ढीली है। यह ख़बर बहुत पहले आनी चाहिए थी। आप गृहमंत्री हैं इसलिए मैं आई.बी. की रिपोर्ट नहीं लेता, पर आप ध्यान दीजिए।'' राज्येश ने नर्म लहजे में आदेश देते हुए कहा।

27 सितम्बर, 1997

सभी अख़बार याचिकाओं की ख़बर को पहले पेज पर छापे हुए थे। दुर्गाराम ने फिर से मुख्यमंत्री पर भ्रष्टाचार के आरोप लगाए थे। विपक्ष के नेताओं ने कूकस इंडस्ट्रियल एरिया में राज्येश की बेनामी ज़मीन को सरकार द्वारा ऊँचे दामों पर किए गए अधिग्रहण की जाँच की माँग शुरू कर दी थी। सिकन्दर, दुर्गाराम और अशोक विजयवर्गीय की प्लानिंग का पहला दाँव ठीक बैठा था। दुर्गाराम यहाँ रुकने को राजी न था और राज्येश के भ्रष्टाचार के कारनामे खोदकर हर महीने उन पर कुछ हंगामा करने की ठान चुका था।

लेकिन ऐसा भी नहीं था कि राज्येश शान्ति से बैठा था। ख़बरें पढ़कर उसने अपने सेक्रेटरी को बुलाया और पूछा—''नये सरकारी स्कूलों की बिल्डिंग बनाने का ठेका अशोक विजयवर्गीय की कम्पनी को मिला है न?''

''यूनिवर्सिटी में बन रहे नये टीचर्स फ़्लैट का भी।'' सेक्रेटरी ने जवाब दिया।

''क्या हमने कोई ऑडिट किया, क्वालिटी या पेश किए गए बिलों को लेकर?''

सेक्रेटरी ने न में सिर हिलाया। ''ठीक है, मेरे पास एडीबी बिल्डर के सभी सरकारी कामों से जुड़ी फ़ाइल लाइए और आप सभी एंगल से ऑडिट करवाने की तैयारी शुरू करिए।''

राज्येश के लिए ज़रूरी था सबसे पहले सिकन्दर के सपोर्ट सिस्टम को तोड़ना। सिकन्दर को मिलने वाले आर्थिक लाभ का स्रोत अशोक विजयवर्गीय था, इसलिए उसने अशोक पर शिकंजा कसने की तैयारी शुरू की। दुर्गाराम के लिए उसने कुछ और इलाज सोचा था।

08 दिसम्बर, 1997; सोमवार

ठंड का मौसम आ गया था, लेकिन उस दिन एक ऐसी ख़बर अख़बारों में छपी जिसने उस ठंडी सुबह में भी न सिर्फ़ यूनिवर्सिटी बल्कि शहर भर के माहौल में गर्मी पैदा कर दी। यूनिवर्सिटी के जेसी बोस हॉस्टल में एक लड़की के साथ बलात्कार हुआ। जे.सी. बोस हॉस्टल बॉयज़ हॉस्टल है और उसमें लड़कियों को जाने की अनुमति नहीं है, उसके बावजूद एक लड़की हॉस्टल में गई और उसके साथ चार लड़कों ने बलात्कार भी किया। ख़बर बहुत बड़ी थी।

इस ख़बर के आने से यूनिवर्सिटी की राजनीति गरमाने लगी और सभी छात्र संगठन इसके विरोध में प्रदर्शन की तैयारी में जुट गए। मयूर को राघवेन्द्र शर्मा का बुलावा आया कि अपने सभी दोस्तों के साथ आ जाए, आन्दोलन करना है। मयूर हम सब लोगों को लेकर जनता स्टोर पर पहुँच गया, जहाँ काफ़ी भीड़ जमा थी। उस भीड़ का एक बहुत बड़ा हिस्सा अब मयूर को जानता था।

विवेकानन्द हॉस्टल के झगड़े ने कॉलेज में हमारे ग्रुप को, खासकर मयूर और दुष्यन्त को काफ़ी जाना-पहचाना चेहरा बना दिया था। यूनिवर्सिटी-कॉलेज वग़ैरह में झगड़ों की ख़बर, जिसमें कोई बड़ा बदमाश शामिल हो तो, बहुत जल्दी फैलती है और उसमें हर कोई अपनी तरफ़ से थोड़ा-बहुत मिर्च-मसाला लगा देता है। हमारे साथ भी यही हुआ, सुन्दर पूनिया की पिटाई हो जाना और उसका बदला न ले पाना यूनिवर्सिटी की हलचल में रुचि रखने वालों के लिए ख़बर थी। जनता स्टोर पर बैठे लड़के झगडे के कई वर्जन बनाते रहते, जिसमें एक यह भी था कि हम लोगों ने पूनिया को दुबारा से हॉस्टल में घुस के मारा। मयूर ने कहा कि ऐसी किसी भी गॉसिप, जिसमें हम हीरो बन रहे हों उस पर हाँ या न कुछ मत बोलना तुम लोग, बस मुस्कुरा दिया करना। दुष्यन्त स्पोर्ट्समैन था और उसका एक बड़ा नेटवर्क खिलाड़ियों का था जो बदमाशियों में कई बार

शामिल रहते। जब उन्हें इस झगड़े का पता लगा तो उन्होंने भी इस ख़बर को ख़ूब मिर्च-मसाले के साथ एक बहुत बड़े ग्रुप में इसलिए फैलाया ताकि बता सकें कि मयूर और दुष्यन्त जिन्होंने पूनिया को मारा, वे उनके दोस्त हैं।

विवेकानन्द हॉस्टल के झगड़े के बाद मयूर राघवेन्द्र के सम्पर्क में रहने लगा और उससे दोस्ती बढ़ गई। मयूर राघवेन्द्र को भैया-भैया करके बात करता। मयूर स्मार्ट था, उसके पास हिम्मत थी, ग्रुप था, अपने कॉलेज में प्रसिद्ध हो चुका था, ऐसे में उसे अपने साथ रखना राघवेन्द्र के लिए भी फ़ायदे का सौदा था। विवेकानन्द हॉस्टल के झगड़े ने अगर छात्रों में मयूर का नाम फैलाया तो राघवेन्द्र के साथ उठने-बैठने से उस नाम को चेहरा मिल गया और अब काफ़ी लोग उसे उसके चेहरे से भी पहचानने लगे।

राघवेन्द्र को अगले साल छात्रसंघ अध्यक्ष का चुनाव लड़ना था और जिस छात्र संगठन से चुनाव लड़ना चाहता था, उसका नाम था छात्र अधिकार संघर्ष समिति जिसे शॉर्ट में CASS यानी कास कहते थे। कास ने इस घटना के विरोध में प्रदर्शन का निर्णय लिया और सब कार्यकर्ताओं को प्लानिंग के लिए बुलाया, हम भी राघवेन्द्र के कहने पर गए।

कास के सब कार्यकर्ता जनता स्टोर पर जमा थे। जनता स्टोर यूनिवर्सिटी के पास था और गांधी नगर थाना जिसके क्षेत्र में यूनिवर्सिटी आती थी वह जनता स्टोर के बग़ल में ही था। कास का प्लान गांधी नगर थाने पर प्रदर्शन का था। राघवेन्द्र, मुकेश सिनसिनवार और सुरेश विजय के साथ लड़कों को समझा रहा था कि करना क्या है। मुकेश सिनसिनवार पी-एच.डी. कर रहा था और कास का प्रदेश अध्यक्ष था। यही वह आदमी था जो कास से छात्रसंघ चुनाव कौन लड़ेगा, यह बात तय करने में सबसे महत्त्वपूर्ण भूमिका निभाता था। सुरेश विजय कास का प्रदेश महासचिव और प्रवक्ता था। कास की तरफ़ से मीडिया को बयान देता था। सुरेश भी पहले कॉमर्स कॉलेज छात्रसंघ अध्यक्ष था और वह अगले साल कास के ही टिकट पर छात्रसंघ अध्यक्ष का चुनाव लड़ना चाहता था। राघवेन्द्र के मुक़ाबले सुरेश पर्सनालिटी में कमज़ोर था, इसलिए ऐसे प्रदर्शनों में वह अपने-आपको आगे रखने की पूरी कोशिश करता।

मयूर इन तीनों के पास पहुँचा और बोला—"भैया, मुझे लगता है कि इतने सीरियस मामले को हम लोग बहुत हलके में ले रहे हैं। जो प्रदर्शन हम कर रहे हैं, वह किसी काम का नहीं। हमें कुछ और करना चाहिए।" तीनों ने बात रोककर मयूर को देखा। राघवेन्द्र के साथ कास के कार्यक्रमों में जाते रहने से मुकेश सिनसिनवार भी अब मयूर को पहचानता था। उसने पूछा—"ऐसा क्यों लगता है तुम्हें कि यह किसी काम का नहीं?"

''भैया, हम लोग अकेले तो नहीं जो यह प्रदर्शन करेंगे। आज कई यही कर रहे थे, कल हम भी यही करेंगे और दो दिन में सब ख़त्म। हमें इसमें ज़्यादा-से-ज़्यादा क्या मिलेगा, सिवाय अख़बार में इस लाइन के कि कास के कार्यकर्ताओं ने भी बलात्कार कांड का विरोध किया। सुरेश भैया का एक लाइन का बयान भी आ जाएगा जिसमें वह घटना की निन्दा करेंगे। हममें और बाक़ी में फ़र्क़ क्या रहेगा?''

''फिर हम अलग क्या करें?'' मुकेश ने पूछा।

''एक तो लड़की का रेप हुआ, ऊपर से मैं इधर-उधर से सुन रहा हूँ कि लोग कह रहे हैं—लड़की चालू थी, पैसे लेके ऐसे जाती थी। इस बार पैसे को लेके बात बिगड़ी तो उसने केस कर दिया।''

''तो इसमें हम क्या करें? लोगों को कहें कि नहीं जी, लड़की शरीफ थी?'' सुरेश विजय ने सवाल किया।

''नहीं...मुझे नहीं पता जो लोग कह रहे हैं वह सही है या ग़लत, पर यह पता है कि बलात्कार एक अपराध है। ऐसी बातें करके हम उस अपराध की गम्भीरता को कम कर रहे हैं। हम ऐसी बातें इसलिए करते हैं क्योंकि एक समाज के रूप में हमने स्त्री को वह इज़्ज़त दी ही नहीं जो देनी थी। उसे हम माल कहते हैं, आइटम कहते हैं। एक ज़िम्मेदार छात्र संगठन होने के नाते हमें अपने साथ के छात्रों को एक सन्देश देना चाहिए, ऐसा सन्देश कि वह भी लड़कियों की इज़्ज़त करें। अगर हम विरोध करना ही चाहते हैं तो सिर्फ़ इस घटना का न करें, बल्कि इस तरह की हरकत और मानसिकता का भी करें। लोगों को यह पता होना चाहिए कि लड़की अगर प्रॉस्टिट्यूट भी है तो उन्हें उसकी इज़्ज़त उछालने का हक़ नहीं।''

''वाह-वाह, वाह-वाह...क्या स्पीच दिया है...'' सुरेश विजय ने व्यंग्यात्मक लहज़े में कहा। सिर्फ़ लड़कों को नहीं, तुम किसी रेड लाइट एरिया में जाओ और लोगों को समझाओ कि ऊपर जो प्रॉस्टिट्यूट है, जब उसके साथ लेटो तो उसकी इज़्ज़त करना।'' कहकर सुरेश हँसने लगा। सुरेश राघवेन्द्र को पसन्द नहीं करता था, इसलिए उसके क़रीबी मयूर का मज़ाक़ उड़ाना लाजमी था।

''अबे ओये...'' राघवेन्द्र ने सुरेश को उँगली दिखाते हुए कहा—''साले, तेरी शक्ल अच्छी नहीं है, पर कम-से-कम बात तो अच्छे से किया कर। छोटा लड़का है, एक आइडिया लेकर आया है और उसको सुनने के बजाय मज़ाक़ उड़ा रहा है।'' राघवेन्द्र ने सुरेश को लगभग डाँटते हुए कहा। सुरेश कुछ बोलता

उससे पहले राघवेन्द्र ने मुकेश को कहा—"इसे चुप रहने को बोलो! एक बार सुनते हैं, क्या कह रहा है मयूर।"

मुकेश ने हामी में सिर हिलाया और मयूर को बोला—"यार, बात तो अच्छी है, पर करेंगे क्या?"

"नुक्कड़ नाटक करेंगे और कैसे करेंगे! वह सब आप मेरे पर छोड़ दो, आप तो बस 'हाँ' करो। आप 'हाँ' नहीं भी करोगे तो भी मैं तो अपने दोस्तों के साथ करूँगा ही यह नाटक।"

मुकेश मुस्कुराते हुए खड़ा हुआ और बोला—"कल 10 बजे तेरे कॉलेज से शुरू करेंगे। अच्छा हुआ तो बाक़ी जगह करेंगे वर्ना बन्द, लेकिन अभी चलो थाने पर हंगामा करने। तुम्हारे सुरेश भैया को एक लाइन का बयान भी तो देना है न।" सुरेश चिढ़ गया और बाक़ी सब हँसने लगे।

09 दिसम्बर, 1997; मंगलवार

10 बजे सुबह हम सब कॉलेज के मेन गेट पर खड़े थे। हमारी सारी तैयारी हो चुकी थी। राघवेन्द्र शर्मा के अलावा कास के कई और बड़े नेता कार्यकर्ताओं के साथ जमा थे। मुकेश सिनसिनवार एक कोने में खड़े सब पर नज़र रखे हुए थे। एक मीडिया वाला सुरेश विजय से बात कर रहा था तभी मयूर जीन्स, कुरता और सिर पर गोल कैप पहने हुए आया। उसके पीछे-पीछे प्रताप पहुँचा, उसने भी जीन्स-कुर्ता पहना था और कमर पर उसने कुरते को गमछे से बाँधा हुआ था। दुष्यन्त को बाक़ी दोस्तों और कार्यकर्ताओं को लेकर घेरा बनाने की ज़िम्मेदारी मिली थी जो उसने पूरी की। मेरा रोल बाद में था।

मयूर ने ढपली बजानी शुरू की और सबका ध्यान उसकी तरफ़ हो गया। मयूर ख़ुद मदारी बना था और प्रताप को जमूरा बनाया। थोड़ी देर में ही कार्यकर्ताओं के अलावा और भी लोग हमारे चारों ओर इकट्ठे हो गए। रिपोर्टर भी सुरेश को छोड़ भीड़ में घुस गया। राघवेन्द्र ने उस रिपोर्टर को भीड़ से निकालकर सबसे आगे जगह दी और कान में कुछ कहा। जब भीड़ इकट्ठी हो गई तो मयूर ने ढपली बजानी छोड़ी और अपना नाटक शुरू किया।

"चली आ छमाछम रणचंडी काली कलकत्ते वाली, तेरा वचन न जाए ख़ाली, बच्चा लोग...बजाओ ताली।"

मैं पहली बार मयूर को ऐसे परफॉर्म करते देख रहा था। मयूर बहुत तेज़ी से

यह सब बोला और रुक गया, उसकी आवाज़ में हलकी घबराहट आई जो शायद औरों को पता नहीं चली, पर हम दोस्तों को पता लग रही थी। लोगों ने ताली बजानी शुरू कर दी और मयूर के चेहरे पर एक विश्वास भरी मुस्कान आ गई। यह लड़का इतनी जल्दी कॉन्फिडेंस से भर जाता है कि लगता ही नहीं कि पहली बार कोई काम कर रहा है। मयूर ने फिर दो बार ढपली पर थाप दी और अपनी आवाज़ को सँभालकर फिर से खेल शुरू किया।

"जमूरे..."

"उस्ताद..."

"जमूरे...साहब लोग जमा हैं। खेल दिखाएगा?"

"दिखाऊँगा उस्ताद।"

"सब लोगों को ख़ुश करेगा?"

"करूँगा उस्ताद?"

"कुछ ऐसा कर कि साहब लोगों को मज़ा आ जाए और वह हमको पैसा दे जाएँ।"

"अभी करता हूँ, उस्ताद...

"तो साहिबान, मेहरबान, क़दरदान, बयानदान, थूकदान, पीकदान, आपकी खिदमत में पेश है खेल...जमूरे...साहब लोग जवान हैं, कुछ ऐसा दिखा कि जवानी निखर जाए, साहब लोग ख़ुश हो जाएँ।"

"उस्ताद...जवान साहब तो...मुझे बताने में शर्म आती है उस्ताद..."

"अरे जब साहब को शर्म नहीं तो तुझे क्यों जमूरे?"

"उस्ताद, जवान साहब लोग तो आइटम देख के ख़ुश होते हैं, बोले तो माल...बोले तो छमिया।"

यहीं पर मेरी एंट्री थी। मुझे एक चुन्नी ओढ़े लड़की की तरह मटक के इस पार से उस पार तक जाना था। मेरे पैर इतने काँप रहे थे कि मटकने की मुझे एक्टिंग नहीं करनी पड़ी, वह अपने आप हो गया। मुझे चुन्नी ओढ़े जाते देख लड़कों ने सीटी बजानी शुरू कर दी। मयूर ने खेल को आगे बढ़ाया।

"जमूरे..."

"उस्ताद..."

''देख, आगे पटाखा...यानी कि...तेरा माल। इसकी चाल बताती है कि यह चालू है। जा, बना ले इस चालू को अपनी शालू। जा, कुछ ऐसा करके आ कि साहब लोगों को मज़ा आ जाए। वह करके आ जो सब करते हैं...''

जमूरे ने पीछे से आकर मुझे चिकोटी काट ली, और बोला—''कहाँ चली ओ छम्मकछल्लो ?'' और मदारी की तरफ़ देखकर आँख मारी।

लड़के और ज़ोर से सीटी बजाने लगे। उनमें से एक चिल्लाया—''दबा दे, दबा दे...''

''साहब बोल रहे हैं जमूरे, जा ख़ुद मज़ा ले, और इसको भी मज़ा दे।''

जमूरे ने सिर झुकाकर उस्ताद और जनता का अभिवादन किया और दौड़ के मेरे पीछे से आकर मेरी चुन्नी को खींच दिया। इसके बाद मुझे डरते हुए चुन्नी पकड़ने के लिए मुड़ना था और मुड़ के आश्चर्य से जमूरे को देखना था। मैंने किया। जमूरा मुझे देखते ही एकदम फ्रीज़ होकर खड़ा हो गया। यहाँ पर मेरा सिर्फ़ एक डॉयलॉग था—''भैया...''

जमूरे ने चुन्नी छोड़ दी और अपना सिर पकड़कर रोने लगा। जनता जो सीटी बजा के हंगामा कर रही थी, उसे इस ट्विस्ट की उम्मीद नहीं थी और सब एकदम से चुप हो गए।

''रुक क्यों गया जमूरे...मज़ा ले और साहब लोगों को भी देखने का मज़ा दे''

''उस्ताद...बहुत बड़ी ग़लती हो गई, उस्ताद ?'' और जमूरा ज़मीन पर बैठकर रोने लगा।

प्रताप बहुत अच्छा कर रहा था। प्रताप ने ज़िन्दगी में पहली बार ऐसा कुछ किया था और जिस तरीक़े से किया, मुझे मयूर के सेलेक्शन की दाद देनी पड़ी।

''साहब लोग बोर हो रहे हैं। देख, न कोई सीटी बजा रहा है और न कोई ताली। तू यहीं बैठ जमूरे, मैं उसे छेड़ के आता हूँ।''

''उस्ताद...वह मेरी बहन है...तुम मेरी बहन को कैसे छेड़ सकते हो उस्ताद ?''

''तेरी बहन है न जमूरे, मेरी तो नहीं। तू नहीं छेड़ सकता, पर मैं तो छेड़ सकता हूँ न ?''

''उस्ताद, मेरी बहन को देखा तो आँखें नोच लूँगा।'' जमूरा ग़ुस्से में मुट्ठी ताने उस्ताद को घूर रहा था।

''जमूरे... ग़ुस्सा क्यों है जमूरे ? अरे जिस-जिस लड़की को हमने छेड़ा, ग़लत बोला, हर वह लड़की किसी-न-किसी की तो बहन है न रे। जब हमने तब

नहीं सोचा तो अब क्यों सोचें? वह सब भी माल थीं और यह भी माल है।''

''उस्ताद, पैर पकड़ता हूँ तुम्हारे! मत करो ऐसी बातें मेरी बहन के बारे में!''

''क्यों जमूरे? जो लड़की बाहर दिखे उसे छेड़ना तो हम लड़कों का हक़ है, उसके चरित्र पर उँगली उठाना जायज है। तो आज हम क्यों देखें कि वह किसकी बहन है?''

जमूरा ज़मीन पर सिर पकड़कर बैठ गया। मदारी ने भीड़ को देखकर पूछा—''क्यों भैया, क्या ग़लत कह रहा हूँ? आप ही बताओ, इसकी बहन को यह नहीं, पर मैं तो छेड़ सकता हूँ?'' भीड़ एक साथ बोल पड़ी—''नहीं...''

मदारी इसके बाद उस लड़के के पास गया जिसने कहा था 'दबा दे', और पूछा—''इसकी नहीं तो क्या इस भीड़ में खड़े किसी की भी बहन के दबा दूँ? क्या तुम्हारी बहन की चुन्नी खींच लूँ?''

उस लड़के ने ग़ुस्से में आकर मयूर की कॉलर पकड़ ली और उसे अपनी तरफ़ खींचा, पर कुछ ही पलों में उसे छोड़कर सिर झुका वहाँ से चला गया।

मदारी ने फिर कहा—''साहिबान, मेहरबान, आज का खेल ख़त्म। आज इसकी बहन थी, कल जब आप में से किसी की होगी तो यह मदारी जमूरा फिर आएगा, और आपको खेल दिखाएगा।''

तालियाँ बजने लगीं। सुरेश विजय भौचक था और मुकेश मन्द-मन्द मुस्कुरा रहा था। राघवेन्द्र ने मौक़े का फ़ायदा उठाकर उसी समय स्त्री के सम्मान पर दो मिनट का भाषण दे डाला। अख़बार वालों ने हमारे एक्ट की फ़ोटो खींची थी। नाटक बहुत बढ़िया हुआ था और सब लोग मयूर की तारीफ़ कर रहे थे। राघवेन्द्र ने रिपोर्टर को बताया कि कैसे उसने कल यह प्लान बनाया कि हम इस तरह से एक सकारात्मक सन्देश सबको देंगे और उसे मयूर और टीम ने करके दिखाया। सुरेश के हिस्से का मीडिया राघवेन्द्र खा गया।

मुकेश सिनसिनवार ने आकर मयूर और प्रताप की पीठ थपथपाई और काफ़ी शाबासी दी। उसने मयूर को कहा कि चलो, अगले कॉलेज में भी नाटक करना है। अगले दो दिनों में राजस्थान यूनिवर्सिटी के हर कॉलेज, यूनिवर्सिटी डिपार्टमेंट के बाहर, लाइब्रेरी के सामने इस नाटक को किया गया और हर जगह इसकी तारीफ़ हुई। अख़बार वालों ने भी इस बारे में बहुत अच्छे से ख़बर की। जहाँ पहले दिन राघवेन्द्र ने हमारे हिस्से की ख़बर चुरा ली थी, दूसरे दिन अख़बार वालों ने ख़ुद ही हम सबको हाईलाइट किया था और सबसे ज़्यादा फोकस में मयूर था। दुष्यन्त ने सब दोस्तों को कहा था कि जब भी कोई अख़बार वाला

हममें से किसी से भी पूछे तो हमें यही बोलना है कि यह आइडिया मयूर का था और उसी ने नाटक लिखा है। अपने काम का फ़ायदा किसी और को नहीं देना है और हमने ऐसा ही किया। मुकेश सिनसिनवार ने भी अपने बयान में मयूर का नाम लिया।

एक अख़बार ने तो बाकायदा मयूर का इंटरव्यू उसकी फ़ोटो के साथ छापा। उसी ख़बर में हम सबकी एक ग्रुप फ़ोटो भी छपी। मैं भी उस फ़ोटो में था पर हीरो मयूर था। मयूर ने उस झगड़े के बाद एक बार फिर ख़बर बनाई पर पहले से बड़ी...और पहले से अच्छी।

12 दिसम्बर, 1997; शुक्रवार

सुबह-सुबह 6:30 बजे फ़ोन की घंटी ने मुकेश सिनसिनवार की नींद तोड़ दी। वह अलसाया पड़ा रहा। फ़ोन कट गया, पर क़रीब 10 सेकंड के बाद फिर बज पड़ा। मुकेश को जबरन बिस्तर से उठकर लैंडलाइन फ़ोन उठाना ही पड़ा। उसने बड़े आलस के साथ उनींदी आवाज़ में कहा—"हेलो..."

"मुकेश..."

आवाज़ पहचानते ही मुकेश की नींद उड़ गई और वह हड़बड़ा गया—"जी, जी...जी, नमस्ते..."

"भांडगिरी ही करता रहेगा कि कुछ काम भी करेगा?"

"भांडगिरी...काम...मैं समझा नहीं!"

"इतना बड़ा असलहा हाथ में आया है और उसे चलाने के बजाय झुनझुना बजा रहा है, साले कहाँ लगा है बच्चों के साथ कॉलेज-कॉलेज घूम के भांडगिरी करने में..."

"वह नाटक का आइडिया काफ़ी अच्छा था, और मीडिया भी उसे..."

"भैंचो, नाटक करने बिठाया है तुझे वहाँ?" दूसरी तरफ़ जो आदमी था वह इतनी ज़ोर से चीखा कि मुकेश ने फ़ोन का रिसीवर कान से हटा लिया पर तब भी आवाज़ सुनाई पड़ रही थी। "तेरी यूनिवर्सिटी में रेप हुआ है, छात्रसंघ पर तेरी पार्टी का क़ब्ज़ा है, तुम लोगों को तो वाइस-चांसलर की नींद उड़ा देनी चाहिए थी, उसका इस्तीफ़ा यूनिवर्सिटी के हर कोने से माँगा जाना चाहिए था पर नहीं...साहब तो नुक्कड़ नाटक करेंगे, फ़िल्मों में जाएँगे... फ़िल्मफेयर अवार्ड जीतेंगे।"

"पर...पर, इस मामले में वाइस-चांसलर को कितना घेर पाएँगे हम लोग ? वह तो कह देगा कि हॉस्टल वार्डन ज़िम्मेदार है इस सबके लिए, उन पर कैंची चला देगा।" मुकेश ने घिघियाते हुए सफ़ाई दी।

"वह क्या करेगा, किस पर कैंची चलाएगा, वह सब बाद की बात है। पहले तू अपना काम कर। यह भांडगिरी बन्द कर और वाइस-चांसलर से इस्तीफ़ा माँग। मुझे इस कुर्सी पर अपना वाइस-चांसलर चाहिए। समझा ? इस यूनिवर्सिटी में कोई बच्चा भी अगर छींके तो उसके लिए वाइस-चांसलर को ज़िम्मेदार बनाकर इस्तीफ़ा माँगो। हर छोटी-बड़ी बात पर वाइस-चांसलर के ख़िलाफ़ माहौल बनता दिखना चाहिए। तू माहौल बना, बाक़ी मुझ पर छोड़।"

"जी..."

"सुन, कल वाइस-चांसलर को इस मसले पर राज्यपाल जी ने बुलाया है। एक काम करो, उसे राजभवन में घुसने से रोको। मीडिया कवरेज अच्छी मिलेगी।"

"जी...मैं कुछ प्लान करता हूँ आज ही।"

"करो और मुझे बताओ...और हाँ, यह सुरेश कहाँ पीछे रह जाता है ? उसे बोलो चुनाव लड़ना है तो सामने आकर लीड करे। ऐसे नहीं चल पाएगा कि राघवेन्द्र आए और मलाई ले उड़े। वैसे भी राघवेन्द्र वाइस-चांसलर के ख़िलाफ़ जाएगा नहीं, वजह तुम्हें पता है। उसे कहो कि मौक़े का फ़ायदा उठाए।

"जी, मैं करता हूँ और आपको शाम को फ़ोन पर बताता हूँ।"

सुबह 10:30 बजे

"कोई नुक्कड़ नाटक नहीं होगा अब। आज वाइस-चांसलर से इस्तीफ़ा माँगेंगे उसका।" हम लोग कुछ रियेक्ट करते उससे पहले मुकेश ने राघवेन्द्र से कहा—"रघु, तू इन लड़कों को लेकर वाइस-चांसलर ऑफ़िस के बाहर धरना दे, मैं थोड़ी देर में आता हूँ।" यह कह के मुकेश सुरेश समेत दो और लोगों को लेकर एक तरफ़ चला गया और कुछ खिचड़ी पकाने लगा। उसके चेहरे पर तनाव साफ़ दिख रहा था।

राघवेन्द्र उसे देखकर मुस्कुराया और मयूर को आँख मारते हुए बोला—"लगता है, आज इसको पापा जी से डाँट पड़ी है तगड़ी।" मयूर के चेहरे पर प्रश्नवाचक चिह्न देखकर राघवेन्द्र ने उसके कन्धे पर हाथ रखा और उसे आगे ले जाते हुए बोला—"इसके एक पापा जी हैं जो पीछे से कारा चलाने के सारे ऑर्डर देते हैं इसे। बताऊँगा तुझे बाद में। चल, अभी नारे लगाएँ, प्रदेश अध्यक्ष साहब ने

बोला है।'' राघवेन्द्र हँसा और उसके साथ मयूर भी। हम लोगों को समझ में कुछ नहीं आया।

मुकेश की मीटिंग ख़त्म हो गई और उसने आकर सभी लड़कों को कहा—''आज के लिए काफ़ी हो गया है। सब अपने घर जाएँ और कल सुबह सबको 9:30 बजे मिलना है। कहाँ मिलना है, यह आप लोगों को शाम को फ़ोन करके बता दिया जाएगा।''

हम सब जनता स्टोर पर चाय पीने आ गए। बसन्त मिष्टान्न भंडार वाला चाय और समोसे मस्त बनाता है और लड़कों के बजट में रहता है। हम यहाँ बैठे हुए थे, तभी मुकेश के साथ मीटिंग में गए दो लोगों में से एक जनता स्टोर पहुँचा और राघवेन्द्र को लेकर एक तरफ़ चला गया। राघवेन्द्र जब उससे बात करके आया तो मुस्कुरा रहा था। आते ही बोला—''कहा था न, डाँट पड़ी है। कल वाइस-चांसलर को गवर्नर ने बुलाया है और इसका प्लान है कि उसे घुसने नहीं देंगे गवर्नर हाउस में। सुरेश को आगे रखेंगे, ताकि कल मीडिया में हीरो वह बने।''

''तो उसने यह प्लान अभी क्यों नहीं बताया?'' मयूर ने पूछा।

''यूनिवर्सिटी में आईबी के 5 अफ़सर हैं जो हर चीज़ पर नज़र रखते हैं। बात फैल जाएगी तो पुलिस अलर्ट हो जाएगी। कल भी पहले सबको एक जगह इकट्ठा करेंगे और आख़िर में बताएँगे कि करना क्या है।''

''पर इन्होंने इस मीटिंग में आपको क्यों नहीं बुलाया, आप भी तो इतने सीनियर हो?''

''क्योंकि यह जानते हैं कि मैं वाइस-चांसलर के ख़िलाफ़ नहीं हूँ बल्कि उनकी तरफ़ ही हूँ। दूसरा मुझे भी शामिल किया तो नेता सुरेश नहीं रहेगा, हम दोनों ही होंगे; बल्कि हो सकता है मैं उसका चांस ही खा जाऊँ।''

''पर भैया, अभी तो आपने वाइस-चांसलर के ख़िलाफ़ नारे लगाए मुकेश के कहने पर; और आप कह रहे हो मैं वाइस-चांसलर के ख़िलाफ़ नहीं हूँ।'' दुष्यन्त के मन में उलझन हुई।

''अरे यार, यह सब तो ऊपर का दिखावा है। इस सबसे कोई फ़र्क़ नहीं पड़ता, इसलिए वह भी कह देता है और हम भी कह देते हैं।''

''पर उनका कल का जो प्लान है, उससे फ़र्क़ पड़ेगा। राइट?'' मयूर ने पूछा।

''यू आर ऑलवेज राइट, डार्लिंग।'' राघवेन्द्र ने मयूर की पीठ पर हलकी-सी धौल जमाते हुए कहा।

"भैया, अगर यह लोग ऐसे सीक्रेट प्लान कर रहे हैं तो हम भी कुछ प्लान करके इनका प्लान बिगाड़ देते हैं।"

राघवेन्द्र ने मयूर की बात सुनके पूछा—"कैसे बिगाड़ेगा भाई? जानते हो, मुकेश किसके कहने पर ऐसा कर रहा है?" हमने 'ना' में सिर हिलाया। राघवेन्द्र ने हमें अन्दर की बात बतानी शुरू की और उसके बाद सबके मुँह खुले के खुले रह गए सिवाय मयूर के। उसके दिमाग़ में कुछ और गणित चल रही था। मयूर ने कहा—"अरे गज़ब...यह तो तगड़ी बात बताई आपने। मेरे दिमाग़ में एक और तगड़ा प्लान आया है।"

मयूर ने अपना प्लान समझाया और हम सबके मुँह फिर खुले रह गए, राघवेन्द्र का भी। उसने मयूर को दोनों कन्धों से पकड़ा और बोला—"लड़के, ग़ज़ब दिमाग़ चलता है तेरा। बड़ा सही प्लान है। चल, पंगे लेते हैं। जो होगा, देखा जाएगा।"

मैं मयूर के प्लान से थोड़ा घबराया पर दुष्यन्त उसके समर्थन में था। मेरे और प्रताप के पास उसकी बात मानने के अलावा कोई चारा नहीं था।

13 दिसम्बर, 1997; शनिवार

"भाईसाब, अब तो मोबाइल फ़ोन भी आ गए हैं! सुने आप? कहीं भी ले जाओ, कहीं भी बात करो। यह पेजर छोड़ो, मोबाइल ले लो।"

सुरेश की बेल्ट में बँधा पेजर बजा तो उससे एक लड़के ने कहा।

जहाँ एक तरफ़ यूनिवर्सिटी के बड़े नेता; जैसे राजेन्द्र, राघवेन्द्र, शक्ति सिंह वग़ैरह काफ़ी स्मार्ट और कॉन्फिडेंट दिखते थे, वहीं सुरेश गबदू-सा था। थोड़े बाल उड़े हुए थे। पढ़ा वह जयपुर के एक कॉन्वेंट स्कूल में था, पर जिस अन्दाज़ में अंग्रेज़ी बोलता था उसे सुन के बहुत से लोगों ने अपने बच्चों को कॉन्वेंट में पढ़ाने का विचार त्याग दिया होगा। हालाँकि इस सबसे कोई फ़र्क़ नहीं पड़ता था, क्योंकि सुरेश की सबसे बड़ी काबिलियत थी—उसके बाप का पैसा। 'फुल ऐश ऑन डैडी'ज़ कैश' जैसा जुमला सुरेश जैसों के लिए ही था। वह कॉमर्स कॉलेज का अध्यक्ष रहा था, पर यह पैसा और पिता की राजनीति में पैठ उसके कास में भी मज़बूत होने की बड़ी वजह थी।

सभी कार्यकर्ताओं को फ़ोन करके सुबह 10 बजे तक सिविल लाइंस के रेलवे फाटक के पास पहुँचने को कहा गया। 10:30 बजे कुलपति की मीटिंग राज्यपाल और शिक्षामंत्री सिकन्दर बेनीवाल से गवर्नर हाउस (राजभवन) में

होनी थी। मैं और प्रताप 9:45 पर ही पहुँच गए थे। पैसे ने सुरेश को बहुत 'दोस्त' भी दिए जो उसके आगे-पीछे घूमते रहते, उस दिन भी वह सूमो में अपने साथ ऐसे 5 दोस्तों को बिठाकर लाया था, तभी यह पेजर और मोबाइल पुराण शुरू हुआ।

''घणा महँगा है भाई! 21 रिप्ये की आउटगोइंग और इनकमिंग कॉल का 16 रिप्ये लागे है।''

''अबे बनिये, तेरे लिए क्या महँगा, क्या सस्ता?'' राघवेन्द्र मोटरसाइकिल से उतरते हुए बोला। उसके साथ मयूर भी था। दुष्यन्त का कहीं अता-पता नहीं था अभी तक।

''क्या करें, पंडितों ने दान-दक्षिणा के नाम पर लूट लिया है बनियों को। आप तो घूमर के नाम पर भी लूट लाये।'' सुरेश के कटाक्ष पर राघवेन्द्र मुस्कुरा पड़ा। कुछ कहता उससे पहले ही सुरेश के पिछलग्गुओं में से एक राघवेन्द्र को चिढ़ाने के लिए बोला—''रघु भाई, मैं सुरेश भाईसाब से कह रहा था कि आप अध्यक्ष का चुनाव तो अगले साल लड़ोगे पर पोस्टर के लिए फ़ोटो आज ही खिंचवा लो, ख़ूब चमक रहे हो। क्या कहते हो?''

राघवेन्द्र ज़ोर से हँस पड़ा और बोला—''सही कह रहा है तू, ग़लती से आज चमका है इतने सालों में। पोस्टर के लिए छोड़, इसकी शादी के लिए प्रपोजल फ़ोटो खिंचवा दे...इससे पहले कि शादी की एक्सपायरी डेट आ जाए इसकी।''

राघवेन्द्र और सुरेश तो एक-दूसरे की टाँग खिंचने में मज़े ले रहे थे, पर सुरेश के दोस्त को बात बुरी लग गई। बोला—''सुरेश भाईसाब की फ़ोटो तो कल अख़बार में छपेगी जब...'' वह बात पूरी करता उससे पहले ही सुरेश का पेजर फिर बजा और उसने हाथ के इशारे से दोस्त को रुकने को बोला और मैसेज पढ़ा—''वीसी निकल गया है यूनिवर्सिटी से। तैयार हो जाओ।''

प्लान अभी तक घोषित नहीं किया गया था और मुकेश पहुँचा नहीं था, इसलिए राघवेन्द्र अनजान बनकर सुरेश से बोला—''किस चीज़ के लिए तैयार हो जाएँ नेताजी? और वीसी कहाँ के लिए निकल गया?''

सुरेश ने सभी कार्यकर्ताओं को पास आने को कहा और प्लान समझाया—''आज हम कुछ बहुत बड़ा करने वाले हैं। वीसी आज गवर्नर से मिलने आ रहे हैं। हम लोग उन्हें गवर्नर हाउस में घुसने से रोकेंगे लेकिन यहाँ धारा 144 लगी रहती है, इसलिए हमें प्लानिंग से जाना होगा। हम सब यहाँ से पैदल जाएँगे। कुछ लोग दो-तीन के ग्रुप में और कुछ अकेले सिविल लाइन्स की

तरफ़ बढ़ेंगे। हम इकट्ठे नहीं होंगे, वर्ना पुलिस को शक हो जाएगा। सब लोग राजभवन के आसपास में ही रहेंगे। दो-दो लोग रोड के दोनों साइड पे रहेंगे और जैसे ही वीसी की गाड़ी इस रोड पे मुड़ेगी, हम सब लोग गवर्नर हाउस के गेट की तरफ़ भागेंगे और उसकी गाड़ी को रोक लेंगे।'' उसने रुक के सबको देखा, क़रीब बीस-पच्चीस लड़के इकट्ठे हो चुके थे अब तक। सबको देखकर सुरेश ने पूछा—''समझ में आ गया?'' लड़कों के 'हाँ' करने पर सुरेश ने आगे कहा—''आज की सारी प्लानिंग से लेकर प्रदर्शन तक की ज़िम्मेदारी मेरी है, इसलिए आप किसी और की बात न मानेंगे, न सुनेंगे।'' उसका इशारा राघवेन्द्र की तरफ़ था।

उसकी बातें सुनकर हम सब मुँह दबाकर हँस रहे थे। सुरेश 15 मिनट के बाद इस हक़ीक़त से रू-ब-रू होने वाला था कि आज की प्लानिंग उसकी नहीं, मयूर की है और मयूर उसके प्लान की हवा कल रात ही निकाल चुका है।

सब लोग ग्रुप में चलने लगे। फिर अपने लोगों को उँगली दिखाकर फुसफुसाते हुए हिदायत देने लगे—''आसपास रहना और आगे रहना। एक जना तो गाड़ी के आगे लेट जाना। मुकेश भाई साब इस बार मीडिया को ख़ुद देख रहे हैं। सब अपने लोग ही दिखने चाहिए।''

सभी लड़के आसपास ही घूम रहे थे। मुकेश सिनसिनवार मीडिया वालों को अपने साथ लेकर आने वाला था। सुरेश के पेजर पर मुकेश का मैसेज आया—''वीसी 5 मिनट के अन्दर पहुँच जाएगा।'' लड़के धीरे-धीरे राजभवन की तरफ़ बढ़ने लगे। मैं, मयूर और प्रताप राजभवन की उलटी तरफ़ फुटपाथ पर खड़े थे। सुरेश का इशारा पाकर हम भी सड़क पार करने लगे कि लाल बत्ती लगी एम्बेसडर कार आती दिखी, जिसके ड्राइवर ने बाएँ मुड़ने का इंडिकेटर दिया हुआ था। राघवेन्द्र ज़ोर से चिल्लाया—''आ गया वीसी, घेरो!''

उसकी आवाज़ से मुकेश, सुरेश और बाक़ी के सब कार्यकर्ता राजभवन के गेट की तरफ़ दौड़ गए। मयूर भी दौड़ा, मैं घबराया हुआ दौड़ने के बजाय वहीं पीछे रह गया। मयूर ने एक बार मुड़ के मुझे देखा और आगे आने का इशारा करके फिर सामने गेट की ओर दौड़ गया। अचानक हुई हलचल से राजभवन के सिक्यूरिटी वाले सतर्क हो गए और उन्होंने राजभवन का गेट जो थोड़ा-सा खुला हुआ था, उसे आनन-फानन में बन्द कर दिया। जैसे ही एम्बेसडर कार राजभवन के गेट पर पहुँची, क़रीब 27-28 लड़कों ने उसका रास्ता रोक लिया। सुरेश विजय ने आगे बढ़कर वीसी मुर्दाबाद के नारे लगाने शुरू किए। नारेबाज़ी करते हुए लड़कों ने कार को चारों तरफ़ से घेर लिया और सुरेश वीसी को बाहर

निकालने के लिए कार के पिछले दरवाज़े की तरफ़ बढ़ा। उसे आते देखकर कार की अगली सीट पर बैठा सिक्यूरिटी गार्ड तुरन्त बाहर निकला और उसने सुरेश को पीछे धक्का दिया। सुरेश भी धक्का देकर आगे बढ़ा। पत्रकार अपना कैमरा लेकर तैयार हो गए थे, पर किसी भी तरफ़ से कोई भी प्रतिक्रिया होने से पहले ही सुरेश को कार में शिक्षामंत्री सिकन्दर बेनीवाल बैठा दिखा। सुरेश ने मुकेश को देखकर कहा—''यह तो मंत्री जी की कार है।'' दोनों लोग एकदम से सकते में आ गए और पीछे हटे, उन्हें देख बाक़ी लड़के भी पीछे हटने लगे।

वीसी की जगह शिक्षा मंत्री की कार को रोक लेना ग़लती से नहीं हुआ था। यही मयूर का प्लान था। वह आदमी जो मुकेश सिनसिनवार को फ़ोन पर आदेश दे रहा था वह शिक्षामंत्री था। वीसी को मुख्यमंत्री का आदमी माना जाता था और सिकन्दर बेनीवाल किसी भी हालत में अपना आदमी वहाँ बिठाना चाहता था। मयूर के प्लान के हिसाब से राघवेन्द्र रात को वीसी के घर गया और उन्हें सारी बात बता के कहा कि वह गवर्नर हाउस किसी भी हाल में 10 बजे से पहले पहुँच जाएँ। लेकिन यह तो प्लान का सिर्फ़ पहला हिस्सा था। आगे कुछ और भी होना था।

उस समय वाइस चांसलर को भी लाल बत्ती वाली कार मिला करती थी। मयूर ने कहा कि अब हम सुबह इस लाल बत्ती के ज़रिये दोनों कारों में कन्फ्यूजन पैदा करवा देंगे। सुरेश को पेजर पर आया कोई भी मैसेज देख बड़ी ख़ुशी होती थी और उसे वह ज़ोर से पढ़ के लोगों को सुनाता था। सुबह मयूर ने दुष्यन्त से कहा कि वह सिकन्दर बेनीवाल के बँगले के पास पहुँच जाए और थोड़ी-थोड़ी देर में वीसी की अपडेट पेजर पर भेजता रहे इससे सुरेश का ध्यान भटका रहेगा। जैसे ही मंत्री बाहर निकले, दुष्यन्त फ़ाइनल मैसेज डालकर आ जाए ताकि धोखे और जल्दबाज़ी में मुकेश और सुरेश शिक्षामंत्री की ही कार रोक लें। प्लान का दूसरा हिस्सा भी सफल हो गया। अब था प्लान का तीसरा और आख़िरी हिस्सा जिसमें राघवेन्द्र को यह पूरा प्रदर्शन हाईजैक करके अपने नाम करना था।

'यह तो मंत्री जी की कार है' बोलकर जैसे ही सुरेश और मुकेश पीछे हटे, 4-5 सेकंड को सब रुक गया। राघवेन्द्र इसी एक पल के इन्तज़ार में था, वह इस 4-5 सेकंड के गफलत का फ़ायदा उठाकर मंत्री की कार के सामने खड़ा हो गया और शिक्षामंत्री मुर्दाबाद के नारे लगाने लगा। उसे देख लड़के फिर जोश में आए और आगे बढे, ''यूनिवर्सिटी को बलात्कारियों से मुक्त करो, मुक्त करो'', ''शिक्षा मंत्री इस्तीफ़ा दो, इस्तीफ़ा दो।'' जो नारे वीसी के ख़िलाफ़ लगने वाले थे, वह अब मंत्री के ख़िलाफ़ लग रहे थे। मंत्री के ड्राइवर ने कार

पीछे करने की कोशिश की तो दुष्यन्त, प्रताप 4–5 लड़कों से साथ गाड़ी के पीछे खड़े होकर उसकी डिक्की पीटने लगे। ड्राइवर को कार रोकनी पड़ी।

पुलिस को ख़बर हो चुकी थी। क़रीब 10–11 पुलिस वाले आ गए थे। सुरेश और मुकेश ने मामला सँभालने की कोशिश करते हुए लड़कों को मंत्री जी का रास्ता छोड़ने को कहा। कुछ लड़के पीछे हटे तो पुलिस वालों ने राघवेन्द्र को पकड़कर एक तरफ़ किया। राजभवन की सिक्यूरिटी वालों ने तेज़ी से गेट खोला, मंत्री की कार आगे बढ़ने लगी कि मयूर एक तरफ़ से निकलकर सामने आ गया और बोनट पर से होते हुए मंत्री की कार की छत पर चढ़ कर शिक्षामंत्री मुर्दाबाद के नारे लगाने लगा। उसे देख के पीछे हटते हुए लड़कों को भी जोश आ गया। दो और लड़के कार की बोनट पर खड़े हो गए। पुलिस वालों को इसकी उम्मीद नहीं थी। मंत्री का सिक्यूरिटी ऑफ़िसर काफ़ी तनाव में आ गया और उसने मयूर की टाँग पकड़कर नीचे खींच दी। मयूर गिर पड़ा। दुष्यन्त ने उसे उठाकर सँभाला और उसके बाद मंत्री के सिक्यूरिटी गार्ड को एक चाँटा जड़ दिया। सिक्यूरिटी गार्ड ने भी जवाब में अपनी बन्दूक के हत्थे से दुष्यन्त को मारा। यह देखते ही लड़के आगबबूला होकर एकदम गार्ड पर टूट पड़े। कुछ लड़कों ने कार को पीटना शुरू कर दिया।

पुलिस वालों ने राघवेन्द्र को छोड़ा और लड़कों को रोकने बढ़े। राघवेन्द्र मौक़ा देखकर फिर से नारेबाज़ी करते हुए कुछ लड़कों को लेकर राजभवन के खुले हुए गेट में घुस गया। चारों तरफ़ काफ़ी अफरातफरी मच गई थी। इसी बीच साइरन बजाती एक पुलिस जिप्सी पहुँची और उसके पीछे 3 और जीपें आईं जिसमें पुलिस वाले भरे पड़े थे। जिप्सी से डीएसपी उतरा। उसने कुछ सिपाहियों को मंत्री के सिक्यूरिटी ऑफ़िसर को छुड़ाने को कहा और कुछ को लड़कों को मंत्री की कार से हटाने के लिए। कार फिर आगे बढ़ने लगी। पर गेट पर उसका सामना पहले से अन्दर पहुँच चुके राघवेन्द्र से हो गया। राघवेन्द्र डीएसपी को देखकर नीचे सड़क पर कार के आगे लेट गया और उसकी देखा-देखी 2–3 और लड़के लेट गए। मंत्री की कार इस बार आधी राजभवन के गेट के अन्दर और आधी बाहर रहकर फिर रुक गई।

डीएसपी ने राघवेन्द्र शर्मा को कॉलर पकड़कर उठाने की कोशिश की पर सफल नहीं हुआ। डीएसपी आगबबूला हो उठा और उसने राघवेन्द्र को मारने के लिए लात उठाई, पर राघवेन्द्र ने उसका पैर पकड़ लिया और चिल्लाने लगा कि मंत्री के इशारे पर पुलिस मुझे मार रही है। मीडिया वालों के लिए ज़बरदस्त मसाला बन चुका था और वह फ़ोटो खींचने में लगे हुए थे।

मीडिया वाले गेट की तरफ़ भागे। डीएसपी ने मौक़े की नजाकत को तुरन्त समझा

और जैसे-तैसे राघवेन्द्र से पैर छुड़ाया। राजभवन के अन्दर से भी काफ़ी अफ़सर आ गए थे। सबने मिलकर राघवेन्द्र को उठाया और बाहर धकेला। मंत्री बेनीवाल की कार जैसे-तैसे अन्दर पहुँची और तेज़ी से गेट बन्द हुआ। डीएसपी ने राघवेन्द्र का हाथ पकड़ा और उसे ले जाकर अपनी जिप्सी में अन्दर धकेल दिया। उसने पुलिस वालों को कहा—"बाक़ी को भी गिरफ़्तार करो।"

मयूर और प्रताप को गर्दन से पकड़कर जीप में डाला गया। बाक़ी लड़कों को भी ऐसे ही अलग-अलग जीपों में भरा गया। कुछ लड़के गिरफ़्तारी देख भाग निकले और पुलिस ने भी उन्हें जाने दिया क्योंकि उनके पास सबको ले जाने के लिए जगह नहीं थी। सुरेश के दोस्त भागने वालों में सबसे आगे थे। मुकेश और सुरेश हंगामे से दूर हो गए थे, इसलिए पुलिस ने उन्हें पकड़ा नहीं। मैं अभी भी सड़क के दूसरी ओर ही खड़ा था। दुष्यन्त को पुलिस वालों ने छोड़ दिया या वह इस हंगामे में छूट गया पता नहीं, पर जब मेरी नज़र उस पर पड़ी तो वह सड़क के बीचोबीच कन्फ़्यूज-सा खड़ा था। मैंने उसे जल्दी से सड़क के इस पार आने को कहा। उसने मेरी तरफ़ देखा, फिर पुलिस की जाती जीप को देखा। मयूर ने चलती जीप से उसे हाथ हिलाकर बाय किया। यह देख दुष्यन्त का कन्फ़्यूजन दूर हो गया। उसने मेरी तरफ़ अपने स्कूटर की चाभी फेंकते हुए कहा—"मैं मयूर को अकेले नहीं छोड़ूँगा, मैं भी जा रहा हूँ उसके साथ। मेरा स्कूटर ले जाना यहाँ से।" यह कहता हुआ वह अगली जीप में दौड़ता हुआ बैठ गया और बोला हम भी गिरफ़्तार होंगे, ले चलो।

रविवार 14 दिसम्बर का अख़बार इसी कारनामे के नाम था। मयूर की फ़ोटो कार की छत पर चढ़े हुए आई थी। नुक्कड़ नाटक के बाद अब शिक्षामंत्री के इस विरोध ने उसे रेप केस विरोधी आन्दोलन का चेहरा बना दिया था।

13 दिसम्बर, 1997; शाम 7:30 बजे

"साहब, मुकेश भैया आए हैं।"

"भेजो।"

मुकेश सिनसिनवार जैसे ही कमरे में घुसा, एक उड़ता हुआ चप्पल आकर उसकी छाती पर लगा। उसके पीछे आता सुरेश अचानक हुए इस हमले से घबराकर वापस दरवाज़े के बाहर भाग गया। मुकेश भी अचकचा गया, कुछ समझता तब तक उसके कानों में 'भोसड़ी के...' गाली प्रवेश कर चुकी थी।

सामने ग़ुस्से से लाल हुआ राजस्थान का शिक्षामंत्री सिकन्दर बेनीवाल एक हाथ

में दूसरी चप्पल लिये बैठा हुआ था। उसकी दाईं तरफ़ सोफ़े पर छात्रसंघ अध्यक्ष राजेन्द्र चौधरी अपने हाथ के नाख़ून निहार रहा था।

"इधर आ कुत्ते, तुझे तो चप्पल से पीटूँ मैं आज! साले तुझे बोला, वाइस-चांसलर के ख़िलाफ़ नारे लगाने को...और तू भोसड़ी का मेरी गाड़ी पर चढ़कर मेरे मुर्दाबाद के नारे लगा रहा है। इसी दिन के लिए तुझे कास का प्रदेश अध्यक्ष बनाया था मैंने..."

"भाईसाब वो...वह मैं नहीं था कार पे...वह तो राघवेन्द्र..."

"चुप... प्रदेशाध्यक्ष तू, प्लान तेरा और उसे हाईजैक वह राघवेन्द्र कर गया...तुम साले झुनझुना बजा रहे थे।" ग़ुस्से में लाल सिकन्दर बेनीवाल की कनपटी की नसें तनी हुई थीं। उसने हाथों से चप्पल वापस नीचे रखी और राजेन्द्र चौधरी को देखकर बोला—"और तू...साले जाटों के वोट लेकर छात्रसंघ अध्यक्ष बन गया और साथ देता है उस बामण का जो राजपूतों की चाटता है...मेरे ख़िलाफ़ काम करता है वह! रोका नहीं गया तेरे से एक बार भी?"

राजेन्द्र ने सुरेश को देखते हुए कहा—"वह तो आपके साथ हो जाता पर आपने इस लल्लू को सिर चढ़ा रखा है। आपने अपने साथ नहीं रखा तो उसने भी अपने हिसाब से रास्ता ढूँढ़ लिया। अब उसे भी तो चुनाव लड़ना है न, कर रहा है तैयारी।" राजेन्द्र चौधरी ने रघु का पक्ष लिया।

"चुनाव नहीं लड़ना चाहिए वो..." सिकन्दर ने राजेन्द्र और मुकेश को उँगली दिखाते हुए फिर से कहा—"चुनाव नहीं लड़ना चाहिए वो, बता रहा हूँ मैं।"

"और कौन लड़ेगा भाईसाब? इस टाइम यूनिवर्सिटी में उसी का डंका बज रहा है। कास को अगले साल फिर जीतना है तो राघवेन्द्र ही सही कैंडिडेट है। उसके अलावा और किसी में अभी गूदा है नहीं जो शक्ति सिंह ढूँडा से भिड़े।" राजेन्द्र पूरी तरह से अपनी दोस्ती निभा रहा था।

"क्यों? सारे जाट मिलके अपने सुरेश को नहीं जिता सकते? सुरेश लड़ेगा और जीतेगा। जाटों के सारे वोट उसे मिलेंगे।" बेनीवाल मुकेश को देख के बोला—"राघवेन्द्र चुनाव नहीं लड़ना चाहिए, कम-से-कम तुम्हारी कास से तो नहीं। अगर उसे टिकट मिला तो तेरी कुर्सी गई और...बुला उस बनिये को अन्दर।"

"राघवेन्द्र चुनाव नहीं लड़ा तो पंडितों के वोट भी शक्ति सिंह ढूँडा को ही मिलेंगे भाईसाब और वह जीत जाएगा। राघवेन्द्र कुछ भी हो, है तो अपनी पार्टी का। आप तय कर लो, अपनी जिद में राजपूत को जिताना है या अपने आदमी को।" राजेन्द्र ने फिर राघवेन्द्र की तरफ़दारी करने की कोशिश की।

''कान खोल के सुन ले, राघवेन्द्र होगा तेरा और तेरी पार्टी का, पर मेरा नहीं है। मेरा अपना वह होता है जो मेरे लिए खड़ा होता है और मेरे कहने से गर्दन कटा देता है। ढूँडा जीता तो राजपूत जीतेगा और राघवेन्द्र जीता तो एक राजपूत का चमचा जीतेगा। मेरे लिए दोनों एक ही बात है। मेरे साथ जो उसने राजभवन पर किया, उसके बाद तो उसे कास से टिकट मिलना मेरी नाक कटवाना है।''

सुरेश अन्दर आके चुपचाप दोनों की बातें सुन रहा था। बेनीवाल उसे बोला—''तेरे बाप के पैसों से सिर्फ़ चुनाव-प्रचार हो सकता है, वोट लोगों के बीच में जाके काम करने और नाम कमाने से मिलते हैं। कोई और तेरे आन्दोलन को ऐसे उड़ा ले गया न तो तू यूँ ही दरवाज़े के पीछे खड़ा रह जाएगा। तुझे कॉमर्स कॉलेज में जैसे जितवाया, वह यहाँ नहीं होगा। यूनिवर्सिटी है, बड़ा मामला है। और तू भागा क्यों ? गिरफ़्तार क्यों नहीं हुआ उनके साथ ? आज का अख़बार सिर्फ़ उनकी बातें कर रहा है।'' सुरेश ने कोई जवाब नहीं दिया। सिकन्दर का ग़ुस्सा और बढ़ गया और उसने सबको जाने का इशारा किया।

सब उठकर निकलने लगे, पर मुकेश सिनसिनवार रुका रहा। सबके जाने के बाद वह बोला—''राघवेन्द्र का माहौल बना हुआ है यूनिवर्सिटी में। उसको टिकट देने से रोकना मुश्किल है। इसलिए हमें उसका नाम ख़राब करना होगा। इसके लिए मेरे पास एक आइडिया है।

''क्या, क्या आइडिया है ? मेरी जो मदद चाहिए, करूँगा। लेकिन, उसे रोक।''

टिकट तो नहीं मिलेगा उसे ! वह आप मेरे पर छोड़ दो, लेकिन राजेन्द्र जो कह के गया, वह भी सच है। शक्ति और राघवेन्द्र के मुक़ाबले सुरेश कमज़ोर है। जाटों के वोट तो मिल जाएँगे, पर सारे ब्राह्मण वोट शक्ति को जाएँगे। ऐसे में वह आसानी से जीत सकता है, और शक्ति जीता तो अपने लोगों के लिए काफ़ी दिक़्क़त करेगा। शक्ति के ब्राह्मण वोट काटने के लिए ज़रूरी है कि राघवेन्द्र चुनाव ज़रूर लड़े।'' मुकेश ने अर्थपूर्ण नज़र से सिकन्दर को देखा।

सिकन्दर ने मुकेश की आँखों को पढ़ लिया और कहा—''तो राघवेन्द्र को चुनाव लड़ाओ पर कास से नहीं...बागी लड़ाओ। ढूँडा के ब्राह्मण वोट भी कट जाएँगे, और तुम्हें उसे पार्टी से निकालने का बहाना भी मिल जाएगा। सुरेश का रास्ता भी थोड़ा आसान हो जाएगा। सुरेश का पक्का कर, वह जीतेगा तभी इस बार उसका बाप फंड करेगा अपने चुनाव में। जा, लग जा काम पे। सिर्फ़ छह महीने बचे हैं तेरे छात्रसंघ चुनावों में।''

मुकेश ने सिर हिलाकर हामी भरी और कहा—''वैसे सुना है कि सारे राजपूत संगठन मुख्यमंत्री जी को...शक्ति को समर्थन देने के लिए कह रहे हैं।''

"अच्छा... और मुख्यमंत्री जी क्या कह रहे हैं? अपने वफ़ादार राघवेन्द्र का साथ देंगे या अपनी जाति का?" मुकेश के जवाब का इन्तज़ार किए बिना सिकन्दर बोला—"वह अपनी जाति का ही साथ देगा। राघवेन्द्र बहुत छोटा प्यादा है, उसे धोखा दे देगा वो। ख़ैर...नज़र रखो इन पर और राघवेन्द्र को टिकट देने से रोकने के लिए, जो करना है वह करो। मेरी ज़रूरत हो तो बताना।"

"अभी कुछ नहीं करेंगे। जो करना है, अगले साल जून-जुलाई में इस्तेमाल करना है। चुनाव पास होंगे और राघवेन्द्र के पास सोचने-समझने को ज़्यादा वक़्त नहीं होगा।"

"शाबास...बताते रहना मुझे और दुबारा आज जैसी ग़लती न हो।"

मुकेश हामी में सिर हिलाकर निकल गया और सिकन्दर ने अपने नौकर को अपने लिए पैग बनाने को कहा।

13 दिसम्बर, 1997, शनिवार; 11:30 बजे सुबह

सभी लड़कों को पुलिस पास के सोडाला थाने में ले गई। राघवेन्द्र ने अन्दर घुसते ही इंस्पेक्टर से कहा—"समोसे तो मँगवा दो, सर, सुबह-सुबह बिना नाश्ता किए आ गए हैं। जवाब डीएसपी ने दिया—"अभी तो आए हो, लंच और डिनर भी करवाऊँगा।"

"ठीक है, सर, पर खाना रामबाग पैलेस से ही मँगवाना।" सारे लड़के हँसने लगे। पुलिसवालों ने सबको अन्दर एक बड़े हॉल में बन्द कर दिया और फिर हँसी-मज़ाक़ शुरू हो गया। लड़के शर्त लगाने लगे कि आज थाने से ही छोड़ेंगे या कहीं जंगल में ले जाके?"

"तैयार हो जा बेटा, और ज़्यादा फेमस होने के लिए। कल के अख़बार में तेरी कार पे चढ़े हुए फ़ोटो फ्रंट पेज पर पक्का आएगी और हो सकता है, हम लोगों की तेरे पीछे नारे लगाते हुए आ जाए।" राघवेन्द्र ने हँसी-मज़ाक़ के बीच मयूर को आँख मारते हुए कहा। मयूर थोड़ा झेंप गया और मुस्कुराते हुए बोला—"क्या भैया आप भी..."

"मैं तो सिनसिनवार और सुरेश विजय के बारे में सोच रहा हूँ। शक्ल देखी थी सुरेश की जब कार के अन्दर बेनीवाल दिखा था...साला बनिया और जाट मिल के अपन दो पंडितों को साइड लगाएँगे?" मयूर भी ब्राह्मण था और राघवेन्द्र बीच-बीच में उसे यह ब्राह्मण डोज़ देता रहता था, वैसे ही जैसे प्रताप

को राजपूत डोज़ मिलता था अपने समाज से।

खाना आ गया था। सबने खाया और थोड़ी देर सुस्ताने को लेट गए। क़रीब 4 बजे हॉल का गेट खुला। इंस्पेक्टर बहुत मुस्तैदी से अन्दर आया और सबको खड़े होने को कहा। उसके पीछे-पीछे एक बहुत ही ख़ूबसूरत लड़की आई, उस लड़की के पीछे सब-इंस्पेक्टर और दो कांस्टेबल भी आए और फिर सारे तनकर खड़े हो गए। जिन लड़कों के शरीर में अभी भी सुस्ती आ रही थी, उनमें इस लड़की को देख चुस्ती आ गई। क़रीब 5 फीट 2 इंच का क़द, छरहरा बदन, लम्बे खुले हुए बाल और हलके पीले रंग का सूट पहनी हुई उस लड़की के पीछे अगर पुलिस वाले यूँ खड़े न होते तो कोई भी उसे कॉलेज या यूनिवर्सिटी की लड़की समझ लेता।

राघवेन्द्र ने उसे देखा और बोला—"गई दो-तीन दिन की..." मयूर कुछ पूछे उससे पहले सब-इंस्पेक्टर चिल्लाया—"सुना नहीं तुम लोगों ने! खड़े हो जाओ और लाइन में लगो।" सब लड़के लाइन में खड़े हो गए।

लड़की ने सबको एक-एक करके बुलाया, उनका नाम पूछा और कांस्टेबल के हाथ में रखे कुछ काग़ज़ों पर साइन कराए। राघवेन्द्र का नम्बर आया तो उसे देखकर बोली—"तुम तो पढ़ने वाले स्टूडेंट थे, राघवेन्द्र।" राघवेन्द्र कुछ नहीं बोला। मयूर का नम्बर आया तो जज बोली—"तुम तो आर्टिस्ट हो, इन लोगों की संगत में कैसे पड़ गए?" लगता है कि नुक्कड़ नाटक सही में हिट हो गया था, क्योंकि उसे जज भी पहचान गई थी।

जब सबके साइन करा लिये गए तो जज बोली—"सेंड देम टू जे.सी." और जितनी तेज़ी से आई थी उतनी ही तेज़ी से वापस चली गई। जे.सी. सुन के एक कार्यकर्ता बोला—"बड़े टाइम बाद जे.सी. का नम्बर आया, रघु भाई साब! लास्ट टाइम तो दो साल पहले भेजा था न अपने को जे.सी. जब पुलिस की जिप्सी उलट दी थी?"

मयूर दुष्यन्त से बोला—"भारतरत्न दे दिया इनको या परमवीर चक्र, इतना ख़ुश क्यों है?" दुष्यन्त भी उतना ही कन्फ्यूज था, उसने राघवेन्द्र से पूछा कि जे.सी. है क्या? राघवेन्द्र ने जवाब दिया—"जयपुर सेंट्रल जेल।" प्रताप ने फिर पूछा—"मतलब?" जो दो साल पहले गया था उसने जवाब दिया—"जयपुर सेंट्रल जेल, अपन लोगों को जयपुर सेंट्रल जेल भेज रहे हैं।"

"क्या?" तीनों एक साथ बोले। "पर हम घर कैसे जाएँगे? घर पर पता चला तो बहुत दिक़्क़त हो जाएगी।"

उसने जवाब दिया—"अबे, बेफ़िक्र रहो और मज़ा करो। वैसे भी आज शनिवार

है। अब जेल गए तो कम-से-कम सोमवार तक रहना पड़ेगा। उससे पहले जमानत नहीं होगी।''

''राघवेन्द्र भाईसाहब, हम लोग जेल नहीं जा सकते। कुछ करके निकालो हमें, बहुत दिक़्क़त हो जाएगी। हम तो यही समझ के आए थे कि थाने से छोड़ देंगे।'' मयूर ने रुआँसा होकर कहा। दुष्यन्त और प्रताप के चेहरे पर भी हवाइयाँ उड़ रही थीं। ''पापा घर से निकाल देंगे। प्लीज़, कुछ करो।'' प्रताप था इस बार।

राघवेन्द्र एकदम शान्त हो गया। उसने कहा—''कुछ नहीं हो सकता, यार।'' कुछ लड़के हमें छेड़ने को गाने लगे—''अब तो जेल में जाना पड़ेगा, जेल की रोटी खानी पड़ेगी।'' पुलिस वालों ने लड़कों को कन्धे से पकड़कर बाहर निकालना शुरू किया। थाने के बाहर पुलिस का नीले रंग का ट्रक खड़ा था। सभी लड़कों को उसमें चढ़ाया गया। मयूर ने एक आख़िरी कोशिश की और इंस्पेक्टर के पास जाकर बोला—''सर, शेखर भारद्वाज जो जर्नलिस्ट हैं, मैं उनका भाई हूँ। प्लीज़, आप मुझे और मेरे दोस्तों को छोड़ दो।'' इंस्पेक्टर हँसने लगा—''जज ने जेल भेजने को लिख दिया है। अब तुम प्रधानमंत्री के भी भाई हो न तो भी अभी जेल जाना ही पड़ेगा।''

सबको ट्रक में बिठा दिया गया। जैसे ही ट्रक चला, लड़कों ने नारे लगाने शुरू किए—''यह दीवाने कहाँ चले, जेल चले भाई, जेल चले।'' उनके नारे तेज़ होते जा रहे थे और इन तीनों के दिल बैठे जा रहे थे। अब कोई उम्मीद नहीं बची थी। सुबह घर से निकलते वक़्त, बल्कि थाने में आने तक किसी ने नहीं सोचा था कि आगे ऐसा कुछ होगा। पहले भी इतनी बार पुलिस ने आन्दोलन में सबको पकड़ा, पर हमेशा दो-तीन घंटे बाद छोड़ देती थी।

सेंट्रल जेल के बाहर एक कम्पाउंड वॉल है और उससे अन्दर आकर एक ऊँची पीले रंग की बिल्डिंग। बिल्डिंग के सामने ट्रक रुका। बिल्डिंग का यह हिस्सा जेल कम और किसी पुराने महल का हिस्सा ज़्यादा लगता है। क़रीब 20 फीट ऊँचा बना हुआ लकड़ी का दरवाज़ा, जो ऊपर से आधी गोलाई लिये हुए था, उस गोल हिस्से के ऊपर राजस्थानी शैली की नक़्क़ाशी की हुई थी। लकड़ी का दरवाज़ा बन्द था और उसके बाहर छह खाकी वर्दी वाले हाथ में राइफल लिये खड़े थे। लकड़ी के उस 20 फीट ऊँचे दरवाज़े की बाईं ओर वाले पल्ले में 5 फीट का एक गेट काटकर निकाला हुआ था, जिसे खोलकर पैदल आदमी आ या जा सकता था। उसी गेट से सबको अन्दर भेजा गया। बाहर के शाही दृश्य के बाद अन्दर घुसते ही दोनों तरफ़ पूरी तरह सरकारी दफ़्तर का माहौल था। दोनों साइड में बने हुए अफ़सरों के कमरे, बाहर बरामदे में रखी फ़ाइलें और ठीक सामने लोहे के सरियों से बनी दीवार, जिससे जेल के अन्दर का मैदान

दिखता था; जहाँ पर कुछ क़ैदी वॉलीबॉल खेल रहे थे।

सभी लड़कों को बरामदे में खड़ा करके उनकी गिनती की गई और ट्रक में आए पुलिस वाले वापस चले गए। सब खड़े ही थे कि जेलर अन्दर से राउंड मारकर आए और राघवेन्द्र को देखकर उससे हाथ मिलाया और हालचाल पूछे। राघवेन्द्र ने हाथ जोड़कर जवाब दिया। जेलर राघवेन्द्र का हाथ पकड़कर उसे अपने कमरे में ले गए। कमरे के बाहर बोर्ड लगा हुआ था—सुमेर सिंह शेखावत, जेल अधीक्षक। 'शेखावत' पढ़कर प्रताप का दुख कम हुआ, थोड़ा! क़रीब 3-4 मिनट बाद ही दोनों वापस बाहर आए और जेलर ने सिपाहियों को बुलाकर कहा—"यह सब बच्चे हमारे खास मेहमान हैं। इनका पूरा ध्यान रखना और वह जो छोटे-मोटे चोर और नशेड़ी हैं, उनको कहना, इनके बर्तन वग़ैरह साफ़ करेंगे।" फिर राघवेन्द्र और सब लड़कों को देखकर बोले—"जाओ, ऐश करो।"

इतने के बाद तो तीनों की रही-सही उम्मीद बिलकुल टूट चुकी थी। उन्हें कहा गया कि जो चाहें, अपने घर फोन कर सकते हैं। तीनों में से किसी की भी हिम्मत नहीं थी कि अपने घर पर फ़ोन करें, पर समस्या यह थी कि फ़ोन नहीं करेंगे तो घरवाले रात भर ढूँढ़ते फिरेंगे। दुष्यन्त ने मुझे फ़ोन किया और सारी बात बताई। मैं सन्न रह गया। बोला—"तुम्हारे घर पर क्या बोलूँ?" दुष्यन्त ने कहा—"तू देख ले।" कह के दुष्यन्त ने फ़ोन रख दिया। मैंने उनके घर यह बात बताई और उस दिन मुझे अहसास हुआ कि सिर्फ़ मेरे घर वाले ही नहीं, बल्कि दुष्यन्त के घरवाले भी मुझे, मुझे क्या, हम चारों दोस्तों को नालायक समझते हैं। मैंने क्या-क्या सुना, मैं बता नहीं सकता। समझने वाले ख़ुद समझ सकते हैं।

सबको एक बैरक में भेज दिया गया। उस बैरक के बाहर लिखा हुआ था 'नशामुक्ति गृह।' इस गृह में लड़कों को कुछ सोचकर रखा गया था या सिर्फ़ इसलिए कि इस वार्ड में जगह थी, मुझे आज तक नहीं पता। जेल के अन्दर काफ़ी पेड़ थे और उन पेड़ों पर थे बहुत सारे मोर। शाम का समय था और कई सारे मोरों की एक साथ आवाज़ आ रही थी। सुनने में मोरों की आवाज़ ऐसी लग रही थी, जैसे वह इन लड़कों का स्वागत करते हुए कह रहे हों—"आओ, आओ।" मयूर ने मोरों को देखा और फिर दुष्यन्त को...और बोला—"भाई, ज़िन्दगी में कभी नहीं सोचा था कि मोर भी मज़े लेंगे हमारे!"

जेल को बहुत से हिस्सों, बैरकों और सेल में बाँटा हुआ था और यह सारे हिस्से जेल की बाहरी ऊँची चारदीवारी के अन्दर एक और ऊँची चारदीवारी में होते हैं। यह बैरक भी एक बहुत ऊँची चारदीवारी के अन्दर थी। यहाँ भी अन्दर जाने के लिए एक बड़ा दरवाज़ा था। दरवाज़े के ज़रिये चारदीवारी के अन्दर

दाख़िल होने पर छोटा-सा मैदान था, उस मैदान के बीच में बैरक थी और एक तरफ़ ग़ुसलख़ाने बने हुए थे। कुछ क़ैदी बैरक के बाहर, चारदीवारी के अन्दर, घूम रहे थे। बैरक में दो बड़े कमरे थे और एक कमरे में 20-25 आदमी सो सकते थे। सभी लड़कों को एक कमरा दे दिया गया। दूसरे कमरे में और क़ैदी थे। यह सभी क़ैदी ड्रग्स लेने या बेचने के आरोप में बन्द थे। कुछ क़ैदी चोरी के आरोप में भी थे।

अन्दर जाने पर सभी लड़कों को अल्युमिनियम की प्लेट, कटोरी और मग पकड़ा दिए गए। अँधेरा होने से ठीक पहले एक बहुत बड़ी टोकरी में रोटियाँ और एक बड़े भगोने में काली दाल आई। बॉन चाइना की क्रॉकरी में खाने वालों ने उसी अल्युमिनियम के प्लेट और कटोरी में रोटी-दाल ली। दाल मुँह में लेते ही मयूर को उबकाई आ गई। दुष्यन्त और प्रताप भी दो कौर से ज़्यादा नहीं खा पाए और उन्होंने खाना छोड़ दिया। पूरी मंडली में सिर्फ़ यही तीनों थे जिन्होंने खाना नहीं खाया, वहीं बाक़ी लड़के उस खाने को पूरे मज़े लेकर खा रहे थे। राघवेन्द्र बोला—"खा लो, जेलर साहब अपने हैं इसलिए रोटियाँ पूरी तरह से पकी हुई मिल गई हैं। वर्ना यहाँ लोग रोटी के नाम पर गुँधा आटा भी खा लेते हैं।"

दुष्यन्त और प्रताप को ऐसे देख मयूर को बुरा लग रहा था। उसने दोनों से कहा—"सॉरी यार, यह सब मेरी ग़लती है। मेरी वजह से तुम लोग फँस गए। तुम भी अरुण की तरह बाहर ही रह जाते। यह सुन के दुष्यन्त बोला—"पागल है क्या? साले, हम नहीं आते तो तू बोर हो जाता यहाँ पे।" लड़कों का खाना ख़त्म हो गया था। सभी क़ैदियों को अपने बर्तन ख़ुद धोने होते हैं, पर जेलर साहब ने ध्यान रखने को कहा था इसलिए लड़कों को बर्तन नहीं धोने पड़े। उनके बर्तन धोने के लिए उसी बैरक के बाक़ी के क़ैदियों को कह दिया गया।

खाना खाने के बाद सभी क़ैदियों को लाइन में खड़ा करके गिनती की गई और अपने-अपने सेल में भेज दिया गया गया और बाहर से ताला लगा दिया गया। ऊँची छत और उस पर लटके बाबा आदम के ज़माने का पंखा देखकर लग रहा था कि जब चलता होगा तो गति सरकारी ही होती होगी। अन्दर हर किसी के लिए एक कम्बल और दो चादर रखी हुई थी। उसी को ज़मीन पर बिछाकर कुछ लेट गए और कुछ बैठ गए।

जेलर साब ने कैरम बोर्ड अन्दर भिजवा दिया था। कुछ लड़के उधर व्यस्त हो गए। कुछ अन्त्याक्षरी खेलने लगे, कुछ इधर-उधर की बातों में लग गए। ऐसा लग रहा था कि सब पिकनिक पर आए हुए हैं। घर पर क्या हो रहा होगा, क्या कर रहे होंगे सब? पापा के ग़ुस्से का तो कोई ठिकाना ही नहीं होगा, माँ रो रही होगी...यह सब सोचते हुए, तीनों को जाने कब नींद आ गई।

14 दिसम्बर, 1997; रविवार

सुबह 5 बजे बैरक के बाहर से सीटी की आवाज़ आने लगी। जेल के कमरे का दरवाज़ा खुला, दो जेल कर्मचारी खड़े थे। उन्होंने सबको बाहर बुलाया और एक बार फिर सबकी गिनती हुई। जैसे-तैसे सब फारिग हुए। ब्रश करने के लिए तो कुछ था नहीं, इसलिए नीम की टहनियाँ तोड़कर उनका दातुन बनाया गया। दातुन के बाद एक बड़े भगोने में काले रंग के पानी जैसा कुछ आया, पता चला चाय है। दूध तो नहीं के बराबर था इसलिए रंग से पता ही नहीं लग रहा था कि क्या है। चाय के साथ में थे—चने!

प्रताप थोड़ा उदास था। इस चाय-नाश्ते के बाद मयूर उससे बोला—"घर पर जो होगा वह तो अब सोमवार को ही होगा। आज कोई कुछ नहीं कर सकता तो क्यों दुखी हों। चल, जेल आए हैं तो इसको एन्जॉय करते हैं। घूमते हैं जेल में, फिर आना हो या न हो। यह लोग लास्ट टाइम दो साल पहले आए थे।" कह के मयूर ने आँख मार दी। प्रताप हँसने लगा।

जेल में कास के कार्यकर्ताओं को अपने बैरक के बाहर घूमने की आज़ादी थी। बाक़ी क़ैदी शाम को बैरक से बाहर जेल के मैदान वाले हिस्से में आ सकते थे। यहाँ पर वॉलीबॉल कोर्ट था, जहाँ पर कई क़ैदी खेल रहे थे। दो क़ैदी पेड़ के साथ बने चबूतरे पर शतरंज खेल रहे थे और बाक़ी जो उनके अगल-बग़ल में थे, वह वहीं काम कर रहे थे जिसमें हम हिन्दुस्तानी बहुत माहिर हैं; यानी जो खेल रहा है उसे अगली चाल के लिए मुफ़्त की सलाह दे रहे थे।

एक लड़का पेड़ के नीचे अकेला बैठा हुआ था। दाढ़ी-मूँछें भी नहीं थीं ठीक से। मयूर ने उससे पूछा कि वह क्यों अन्दर आया है तो जवाब मिला कि एक को पेट में चाकू मार दिया था। तीनों उसकी बात सुनकर थोड़ा पीछे हटे और फिर किसी और क़ैदी से बात करने लगे तो पता चला कि उस पर किसी के मर्डर का केस है। 10-12 लोगों से मिले। हर कोई ऐसे कह रहा था 'चाकू मार दिया', 'गोली चला दी' जैसे सब्ज़ी काटने जैसा आसान काम हो। लेकिन ऐसा भी नहीं था कि सब अपराधी ही थे, कुछ ग़रीब लोग झूठे मुक़दमों के मारे हुए भी थे। वे अपनी पैरवी नहीं कर सकते थे या वकील नहीं रख सकते थे। कोई मामूली से जमानती अपराध में अन्दर था, पर जमानत की व्यवस्था नहीं करवा पाया।

जेल है तो ऐसा नहीं कि सिर्फ़ छोटे अपराध वाले हों। जब इन लोगों से बात कर रहे थे, तभी दूसरी तरफ़ से कुछ आवाज़ आई। उधर देखा तो लम्बी दाढ़ी, छोटे बाल और पठानी सूट पहने एक आदमी घूम रहा था। दोनों हाथों में हथकड़ी

थी और पैरों में बेड़ियाँ। गले में एक लोहे की गोल रिंग डली हुई थी जिससे एक रॉड नीचे उसके पैरों की बेड़ियों से जुड़ी हुई थी। इस रॉड का काम उसे बैठने से रोकना था। बेड़ियाँ वैसे ही बँधी हुई थीं जैसे गाँवों में जानवरों के पैर में बाँधी जाती है; ताकि वह दौड़ न सके। आसपास के क़ैदियों ने बताया कि पाकिस्तानी आतंकवादी है। इसे एक छोटे से सेल में अलग से रखा गया है और शाम को बाहर निकालते हैं तो ऐसे बेड़ियों में जकड़ के।

एक लम्बा-सा आदमी उस पाकिस्तानी को उकसाने के अन्दाज़ में गालियाँ दे रहा था और वह आतंकवादी उसे देखकर सिर हिला रहा था। आदमी भले ही अपराधी था पर पाकिस्तानी को देखकर देशभक्त हो गया था। जब यह लम्बा देशभक्त आदमी पलटा तो समझ में आया कि TDH यानी Tall, dark and handsome किसे कहते हैं। इस आदमी का नाम था प्रशान्त दीक्षित। यह कोई छोटा-मोटा क्रिमिनल नहीं था। इसने जयपुर के खासा कोठी सर्किल पर एक जौहरी को बीच चौराहे पर गुप्ती मारकर 2 करोड़ के हीरे छीन लिये थे। जौहरी मर गया, दीक्षित को उम्र क़ैद हो गई, लेकिन हीरे नहीं मिले। प्रशान्त दीक्षित पहले भी बड़ा अपराधी था। उस घटना के बाद से तो जयपुर के अपराध जगत में उसका नाम अदब से लिया जाने लगा। प्रशान्त दीक्षित की सेटिंग इतनी तगड़ी थी कि जब चाहता बीमार होकर जयपुर के सवाई मानसिंह हॉस्पिटल में भर्ती हो जाता और फिर रात के समय अक्सर हॉस्पिटल के पीछे की थड़ी पर चाय-सिगरेट पीता हुआ अपने क्लाइंट्स के मामले निपटाता।

प्रशान्त भले ही जेल के अन्दर था, पर उसे बाहर की काफ़ी ख़बर थी। क्रिमिनल था, पर बात बहुत अच्छे से करता था। उसने मयूर से काफ़ी सलीके से बात की। उसने मयूर के नाटक वाले आइडिया की तारीफ़ की। प्रशान्त ने यूनिवर्सिटी में चल रही राजनीति के बारे में भी पूछा—कौन आगे चल रहा है, कौन जीत रहा है वग़ैरह। मयूर बोला—राघवेन्द्र भैया ही जीतेंगे, और कौन? प्रशान्त बोला—"अगर कास वाले उसे चुनाव लड़ाए तो ना... मुझे नहीं लगता यह जाट और बनिया उसे लड़ने देंगे।" मयूर ने कहा—"अगर राघवेन्द्र भैया चुनाव नहीं लड़े तो शक्ति सिंह चुनाव जीत जाएगा।"

शक्ति सिंह का नाम सुनकर प्रशान्त दीक्षित हँसने लगा और पूछा—"इतना माहौल बना लिया उसने?" प्रताप ने बड़े शान से जवाब दिया—"हाँ, पूरा राजपूत समाज उनके साथ है। शक्ति बना के सामने अभी यूनिवर्सिटी में किसी की बोलने की हिम्मत नहीं। सारे जाट थर-थर काँपते हैं उनके नाम से।"

प्रशान्त ने प्रताप को ऊपर से नीचे तक देखा और पूछा—"राजपूत हो?" प्रताप ने बड़े शान से सिर हिलाकर जवाब दिया—"जी बना।"

प्रशान्त ने बहुत हलकी मुस्कुराहट के साथ कहा—"बना नहीं, पंडित जी बोलो। मैं ब्राह्मण हूँ। दीक्षित सरनेम है मेरा, जनेऊ पहनता हूँ।" कहते हुए प्रशान्त ने अपने सफ़ेद कुरते में से हाथ डाल के जनेऊ निकाल के दिखाया। प्रताप को समझ में नहीं आया कि यह क्या हुआ अचानक! प्रशान्त ने आगे कहा—"और हाँ, तुम्हारे इस बना को गौरव टावर पर पिछले साल सरेआम पीटा था मैंने इन्हीं हाथों से।" प्रताप की आँखें चौड़ी हो गईं।

प्रशान्त इतने पर नहीं रुका और आगे बोला—"बुरा लगेगा तुम्हें, पर एक राजपूत के होश कोई ठिकाने लगा सकता है तो वह एक ब्राह्मण ही है। परशुराम का नाम सुना है न, बना?" कहकर प्रशान्त ने प्रताप को आँख मारी और फिर आगे बढ़ते हुए मयूर के कन्धे पर हाथ रखा और बोला—"समझे भारद्वाज साहब। वैसे तुम्हारे शक्ति सिंह का बैकग्राउंड मज़बूत है, पर यहाँ वह तुक्के से इतना बड़ा नेता बन गया। उसकी औकात नहीं इतनी जितनी तुम लोग समझते हो।"

मयूर प्रशान्त को एकटक देख रहा था। प्रताप को बुरा लगेगा, यह जानते हुए भी मयूर ने पूछ लिया—"वह शक्ति सिंह की पिटाई वाला क्या मामला है? मैंने कुछ सुना तो था, पर पता नहीं था कि आप ही थे पीटने वाले। वैसे आप तो जेल में थे न? फिर कैसे पीटा?"

प्रशान्त मुस्कुराया और बोला—जेल में कब रहना है और कब बाहर, यह मेरी मर्जी पर है। 15 दिन बाद बीमार पड़ूँगा, रात को मिलूँगा सवाई मानसिंह अस्पताल के पीछे थड़ी पर। मिलने का मन हो तो आ जाना। और हाँ, डरना मत किसी से, यह शहर अपना ही है। ज़रूरत हो कभी तो बताना। जय परशुराम!"

मयूर उसी सम्मोहन में बोला—"जय परशुराम!"

15 दिसम्बर, 1997; सोमवार

दो दिन जेल में ऐसे ही गुज़रे। सोमवार की दोपहर से मोरों की आवाज़ बदल गई। जहाँ पहले दिन उनकी आवाज़ सुन लग रहा था कि कह रहे हैं—आओ, आओ...वहीं सोमवार को मोर बड़े उदास स्वर में कह रहे थे—जाओ, जाओ...मयूर ने दुष्यन्त से कहा—"लगता है, आज जमानत हो जाएगी।" मोर की पीहूँ में छुपा सन्देश सच्चा था। दो रातें जेल में गुज़ारने के बाद मेरे दोस्तों और बाक़ी सभी की जमानत हो गई। सब बाहर आ गए।

जेल से बाहर आने के बाद आन्दोलन ठंडा पड़ गया। उसकी दो वजहें थीं। एक तो उस हॉस्टल के वार्डन को हटा दिया गया था और रेप केस के लड़कों पर

मुक़दमा भी चालू हो गया था। दूसरा राघवेन्द्र ने जो पटकनी सुरेश और मुकेश को दी थी, उसके बाद उनमें हिम्मत नहीं थी कि तुरन्त कुछ नया करें। अब मुकेश सिर्फ़ सही समय पर राघवेन्द्र को पटकनी देने का इन्तज़ार कर रहा था।

***

राजस्थान यानी राजा का स्थान। इस नाम से ही पता लगता है कि यह राजपूतों का प्रदेश है, पर यह पूरा सच नहीं है। इस राजपूत-स्थान में उनके धुर-विरोधी जाट भी बहुत बड़ी संख्या में हैं। जहाँ एक तरफ़ जोधपुर, बीकानेर, जयपुर वग़ैरह में राजपूत राजा थे, वहीं दूसरी ओर धौलपुर, भरतपुर में जाट राजा थे। दोनों ही जातियाँ अपने को एक-दूसरे से ऊपर समझती हैं और बहुत से जाट अपने नाम में 'सिंह' इसलिए लगाते हैं, क्योंकि वह ख़ुद को राजपूतों की तरह किसी शेर से कम नहीं समझते। गोया शेर होना, खूँखार जानवर होना अच्छी बात हो!

ऊपरी तौर पर बहुत साफ तो नहीं दिखता, पर जाट और राजपूत एक-दूसरे को ज़्यादा पसन्द नहीं करते। जाटों को लगता है, राजपूतों ने उन पर अत्याचार किया। राजपूतों को लगता है कि तीन जगह के राजा बन के यह हमसे बराबरी करेंगे पर ऐसा नहीं कि हर जगह नफरत ही है। कुछ लोग जाति से ऊपर उठकर आपस में मेल-जोल रखने वाले भी हैं।

जातियों और धर्मों के बीच की लड़ाई का फ़ायदा उठाकर बहुत से लोग जब राष्ट्रीय स्तर पर नेता बन गए तो विश्वविद्यालय इनसे अछूते कैसे रहते? शक्ति सिंह ढूँडा, जिसे एक साल पहले राजस्थान यूनिवर्सिटी में कोई नहीं जानता था, वह इस जाट-राजपूत लड़ाई की आड़ में साल भर के भीतर यूनिवर्सिटी के राजपूत लड़कों का नेता बन बैठा और कई फुँके हुए कारतूसों की उम्मीद की किरण भी। फुँके हुए कारतूस वह बूढ़े और अधेड़ राजपूत थे जिनकी ज़िन्दगी भर की उपलब्धि 'हम राजपूत हैं' कहकर मूँछों पर ताव देना रही है। यह लोग किसी भी बढ़ते हुए राजपूत को पकड़कर अपनी तरफ़ से उसे समर्थन देने लगते, ताकि कहीं ज़रूरत पड़ने पर वह उसे कह सकें— "हुकुम, बहुत लड़्या थारी ख़ातिर।"

शक्ति सिंह जयपुर से 200 कि.मी. दूर ढूँडा नाम से एक छोटे से गाँव का था, जहाँ गिने-चुने राजपूत रहते थे। ढूँडा गाँव के आसपास चारों तरफ़ जाटों के गाँव थे और इनमें कई बार किसी-न-किसी मामले को लेकर ठन जाया करती। एक दिन शक्ति के बड़े भाई रघुवीर से कहासुनी के बाद जाटों ने इकट्ठे होकर

ढूँडा गाँव पर हमला कर दिया। रघुवीर सिंह शेखावत इस हमले में पीछे हटने के बजाय डटकर मुक़ाबला किया। रघुवीर के आठ भाई और एक बहन थी; और सारे के सारे एक से बढ़कर एक बदमाश। कहा जाता है कि इनकी बहन भी ऐसे गुंडागर्दी किया करती कि लोग उसे भी भाइयों में ही गिनते। इन सब भाइयों ने उस हमले में क़रीब 28 जाटों को लहूलुहान कर दिया। जाटों को उम्मीद नहीं थी इस तरह की और जब वह भागने लगे तो भागते में से 5 जाटों को इन भाइयों ने पकड़ लिया। रघुवीर सिंह शेखावत ने इनमें 4 जाटों का गला काट दिया। उससे छोटे ने पाँचवें को पीट-पीटकर मार डाला।

मुक़दमा हुआ और रघुवीर को फाँसी हो गई और उससे छोटे वाले को उम्रक़ैद। बाक़ी भाई भी 3 से 5 साल की सज़ा काट के वापस आ गए। शक्ति सिंह भाइयों में सबसे छोटा था और उस समय सिर्फ़ 14 साल का। उस पर जुवेनाइल कोर्ट में मुक़दमा चला, पर उसे छोड़ दिया गया। इस घटना ने ढूँडा गाँव को राज्य के सभी लोगों की नज़र में ला दिया। राजपूतों में ढूँडा गाँव का नाम इज़्ज़त से लिया जाने लगा। पहचान के हम सब मोहताज हैं। इसलिए यह बताने को कि मैं उसी गाँव से आता हूँ जहाँ पर हत्याकांड हुआ, वहाँ के राजपूतों ने अपने नाम के आगे से शेखावत हटाकर 'ढूँडा' लगा लिया और इस तरह शक्ति सिंह शेखावत जयपुर में शक्ति सिंह ढूँडा के नाम से नेतागिरी करने लगा।

शक्ति पढ़ने में कमज़ोर था। प्राइवेट कॉलेज से ग्रेजुएशन करने के बाद कुछ जोड़-तोड़ करके उसने यूनिवर्सिटी कैम्पस में पीजी में एडमिशन ले लिया। शुरू में शक्ति हॉस्टल में रहा। वहाँ पर उसे कुछ राजपूतों ने उसके सरनेम की वजह से पहचाना। सही पहचान पता लगने पर शक्ति की पूछ हॉस्टल में बढ़ गई। ढूँडा गाँव के 'शक्ति बना' कहकर उसे मिलवाया जाता किसी से भी। उसकी राजपूत समुदाय में पहचान बढ़ने लगी। अपनी पूछ बढ़ती देख शक्ति ने ख़ुद को छात्र नेता के रूप में स्थापित करने की तैयारी शुरू कर दी।

ढूँडा ने अपनी पुरानी बुलेट बेचकर एक सेकंड हैंड जीप ख़रीदी और उसे रंग-रोगन करवाकर चमका दिया। जीप के आगे 2 तलवार और ढाल वाला एक स्टीकर चिपकाया और काँच पर बड़ा-बड़ा लिखा—'ढूँडा'; और राजपूत हॉस्टल के लड़कों को जीप में बिठा यूनिवर्सिटी में घूमने लगा। एक फुँके कारतूस की नज़र शक्ति पर पड़ी और वह उसे महाराणा प्रताप हॉस्टल के वार्डन से मिलवाने ले गया।

महाराणा प्रताप हॉस्टल के वार्डन राजपूत थे। कई वार्डन ख़ुद सारा समय हॉस्टल नहीं सँभाल सकते इसलिए किसी सीनियर स्टूडेंट को असिस्टेंट वार्डन बना दिया करते थे। इस वार्डन ने शक्ति सिंह ढूँडा को महाराणा प्रताप हॉस्टल का

असिस्टेंट वार्डन बनवा दिया और उसके रहने के लिए एक बड़ा कमरा हॉस्टल में ख़ाली हो गया।

महाराणा प्रताप हॉस्टल (एमपी हॉस्टल) यूजी हॉस्टल था और यहाँ कॉमर्स कॉलेज के लड़के रहते थे। एमपी हॉस्टल राजस्थान कॉलेज के कैम्पस में पड़ता था। हॉस्टल की बाईं तरफ़ दोनों कॉलेज की बाउंड्री थी जिसमें से एक छोटे गेट से लड़के कॉमर्स कॉलेज जाते, पर अगर किसी को स्कूटर, मोटरसाइकिल से निकलना हो या टेम्पो पकड़ना हो तो उसे विवेकानन्द हॉस्टल के बग़ल की सड़क से होकर जाना होता था। यहाँ से गुज़रना इन लड़कों के लिए उतना ही ख़तरनाक था जितना यूपी में रात को फेमिली के साथ हाईवे पर निकलना। विवेकानन्द हॉस्टल के कुछ लड़के, जिनके नेता पहलवान और सुन्दर पूनिया थे, इनसे पैसे छीन लिया करते और विरोध करने पर मारपीट करते। शिकायतें डर से हुईं नहीं और जो हुईं, उन शिकायतों से कोई फ़ायदा नहीं हुआ।

सुनने में अजीब लगता है, पर दोनों ही हॉस्टल में रहने वालों का मिज़ाज हॉस्टल के नाम के उलट था। विवेकानन्द वाले जहाँ बदमाशी कर लेते थे, वहीं महाराणा प्रताप वाले डरपोक क़िस्म के थे। इसकी एक वजह महाराणा प्रताप में अधिकतर बनिया, ब्राह्मण जाति के लड़के थे जो मध्यम वर्ग से, नौकरी या बिज़नेस वाले परिवारों से आते। इनकी बचपन से ऐसी कंडीशनिंग की जाती है कि गुंडागर्दी का विरोध करने की जगह थोड़ा दब के निकल ज़ाते। वहीं विवेकानन्द हॉस्टल में ग्रामीण परिवेश से आए थे। जातिगत आधार पर जाटों का इस हॉस्टल में वर्चस्व था। खेतों में काम किए हुए होने से शरीर से मज़बूत होते थे। इस सबके अलावा बहुत से लड़के एक ही जिले से आते तो इनके गुट भी जल्दी बन जाते थे।

ढूँडा ने हॉस्टल पहुँचते ही माहौल बना लिया था। यूपी में जिसे कहते हैं न भौकाल—वही भौकाल जमा लिया था उसने महाराणा प्रताप हॉस्टल में। कुछ लड़कों को ड्यूटी दी गई कि शक्ति सिंह के ढूँडा गाँव वाले कांड को प्रचारित किया जाए और इस प्रचार ने काम किया। महाराणा हॉस्टल के लड़कों ने विवेकानन्द वालों की गुंडागर्दी की बातें शक्ति को बताई और मदद माँगी। शक्ति सिंह को अपनी धाक जमाने का यह बेहतरीन मौक़ा लगा। यह इसलिए भी अच्छा था, क्योंकि एक जाट की पिटाई करने से वह यूनिवर्सिटी में राजपूतों में निर्विवाद नेता बन सकता था और उस समय यूनिवर्सिटी पॉलिटिक्स में कोई बड़ा राजपूत नेता नहीं था, क्योंकि पुरानों ने नयों को उभरने नहीं दिया। शक्ति को क़िस्मत से दो दिन बाद ही शक्ति दिखाने का मौक़ा मिल गया। हालाँकि जो हुआ, वह उसने सोचा नहीं था, पर हो गया।

महाराणा प्रताप हॉस्टल के दो लड़के होंडा स्प्लेंडर पर निकलकर विवेकानन्द हॉस्टल के बग़ल की सड़क पर मुड़ने ही वाले थे कि पहलवान और उसके एक दोस्त सहारण ने उन्हें रोक लिया। इधर पहलवान ने उन्हें रोका और उधर किसी एमपी हॉस्टल वाले ने दौड़कर शक्ति सिंह को ख़बर कर दी। शक्ति सिंह कहीं बाहर जाने को तैयार ही हो रहा था। उसने अपने एक चेले को जीप स्टार्ट करने को कहा और ख़ुद को शीशे में देखकर अपने शर्ट के ऊपर का एक बटन खोला। आँखों पर रे-बेन का एविएटर चश्मा पहन चेहरा इधर-उधर घुमा के ख़ुद को फिर से शीशे में देखा। कॉलर को थोड़ा और फैलाया ताकि खुला बटन साफ़ दिखे। अपने लम्बे बालों को थोड़ा-सा उँगलियों से बिखेरा। कान पर आते बालों को कान के पीछे किया ताकि कानों की मुर्कियाँ भी दिखें। मुर्कियाँ एक तरह से इयर रिंग ही होती हैं जो राजपूत कानों में पहनते हैं।

पहलवान ने मोटरसाइकिल चला रहे लड़के को पीछे धकेला और ख़ुद ड्राइविंग सीट पर बैठ गया। सहारण ने भी पीछे बैठे लड़के को गर्दन से पकड़कर मोटरसाइकिल से उतार दिया और ख़ुद बैठ गया। अब मोटरसाइकिल पहलवान चला रहा था, सबसे पीछे सहारण बैठा था और इन दोनों के बीच में मोटरसाइकिल का मालिक।

इधर मोटरसाइकिल चली, और उधर शक्ति की जीप! इधर मोटरसाइकिल पर तीन लड़के और उधर जीप में भी। मोटरसाइकिल चलते ही थोड़ी-सी डगमगाई, पर पहलवान ने पैर ज़मीन पर टिकाकर उसे सँभाला और फिर चल पड़ा। उधर जीप के पहले ही गियर में ज़्यादा एक्सेलेटर दबने से टायर आवाज़ के साथ घूमा और जीप तेज़ गति से आगे बढ़ी। शक्ति ने मोटरसाइकिल से उतारे लड़के को जीप में चढ़ाया। पहलवान मुश्किल से 50 मीटर चला होगा कि शक्ति सिंह ने मोटरसाइकिल के आगे जीप लगा दी। पहलवान ने भद्दी-सी गाली देते हुए मोटरसाइकिल रोकी। पहलवान गाली से आगे कुछ करे, इससे पहले शक्ति सिंह ने उतरकर पहलवान के गाल पर कस के एक तमाचा मारा। पहलवान को इस चाँटे की बिलकुल भी उम्मीद नहीं थी। जब तक वह सँभलता, तब तक शक्ति ने उसके सिर के पीछे एक और चाँटा जड़ दिया।

सहारण मोटरसाइकिल पर सबसे पीछे बैठा था। वह उछलकर उतरा और शक्ति को पकड़ने बढ़ा, लेकिन उससे पहले ही उसे जीप में पीछे बैठे लड़के ने कॉलर से खींच लिया। जीप की ड्राइवर सीट वाले लड़के ने उतरकर एक लात सहारण के पेट में मारी। पहलवान ने मोटरसाइकिल पटकी और उतरकर शक्ति को धक्का दिया। फिर जीप में बैठे लड़के को नीचे खींच लिया। शक्ति सिंह ने जीप के पीछे रखी रॉड निकाली और पहलवान की ओर लपका। पहलवान

ने नीचे पड़े पत्थर के टुकड़े को उठाकर शक्ति पर फेंकना शुरू कर दिया। शक्ति ने बचने की कोशिश की। पहलवान वापस हॉस्टल की ओर भागा। सहारण अभी भी शक्ति के लड़कों के क़ब्ज़े में था। भागते हुए पहलवान ने शक्ति को कहा—''एक बाप की औलाद है तो यहीं रुक, वापस आया मैं,'' और फिर सहारण को बोला—''तू डरियो मत, मैं अभी आया।''

शक्ति सिंह भी बिना कुछ बोले उसके इन्तज़ार में हाथ में रॉड लिये पूरे रौब के साथ खड़ा हो गया। शक्ति का शरीर ठीक था, पर लम्बाई ज़्यादा होने से हट्टा-कट्टा नहीं लगता था। उस समय वह उसी अन्दाज़ में रॉड लिये खड़ा था जैसे लड़कों को वैसे ही पीटेगा, जैसे अमिताभ बच्चन अपनी फ़िल्मों में गुंडों को पीटा करता था। लेकिन शक्ति अमिताभ तो था नहीं, इसलिए उसे जब सामने से आते हुए 20 लड़के दिखे तो उसने अपनी रॉड चुपचाप जीप में वापस रखी और अपने साथ वालों को चलने का इशारा किया।

मोटरसाइकिल वाले लड़के भी मोटरसाइकिल लेकर खड़े हो गए थे। शक्ति ने उन्हें भी निकलने का इशारा किया। शक्ति जीप में बैठा पर सहारण ने जीप के ड्राइवर को ऐसा कस के पकड़ा कि हिलने ही नहीं दिया। तीनों ने काफ़ी कोशिश की छुड़ाने की, सहारण को कई लात घूँसे मारे, पर सहारण ने नीचे लेटकर उस लड़के के पैरों को जकड़ रखा था। शक्ति के पास ज़्यादा समय नहीं था क्योंकि विवेकानन्द हॉस्टल के लड़के नज़दीक आ चुके थे।

शक्ति ने अपने चेले को कहा—''यह ऐसे नहीं छोड़ेगा, इसे उठा और जीप में डाल।'' जिस लड़के के पैर जकड़े हुए थे वह जीप के अन्दर की तरफ़ लटक गया, शक्ति और दूसरे लड़के ने सहारण को उठाकर जीप में डाल दिया। अब सहारण घबराया और उसने पैर छोड़ा और जीप से कूदने लगा कि शक्ति ने कुहनी से इसकी नाक पर मारा और सहारण ढेर हो गया। शक्ति के दूसरे चेले ने भी पीछे बैठकर इसे काबू किया और जीप स्टार्ट कर इन्होंने भगा दी। शक्ति और उसके दोस्त भी विवेकानन्द वालों से उतनी ही दूरी से बचे जितने से हम, बस फ़र्क़ यह था कि यह लोग जीप होने की वजह से तेज़ी से निकल लिए।

विवेकानन्द हॉस्टल के लड़कों को समझ में ही नहीं आया कि क्या हुआ और उनमें से एक चिल्लाया—''अबे, सहारण को किडनैप कर लिया।'' बस इतना कहते ही हंगामा मचा और 'किडनैप कर लिया, किडनैप कर लिया' का शोर चारों तरफ़ फ़ैल गया। कुछ लड़के मोटरसाइकिल लेकर उसी तरफ़ ढूँढ़ने निकले, जिधर जीप गई। शक्ति जवाहर कला केन्द्र के मोड़ पर सहारण को उतारने लगा कि उसे पीछे मोटरसाइकिल पर हॉस्टलर आते दिखे और उसने फिर जीप बजाज नगर की तरफ़ घुमा दी और गलियों में गुम हो गया।

लड़कों ने कॉलेज के बाहर की सड़क रोक दी। थोड़ी ही देर में यह ख़बर पूरी यूनिवर्सिटी में आग की तरह फ़ैल चुकी थी। किसी राजपूत लड़के ने जाटों के लड़के को उठा लिया है, इस नाम पर यूनिवर्सिटी के अलग-अलग हॉस्टलों के जाट राजस्थान कॉलेज के बाहर इकट्ठे होने लगे। इसी बीच उन्हें पता चला कि उठाने वाला राजपूत लड़का कोई और नहीं, ढूँडा गाँव का शक्ति सिंह है। लड़कों में यह सुन खलबली मची और यह डर फ़ैल गया कि कहीं शक्ति सिंह उसे मार न दे। लड़के दौड़े-भागे राजेन्द्र चौधरी के पास पहुँचे और राजेन्द्र ने लड़कों को कॉलेज छोड़कर यूनिवर्सिटी के गेट पर पहुँचने को कहा। क़रीब आधे घंटे के अन्दर 150 से ज़्यादा लड़के यूनिवर्सिटी के गेट पर जमा हो गए। राजेन्द्र कुछ लड़कों को लेकर गांधी नगर पुलिस स्टेशन पहुँचा, वहीं राघवेन्द्र ने यूनिवर्सिटी के सामने रास्ता जाम कर दिया।

उस समय राजस्थान कॉलेज बजाज नगर थाने में आता था और यूनिवर्सिटी गांधी नगर थाने में। इंचार्ज ने राजेन्द्र को समझाया कि मामला बजाज नगर थाने में दर्ज होगा पर कोई उसकी सुनने को तैयार न था। गांधी नगर थाना और यूनिवर्सिटी मेन गेट के बीच मुश्किल से 300 मीटर की दूरी है। जैसे ही राघवेन्द्र के पास पुलिस की रिपोर्ट दर्ज न करने की ख़बर पहुँची, उसने लड़कों के साथ मिलकर गेट पर खड़ी पुलिस की जिप्सी पलट दी और लड़के काफ़ी उग्र हो गए। एसपी तक ख़बर पहुँची और उसने मामला तुरन्त अपने हाथ में लिया और सभी थानों को सर्च ऑपरेशन शुरू करने को कहा। लड़के कुछ देर हंगामा मचाते रहे, पर राघवेन्द्र ने उन्हें रोककर समझाया कि सब लोग ग्रुप बनाकर अलग-अलग इलाक़ों में निकलो और सहारण को ढूँढ़ो।

इधर पुलिस और जाट लड़के इसे अपहरण मान रहे थे, और उधर ढूँडा ने यूनिवर्सिटी से उलटी तरफ़ सांगानेर एयरपोर्ट के पास सहारण को उतारा और तीन-चार चाँटे मार के धमकी दी—"दुबारा महाराणा प्रताप हॉस्टल वालों से उलझा तो हाथ काट दूँगा तेरे।" सहारण को जीप में पीछे पड़े-पड़े भी कई लातें पड़ चुकी थीं। वह घबरा के वहीं खड़ा रहा। "और पिटेगा कि भागेगा ?" ढूँडा के कहते ही सहारण दौड़ पड़ा।

उसे छोड़ के शक्ति जीप में बैठ मुश्किल से 50 मीटर गया होगा कि सामने से मोटरसाइकिल पर आते दो कांस्टेबलों की नज़र उस पर पड़ी और उन्होंने उसे रोक लिया, "शक्ति बना ?" हाथ में वॉकी-टॉकी लिये पीछे बैठे पुलिस वाले ने उतरते हुए कहा। शक्ति ने 'हाँ' में सिर हिलाया और उस पुलिस वाले को ऊपर से नीचे तक देखा। वर्दी की बाँह पर लगी पट्टी से पता लग रहा था कि यह हेड-कांस्टेबल है, वर्दी की जेब के ऊपर लगी नेम-

प्लेट पर लिखा था—''राजेन्द्र सिंह।''

''हुकुम, कमाल कर दिया। राजपूतां की मूँछ और ऊँची कर दी आपने। यूनिवर्सिटी के जाटों को अब समझ आ गया कि शेर से मुक़ाबला क्या होता है।'' बाइक पर बैठे जूनियर कांस्टेबल ने हेड साब की बात का सिर झुका के अनुमोदन किया। शक्ति को कुछ समझ में नहीं आया। वह कुछ पूछे, उससे पहले ही हेड कांस्टेबल राजेन्द्र सिंह ने जीप में देखते हुए पूछा—''शिकार कठे गया, बना?''

''कौन-सा शिकार?''

''वही जाट...हमें दे दो। हम मामला सँभाल लेंगे।'' जूनियर कांस्टेबल बाइक को स्टैंड पर लगाते हुए बोला।

''छोड़ दिया उसे।''

अब शक्ति जीप से उतरकर अलर्ट खड़ा हुआ और उसने पूछा—''पर हुआ क्या?''

दुखभरी आवाज़ में ही राजेन्द्र सिंह ने जवाब दिया—''क्या बोलूँ, हुकुम! आपने तो छोड़ दिया जाट को, और वहाँ पूरी यूनिवर्सिटी में हंगामा मच गया कि ढूँडा ने जाट को किडनैप कर लिया। एसपी साहब को उतरना पड़ गया मैदान में, सारे थाने अब आपको ढूँढ़ने में लगे हैं।''

यह सुनते ही जीप में बैठे दोनों लड़के उछलकर बाहर आ गए और शक्ति को बाँह से पकड़ के बोले—''यह हुई न बात शक्ति बना, पर अगर लोगों को यह पता लग गया कि हमने किडनैपिंग नहीं की है तो बहुत बेइज़्ज़ती हो जाएगी।''

''वह तो ठीक है, पर किडनैपिंग के केस में गए तो जमानत नहीं मिलेगी। यूनिवर्सिटी का चुनाव लड़ना है अगले साल।'' शक्ति ने शक ज़ाहिर किया।

''पर बना, आपणी शान की ख़ातिर केस किडनैपिंग का ही होना चाहिए, चाँटे मारने का कोई केस हुआ?''

''हुकुम, आप वह लड़का मुझे दो, मैं मामला सँभालता हूँ। किडनैपिंग का केस भी लग गया तो क्या, पूरा राजपूत समाज खड़ा है आपके साथ।'' राजेन्द्र सिंह ने तनकर खड़े होते हुए कहा।

शक्ति के साथ वाला लडका बोला—''बना, जीप में बैठो। उसे लेके आते हैं।'' कहने के साथ ही उसने जीप स्टार्ट करके घुमा दी, और उसके पीछे-पीछे पुलिस वालों ने भी। सहारण को आगे जाने के लिए कोई साधन नहीं मिला था तो वह सड़क के किनारे खड़ा किसी बस-टेम्पो का इन्तज़ार कर रहा था, उसने जैसे

ही ढूँडा की जीप को अपनी तरफ़ आते देखा वह डर गया और भागने लगा, पर शक्ति ने फिर उसे पीछे-से कॉलर से पकड़ लिया।

"कहाँ जा रहा है?"

"जाने दो भाई, बोला तो...अब नहीं देखूँगा महाराणा प्रताप हॉस्टल की तरफ़।" सहारण ने हाथ जोड़ते हुए कहा। तभी पीछे से आती राजेन्द्र सिंह की बाइक बग़ल में आके रुकी। सहारण पुलिस वालों को देखते ही एकदम चौड़ा हो गया और बाइक का हैंडल पकड़कर बोला—"सर, देखो मेरे से मारपीट कर रहे हैं। यूनिवर्सिटी से मारते हुए यहाँ तक ले आए।"

शक्ति सिंह को एहसास हो गया कि जैसे उन्हें नहीं पता था कि पीछे से मामला किडनैपिंग का बन गया है वैसे ही सहारण को भी नहीं पता, क्योंकि वह भी तो उनके ही साथ था। शक्ति ने तुरन्त पैंतरा बदला और सहारण को बोला—"अबे, हम लाये हैं थानेदार साहब को यहाँ...तुझे पकड़ने को।" थानेदार साहब सुनके हेड-कांस्टेबल ने पूरे अकड़ से सिर ऊँचा करके सहारण को देखा। शक्ति आगे बोला—"तेरे पे पैसे छीनने, लूटपाट का केस बनवा रहे हैं। वह दोनों लड़के गवाही देंगे और साला तू सड़ेगा जेल में।"

राजेन्द्र सिंह ने भी पैंतरे को समझा और सहारण का हाथ पकड़कर पूछा—"हाँ, क्या सुन रहा हूँ ये? चल थाने।"

सहारण घबरा गया और हाथ जोड़ने लगा—"सर, छोड़ दो... ग़लती हो गई, दुबारा नहीं होगी।"

"एक शर्त पर छोड़ेंगे? तू आज रात हॉस्टल नहीं जाएगा और न ही किसी दोस्त के पास। कहीं जाके छुप जा। अगर कल कोई पूछे, पुलिस वाला भी, तो कह देना कि मैं डर के मारे छुप गया था। करेगा?" शक्ति बोला।

सहारण को आधी बातों का मतलब समझ में नहीं आया, पर उसने 'हाँ' में सिर हिला दिया। शक्ति फिर बोला—"और अगर तू आज रात को गया या कल सुबह तूने हॉस्टल वालों को या पुलिस वालों को कुछ भी और बोला तो याद रखना, मैं वही ढूँडा हूँ..."

सहारण के शरीर में झुरझुरी आ गई। उसने कहा—"वही करूँगा जो आप कहोगे बना।"

"क्या बात है, अब तो यह भी बना कहने लगा।" सहारण को छोड़ सब हँसने लगे। शक्ति ने सहारण का पास में ही एक होटल में रुकने का इन्तज़ाम कर दिया और उसका बिल भी ख़ुद भर दिया। राजेन्द्र सिंह के अन्दर का राजपूत

छलाँगें मार-मारकर बाहर आने लगा। उसने शक्ति को सेल्यूट किया और बोला—"हुकुम, आप कमाल हो!"

प्लान के हिसाब से रात को क़रीब 10 बजे राजेन्द्र सिंह ने ढूँडा और उसके दो साथियों को सांगानेर एयरपोर्ट के पास एक रेस्टोरेंट में खाना खाते वक़्त गिरफ़्तार कर लिया। पुलिस वालों के वायरलेस पर मैसेज फ़्लैश हुआ—यूनिवर्सिटी अपहरण कांड का आरोपी सांगानेर थाने द्वारा गिरफ़्तार कर लिया गया है। अपहृत लड़का नहीं मिला है।"

अगले दिन जयपुर के सभी अख़बारों की हेडलाइन इसी अपहरण की थी और उसमें ढूँडा और सहारण की यूनिवर्सिटी फॉर्म में लगी हुई फ़ोटो छपी थी। यूनिवर्सिटी के लड़कों में पूरे दिन सिर्फ़ ढूँडा और उसके गाँव की बातें होती रहीं। जिन्हें सालों पहले जाटों का हत्याकांड नहीं पता था, उन्हें भी पता चला और शक्ति के नाम से डर फैलने लगा।

सुबह सहारण को राजेन्द्र सिंह ने होटल में पकड़ा और उसे थाने में चलकर बयान देने को कहा कि उसकी शक्ति से हाथापाई हुई थी, जिसके बाद वह डर के मारे हॉस्टल नहीं गया था और बाहर ही रह गया। उसे किडनैप नहीं किया गया। सहारण ने यही बयान दिया और राजेन्द्र सिंह ने उसके बयान को दर्ज करने के साथ अपनी रिपोर्ट में लिखा कि जब शक्ति को गिरफ़्तार किया गया, तब उसके साथ अपहृत व्यक्ति नहीं था और होटल के रिकार्ड्स भी बताते हैं कि तथाकथित अपहृत होटल में ही था। इस तरह शक्ति पर अपहरण की जगह मारपीट का मामला दर्ज किया गया।

शक्ति सिंह हीरो बन गया। शक्ति को जमानत आसानी से मिल गई और कोर्ट में उसे लेने राजपूतों के कई संगठनों के पदाधिकारी पहुँच गए। उन्होंने उसका स्वागत टीका लगाकर किया। कुछ तो ऐसे बिछे पड़े थे कि उनका बस चलता तो उसे राज्य का राजा या कम-से-कम सेनापति ही घोषित कर देते।

शक्ति को यूनिवर्सिटी के राजपूत छात्र संगठन ने अपना नेता घोषित कर दिया। सिर्फ़ राजपूत ही नहीं, ब्राह्मण, बनिया, और मीणा जाति के लोग भी उससे दोस्ती बढ़ाने लगे। हमारे यहाँ राजनीति में अपराध को अपराध नहीं, ग्लैमर की तरह लिया जाता है और शक्ति सिंह उस आपराधिक ग्लैमर का चेहरा बन गया जिसे कई लोग समर्थन देने लगे या उससे जान-पहचान बढ़ाने का मौक़ा ढूँढ़ने लगे। उस दिन मुझे समझ में आया कि हमारे यहाँ राजनीति में 'फलाना भैया', 'फ़लानाद्दीन जैसे लोग कैसे जीतते हैं!

3 जुलाई, 1998

''शाहरुख़ की 'कुछ कुछ होता है' फ़िल्म आएगी न तो तुझे फ़र्स्ट डे फ़र्स्ट शो ले जाऊँगा...प्रॉमिस।'' मयूर श्रुति को मनाने में लगा था।

हम लोग थर्ड ईयर में आ गए थे। नये सेशन की शुरुआत श्रुति 'क्यूट शाहरुख़ ख़ान' की फ़िल्म देखने से करना चाहती थी।

और हम उसे शाहरुख़ की मूवी की जगह 'सत्या' दिखाने ले गए। अनुराग कश्यप, रामगोपाल वर्मा और मनोज वाजपेयी की यह फ़िल्म 1998 की ब्लॉकबस्टर थी। उसका गाना 'सपने में मिलती है, कुड़ी मेरी सपने में मिलती है' आज भी लौंडों की पार्टी में उसी धूम से बजता है। श्रुति का मानना था कि हम लोग मूवी उसकी स्टोरी नहीं बल्कि उर्मिला मातोंडकर की वजह से गए थे। उसकी बात ठीक थी क्योंकि 'रंगीला' मूवी में 'तन्हा तन्हा यहाँ पे जीना' वाले गाने पर उर्मिला को देख हम सारे लट्टू हो गए थे। तब पूनम पांडे और उर्वशी रौतेला जैसे ऑप्शन तो थे नहीं, इसलिए उर्मिला और ममता कुलकर्णी ही हमें हॉट लगा करती थीं। फ़िल्म देखने के बाद जहाँ हम मनोज वाजपेयी, सौरभ शुक्ला की तारीफ़ों में लगे हुए थे श्रुति को उर्मिला के कैरेक्टर पर दया आ रही थी। उर्मिला के कैरेक्टर से हम भी दुखी थे, क्योंकि उसने पूरी फ़िल्म में रंगीला के उलट साड़ी पहनी हुई थी।

'''दिल से' भी आ रही है, वह भी देखेंगे।''

''हाँ, वह भी देखेंगे; फ़र्स्ट डे फ़र्स्ट शो! अब ख़ुश?''

''हाँ।''

मयूर ने श्रुति की शर्तें मान ली तो मैंने पूछ लिया कि इस हकले की मूवी के लिए इतना नखरा? बस, उसके बाद जो तूफ़ान आया वह मेरी पीठ पर चार मुक्के लग जाने और कोल्ड कॉफ़ी मँगा देने के बाद ही शान्त हुआ। थोड़ी देर फ़िल्मों की बात करने के बाद मयूर वापस छात्रसंघ चुनाव की बात करने लगा कि राघवेन्द्र अगर निर्दलीय लड़ा तो क्या-क्या करेंगे हम लोग, कैसे प्रचार करेंगे, वग़ैरह। आधे घंटे तक हमारी चुनाव चर्चा सुनकर श्रुति उकता गई और बोली—''मैं चलती हूँ। तुम लोग लगे रहो। मयूर, मेरा बिल तू पे कर देना, मैं बाद में दे दूँगी।''

मयूर ने बड़ी चालाकी से श्रुति की खीज को नज़रअन्दाज़ किया और—''रुक न दो मिनट, हम भी चलते ही हैं''—ऐसे बोला जैसे श्रुति के बिना चर्चा पूरी ही नहीं होगी। उसने दुष्यन्त को आँख मारी और वेटर से बिल मँगाया। वेटर

ने कहा कि आपका बिल तो पे हो गया है। हम सबने ने एक-दूसरे को देखा। मयूर ने कहा—''पर हमने तो बिल अभी तक मँगाया ही नहीं तो पे कैसे हुआ ?''

''सर, वह दूसरी टेबल पर जो मैडम बैठी थीं न, उन्होंने दिया।'' हम सबने उसकी तरफ़ देखा तो मेज़ ख़ाली थी। वेटर बोला—''अभी-अभी गई हैं।''

''वह जो घुँघराले बालों वाली थीं ? क्रीम कलर का सूट पहने ?'' मैंने पूछा और सारे दोस्त मुझे घूर के देखने लगे। श्रुति अपना हाथ घुमाकर बोली—''जियो राजा, यहाँ चुनावों की तैयारी हो रही है और तुम लड़की ताड़ रहे हो।'' सब हँसने लगे, मैं थोड़ा झेंप गया और बोला—''अरे नहीं, मैं तो...'' दुष्यन्त ने मुझे रोका और बोला—''कोई बात नहीं...इट्स नेचुरल।'' सबने फिर ठहाका लगाया।

''अभी बाहर गई हैं न ?'' मयूर ने वेटर से पूछा और बिना जवाब का इन्तज़ार किए बाहर चला गया।

बाहर तीन-चार लड़कियाँ खड़ी थीं। मयूर ने उस लड़की को क्रीम कलर ड्रेस और घुँघराले बालों की वजह से पहचान लिया। मैंने अगर उस लड़की को तब न देखा होता तो मयूर उसे कहाँ से पहचानता, पर मेरे टैलेंट की क़द्र ही नहीं थी किसी को! वह लड़की स्कूटी के पास खड़ी अपने चेहरे पर स्कार्फ़ बाँध रही थी। मयूर ने पीछे से आवाज़ दी। लड़की स्कार्फ़ हाथ में पकड़े हुए पीछे मुड़ के देखी। उसके चेहरे का सिर्फ़ आधा हिस्सा ही दिख रहा था। आँखों के नीचे काजल की एक पतली-सी लकीर, गालों पर लटकते घुँघराले बाल, और दूसरी तरफ़ के बाल हवा से उड़ते हुए उसके होंठों तक आ रहे थे। ख़ूबसूरत थी वह! मयूर बिन कुछ बोले उसे देखता रह गया। लड़की ने दो सेकंड मयूर को देखा और उसके कुछ नहीं बोलने पर स्कार्फ़ फिर से बाँधने लगी। मयूर जैसे नींद से जागा और फिर से बोला—''एक्सक्यूज़ मी, आपने हमारा बिल क्यों चुकाया ?''

लड़की अपने चेहरे पर स्कार्फ़ बाँध चुकी थी। पलटी तो सिर्फ़ उसकी दो बड़ी-बड़ी ख़ूबसूरत आँखें दिख रही थीं। वह मयूर को देखती रही। मयूर फिर से बोला—''आपने हमारा बिल क्यों चुकाया ? हम लोग तो नहीं जानते एक-दूसरे को।'' मयूर इधर बोल रहा था और उधर लड़की चेहरा ढँके, आँखें फाड़े मयूर के पूरे चेहरे को ध्यान से देख रही थी। कभी उसके बाल, कभी आँखें तो कभी उसके होंठों को; जैसे वह उसके चेहरे को पढ़ने की कोशिश कर रही हो।

''ऐसे ही...''

उसकी आवाज़ और लड़कियों से थोड़ी अलग हलकी-सी खराश लिये हुए थी, फिर भी मयूर को सुनने में काफ़ी अच्छी लग रही थी। उस दिन मुझे पता चला—लव इज़ नॉट ब्लाइंड, इट इज़ डेफ़ ऑलसो। मयूर चुप हो गया, और लड़की उसे बस देखती रही। लड़की उसका जवाब नहीं सुनकर वापस स्कूटी की तरफ़ पलटी तो मयूर दुबारा नींद से जागा।

''मतलब...आप ऐसे ही लोगों के बिल भरती रहती हो ? आप सोशल वर्कर हो क्या ?'' मयूर बोला।

''सोशल वर्कर तो हूँ, एनजीओ में काम करती हूँ। लेकिन सबके बिल नहीं भरती। सिर्फ़ आपके लिए भरा है।''

''मैं कोई अंडर-प्रिविलेज्ड तो नहीं, जो एनजीओ वाले मुझ पर मेहरबानी करने लगे!''

''आप अंडर-प्रिविलेज्ड नहीं, प्रिविलेज्ड हैं।'' मयूर के चेहरे पर प्रश्नवाचक चिह्न देखकर उस लड़की ने पूछा—''आप मयूर हैं न ? मयूर भारद्वाज ?'' मयूर ने 'हाँ' में सिर हिलाया। लड़की ने बात आगे जारी रखी—''मैंने आपकी फ़ोटो देखी थी, न्यूज़पेपर में। आपके उस नुक्कड़ नाटक के बारे में पढ़ा था। बहुत अच्छी स्क्रिप्ट लिखी थी आपने। और भी लोगों ने आपकी तारीफ़ की थी। मैंने सब पढ़ा, मुझे पढ़ के अच्छा लगा। आजकल अधिकांश लड़के जहाँ लड़कियों को छेड़ते हैं, परेशान करते हैं, वहाँ आप जैसे अच्छे लड़के भी हैं जो जानते हैं कि ग़लत क्या है और उसका विरोध कैसे करना चाहिए। आई रेस्पेक्ट...'' इतना सारा कुछ उस लड़की ने एक साँस में बोल दिया और मयूर उसकी आँखों में देखता रहा।

''वाओ, मैं इतना अच्छा हूँ, यह मुझे आज ही पता चला। तो भी आपने मेरा बिल क्यों चुकाया ?''

''जस्ट अ स्माल जेस्चर टू से थैंक्स!''

''इंट्रेस्टिंग...नुक्कड़ नाटक के लिए आपने मुझे थैंक्स कह दिया, पर आपको शायद पता नहीं कि इसी सिलसिले में मैं तीन दिन जेल में भी रहा था और वहाँ खाना भी नहीं खाया। आपको मुझे थैंक्स कहने के लिए कम-से-कम तीन बार तो और मिलना चाहिए। आप बस थैंक्स कहिएगा, बिल मैं पे कर दूँगा।'' मयूर ने तुरन्त लड़की पर चांस मारा। लड़की अपनी आँखें थोड़ी मिचका के, भौंहों को चढ़ा के, मयूर को देखा। मयूर ने थोड़ा मुस्कुराकर लड़की से पूछा—''क्या ख़याल है ?''

“मैं तो समझी थी, आप बड़े सीधे हैं!”

“आपकी आवाज़ बहुत अच्छी है।”

“आप फ़्लर्ट हैं!”

“आप ख़ूबसूरत हैं।”

“आपने तो मुझे ठीक से देखा भी नहीं।” उसने अपने स्कार्फ़ की तरफ़ इशारा करके कहा।

“जितना देखा, उतना काफ़ी था।” यह सुनकर वह लड़की खिलखिला पड़ी और बोली—“वैसे आपकी गर्लफ्रेंड भी ख़ूबसूरत हैं और शायद थोड़ी ग़ुस्सैल भी।”

“मेरी कोई गर्लफ्रेंड नहीं है।”

“वह पीछे खड़ी हैं और आपको घूर रही हैं। मेरे से बात करने के चक्कर में आपका आज ही ब्रेकअप हो जाएगा। जाइए।” कहकर लड़की स्कूटी पर बैठ गई।

मयूर ने पीछे मुड़कर देखा तो श्रुति अपने दोनों हाथ अपनी कमर पर रखे मयूर को घूर रही थी। मयूर फिर लड़की की तरफ़ पलटा, तब तक उसने स्कूटी स्टार्ट कर ली थी। मयूर ने उसका हैंडल पकड़ लिया और बोला—“वह मेरी क्लासमेट है, गर्लफ्रेंड नहीं।”

“उसके चेहरे पर ग़ुस्सा देख के ऐसा लगता तो नहीं!”

“अगर आपको लगता है कि वह मेरी गर्लफ्रेंड है, हमारा अब ब्रेकअप हो ही जाएगा, तो आप कम-से-कम मुझे सान्त्वना देने के नाम पर ही मिलने आ जाइए।”

“ज़्यादा फ़्लर्ट मत करो, बड़ी हूँ मैं तुमसे।”

“अरे, तो मैं कौन-सा शादी करने के लिए बुला रहा हूँ! आपको थैंक्स बोलने का मौक़ा दे रहा हूँ।”

वह लड़की हँसने लगी और बोली—“बाय गॉड...तुम तो...तुम्हारे नाटक के बारे में पढ़ते टाइम मैंने सोचा नहीं था कि तुम ऐसे होगे।”

“देखा, कितनी ग़लतफ़हमी थी आपको मेरे बारे में। आपको अब तो ज़रूर मुझसे मिलना चाहिए ताकि आप मुझे और जान सकें और कोई ग़लतफ़हमी न रहे। तो बताइए, कल मिलें?”

"सोचूँगी...फिर बताऊँगी।"

"तब तो नम्बर दे दीजिए ताकि मैं पूछ सकूँ कि क्या सोचा?"

"मैं बता दूँगी, आप मत परेशान होइए।" लड़की ने कुछ खीझते हुए कहा।

"ओके! लेकिन मेरा तो नम्बर ले लीजिए, वर्ना बताएँगी कैसे?" मयूर बहुत फ़ास्ट जा रहा था। उसने पहले कभी ऐसे किया नहीं था, लग रहा था, आधे दिखे चेहरे और उन आँखों ने उस पर कोई जादू कर दिया था।

"यू आर टू मच! लो, इस बिल के पीछे लिख दो।" उसने मयूर को एक पेपर पकड़ा दिया। मयूर ने नम्बर लिखा, उसने रखा और चल दी।

जैसे ही स्कूटी आगे बढ़ी, मयूर जल्दी से पूछ बैठा—"नाम तो बता दीजिए"

"वही, जो आप रोज़ सुबह करते हैं।" लड़की ने जवाब दिया और स्कूटी बढ़ा दी।

मयूर कुछ चौंका और फिर ज़ोर से उस लड़की को आवाज़ लगाई—"पूजा...वैसे तो मैं नहीं करता पर अब से किया करूँगा..."

लड़की ने मुड़कर देखा और आगे निकल गई। चेहरा ढँका हुआ था। मयूर उसके एक्सप्रेशन तो नहीं देख सकता था, पर उस स्कार्फ़ के अन्दर वह मुस्कुरा रही होगी और वही मुस्कुराहट उस लड़की की आँखों में दिख रही थी।

9 अगस्त, 1998; रविवार

"भाई, न्यूज़पेपर पढ़ा?" फ़ोन पर दुष्यन्त था। मयूर ने एक आँख बन्द किए हुए और दूसरी आधी खोलकर घड़ी की ओर देखा। सुबह के 6:45 हो रहे थे।

"भाई, अगली 26 जनवरी को बहादुरी अवार्ड लेने की तो नहीं सोच रहा तू?" मयूर ने लेटे-लेटे ही भर्राई आवाज़ में रिसीवर कान पर रखकर पूछा।

"क्या मतलब?"

"अबे, संडे के दिन 6:45 पर उठना बहादुरी का काम होता है। मैं इतना बहादुर नहीं। सो रहा हूँ और तू भी सो जा।"

"मैं भी सो ही रहा था, भाई। मम्मी ने न्यूज़ पढ़ के उठाया मुझे। तू भी देख फटाफट पेज नम्बर 4 पे।"

"ऐसा क्या कांड हो गया फिर से... देखता हूँ...तब तुझे कॉल करता हूँ।"

आँखें मलता हुआ मयूर बिस्तर से उठा और अँगड़ाई लेता बाहर निकला। अख़बार अभी बाहर बरामदे में ही पड़ा हुआ था। मयूर ने अख़बार उठाया और उबासी लेते हुए चौथा पेज खोला। ऊपर पहली ख़बर पर नज़र पड़ते ही उबासी बीच में रुक गई और मुँह से निकला—"ओ भैण..."

मयूर ने तुरन्त अपना मुँह दबाकर गाली निकलने से रोका और ड्राइंग रूम में झाँककर देखा, कोई नहीं था। रविवार की छुट्टी होने की वजह से सब थोड़ा आराम के मूड में थे और उठे नहीं थे। मयूर ने चौथे पेज को अख़बार से फाड़कर जेब में रख लिया और अख़बार वापस बरामदे में पटककर फिर से अपने कमरे में भाग गया। दरवाज़ा बन्द करके उसने अख़बार जेब से निकाला और पूरी ख़बर पढ़नी शुरू की—"छात्र नेता एवं छात्रसंघ के सांस्कृतिक सचिव राघवेन्द्र शर्मा जबरन वसूली के आरोप में गिरफ़्तार।" नींद से उठे होने के कारण सिर्फ़ हेडिंग पढ़ पाया, बाक़ी ख़बर के अक्षर धुँधले दिख रहे थे।

मयूर ने फटाफट मुँह धोया और छत पर जाकर पेपर जेब से निकालकर फिर से पढ़ना शुरू किया। ख़बर के हिसाब से शहर के एक बड़े व्यवसायी ने राघवेन्द्र पर छात्रसंघ चुनावों के लिए जबरन पैसा माँगने और न देने पर उन्हें जान से मारने की धमकी देने का आरोप लगाते हुए पुलिस में रिपोर्ट की थी। दुकानदारों ने यह भी कहा कि इससे पहले सांस्कृतिक कार्यक्रम 'घूमर' के लिए भी राघवेन्द्र ने दुकान और उसकी गौशाला में आग लगाने की धमकी देकर जबरन चन्दा वसूला था और रसीद भी नहीं दी थी। पुलिस ने रिपोर्ट पर कार्रवाई करते हुए राघवेन्द्र को गिरफ़्तार कर लिया। मयूर ने नीचे उतरकर दुष्यन्त को फ़ोन किया और बोला राघवेन्द्र से मिलने पुलिस स्टेशन चलते हैं।

क़रीब 10 बजे दुष्यन्त मुझे लेकर ब्रह्मपुरी थाने पहुँचा। मयूर पहले से बाहर खड़ा था। हम तीनों अन्दर घुसे। एक कांस्टेबल बाहर निकल रहा था, उसने हमें ऊपर से नीचे तक घूरा और फिर बाहर चला गया। थाने के अन्दर दाईं तरफ़ एक बेगनवेलिया दीवार के सहारे चढ़ती हुई दूसरी तरफ़ फाँदने को थी। ठीक सामने बरामदे में एक तरफ़ टेबल और बेंच लगी हुई थी। राघवेन्द्र डेनिम की शर्ट का एक बटन खोले टेबल से पीठ टिकाए हुए बेंच पर बैठा था। हाथ में चाय का गिलास लिये सामने गेट की तरफ़ मुँह करके बैठा वह पुलिस वालों से बातें कर रहा था। उसके बग़ल में खम्भे के सहारे एक कांस्टेबल खड़ा था और एक तरफ़ लोहे की फोल्डिंग कुर्सी पर एक स्टार वाला पुलिस ऑफ़िसर बैठा था। दोनों पुलिस वाले राघवेन्द्र से ऐसे हँस-बोल रहे थे जैसे कि वह गिरफ़्तार होकर थाने में नहीं, बल्कि उनके घर पर चाय पीने आया है। वैसे इतने दिनों में तो मुझे समझ आ ही गया था कि पुलिस वाले भी छात्र नेताओं से तब

तक दोस्ती बना के ही रखते हैं जब तक कि मामला बहुत संगीन न हो या उन्हें कहा न जाए कड़क होने को।

राघवेन्द्र ने हमें देखा और चाय को पीछे टेबल पर रखकर खड़ा हो गया और बोला—"अरे, तुम लोग...आओ।" फिर एक स्टार वाले ऑफ़िसर (एएसआई) से बोला—"पहचानते हो इन लोगों को?" एएसआई ने हम सबको देखा और बोला—"हाँ, मयूर को तो जानता हूँ बाक़ी को भी देखा हुआ है।"

राघवेन्द्र ने मयूर की पीठ थपथपा के कहा—"हीरो है हमारा। आगे बहुत नाम करेगा।" फिर उसने कांस्टेबल को तीन चाय लाने का इशारा किया और कांस्टेबल चाय का ऑर्डर देने चला गया।

हम कुछ कहें उससे पहले ही राघवेन्द्र बोल पड़ा—"बेटा, गेम हो गया अपने साथ। सामने वाले चुनाव की तैयारी हमसे ज़्यादा तेज़ कर रहे हैं। अब हमें भी स्पीड बढ़ानी होगी, सिर्फ़ महीना भर रह गया है।"

"मतलब?"

"यह आदमी अशोक विजयवर्गीय का ख़ास है और उसके कहने पर यह केस हुआ है।" राघवेन्द्र ने कहा।

"एक काम करते हैं, चल के फोड़ देते हैं साले को। इसको भी, और उस अशोक विजयवर्गीय को भी।" दुष्यन्त बोला।

"तुम लोगों को पता नहीं अशोक विजयवर्गीय कौन है?" राघवेन्द्र ने बड़े आश्चर्य से हम सबसे पूछा। हमने कहा—"नहीं।" राघवेन्द्र फिर बोला—"कास में इतना टाइम हो गया और तुम्हें इतनी-सी बात नहीं पता?" राघवेन्द्र ने सवाल पूछकर हम तीनों को देखा और हमारे चेहरे पर आए प्रश्नवाचक चिह्न को देखते हुए आगे जवाब दिया—ADB यानी अशोक डेवलपर्स एंड बिल्डर्स के मालिक अशोक विजयवर्गीय हमारे दोस्त सुरेश विजय के पिताजी हैं। विजयवर्गीय को लोग शॉर्ट में विजय लिखते हैं। समझे अब।"

मयूर को आगे की सारी कहानी समझ में आ गई। वह बोला—"मतलब यह हुआ कि ठीक चुनावों से पहले पूरी प्लानिंग से इन लोगों ने यह झूठा केस किया है जिससे कि इमेज ख़राब हो जाए आपकी..."

"नहीं, वह तो बाद की बात है। पहले इस केस के नाम पर मुझे टिकट नहीं देंगे और सुरेश का रास्ता साफ़ करेंगे।"

"तो सुरेश को भी फोड़ देते हैं, इतना क्या डरना इन सूतियों से।" दुष्यन्त फिर उत्तेजित होकर बोला।

मयूर ने दुष्यन्त के हाथ पर हाथ रखकर उसे शान्त होने का मौन सन्देश दिया और राघवेन्द्र से पूछा—"पर भैया, यह गौशाला वाला कहाँ से आया सीन में? क्या गेम कह रहे हो आप, कुछ समझ में नहीं आ रहा।"

"इसकी सिर्फ़ गौशाला नहीं है, इसकी ज्वेलरी शॉप भी है; लेकिन गौशाला के नाम पे बड़ा खेल खेलता है ये। तुम कह रहे थे कि चल के फोड़ देते हैं। वह हो नहीं सकता क्योंकि यह बहुत पहुँच वाला और फर्जी आदमी है। गौशाला के नाम पे टैक्स चोरी करता है। अपने ज्वेलरी का प्रॉफिट इधर लगा देता है और टैक्स बचाता है। इसके अलावा गौशाला को किसी एनजीओ एक्ट में रजिस्टर कराया हुआ है, जिसमें जो चन्दा दो उस पर टैक्स छूट है। यह लोगों से चेक लेता है और 2 प्रतिशत काट के कैश दे देता है। जहाँ 20 प्रतिशत टैक्स लगना है वहाँ 2 प्रतिशत में काम हो जाता है लोगों का। ऐसे करके बहुत बड़े-बड़े लोगों को ओब्लाइज करता है ये, इसलिए ज़्यादा पंगे नहीं ले सकते इससे। वैसे अपनी ज्वेलरी शॉप से पहले मुझे चन्दा दिया है इसने।"

"तो कहता न कि दुकान पर आए थे धमकाने, यह गौशाला कहाँ से आई बीच में?"

"गाय माता है हमारी। गौशाला में आग लगाने की धमकी दोगे तो लोग भड़क जाएँगे, इसीलिए इसने गौशाला का बहाना मारा है। अगर मैं बागी लड़ा तो गाय माता को जलाने जा रहा था, ऐसा बोल के पंडितों को ही भड़का देंगे अपने ख़िलाफ़। अलवर और मेवात में तो आए दिन यह काम होता है।"

"अब?"

"अभी कुछ नहीं। कल जमानत होने दो, फिर व्यवस्था करते हैं इन सबकी। चुनाव तो लड़ूँगा चाहे कास से, चाहे कास के बिना।"

अगले दिन के अख़बार में मुकेश सिनसिनवार का बयान आया—"कास का इस चन्दा वसूली से कोई लेना-देना नहीं है। कास छात्र राजनीति में शुचिता की पक्षधर है और गुंडागर्दी का समर्थन नहीं करती। इसलिए मामला पूरी तरह साफ़ होने तक राघवेन्द्र को न तो कास के किसी पद पर रखा जाएगा और न ही किसी पद के लिए उम्मीदवार बनाया जाएगा। ऐसा करके कास छात्र राजनीति में एक उदाहरण पेश करेगी। यह कहने के साथ ही मैं यह भी कहना चाहता हूँ कि राघवेन्द्र ऐसा नहीं कर सकता। राघवेन्द्र के ऊपर केस कास की छवि ख़राब करने के लिए किया गया है। कास राघवेन्द्र के साथ है।"

मुकेश ने बिना राघवेन्द्र को दोषी कहे दोषी भी कह दिया और उसे किसी भी पद पर उम्मीदवार न रखने की बात कहकर चुनाव के टिकट की दौड़ से भी बाहर कर दिया। टाइमिंग के हिसाब से जब यह मुक़दमा हुआ था, इससे उम्मीद नहीं थी कि टिकट घोषित होने तक यह मामला साफ़ होगा और राघवेन्द्र को टिकट मिलेगा।

राघवेन्द्र जिसे कल तक कास की तरफ़ से छात्रसंघ अध्यक्ष पद का सबसे मज़बूत दावेदार माना जा रहा था, वह अब टिकट की रेस से बाहर होने वाला था। लेकिन राघवेन्द्र कभी भी कास की वजह से पहचाना नहीं गया। उसकी अपनी छवि थी जो उसने महाराजा कॉलेज के अध्यक्ष रहते हुए बनाई और उसके बाद यूनिवर्सिटी में राजेन्द्र चौधरी को जितवाने में भी कास का कम और उसका बड़ा योगदान था। इसलिए मुकेश सिनसिनवार के यह क़दम राघवेन्द्र को कितना कमज़ोर करते, यह तो पता नहीं; पर हाँ, कास ज़रूर कमज़ोर हो रही थी।

10 अगस्त, 1998

राघवेन्द्र को सोमवार को जमानत मिल गई और बाहर आते ही उसने गोखले हॉस्टल में लड़कों की मीटिंग बुलाकर घोषित कर दिया कि वह किसी से नहीं दबेगा और तैयारी पूरी रहेगी। सारे दोस्त कमर कस लें।

राघवेन्द्र को लग रहा था कि वह अप्रत्यक्ष रूप से निर्दलीय चुनाव लड़ने की बात कहकर मुकेश पर दबाव बनाएगा, पर उसे रत्ती भर भी अन्दाज़ा नहीं था कि मुकेश और सुरेश ख़ुद चाहते हैं कि राघवेन्द्र निर्दलीय लड़े। सुरेश अपने दम पर ढूँडा को हरा नहीं सकता था, जबकि निर्दलीय होकर भी राघवेन्द्र सुरेश से ज़्यादा वोट ले आने की क्षमता रखता था। अगर राघवेन्द्र और ढूँडा की सीधी लड़ाई होती है तो यह दोनों एक-दूसरे के वोट काटेंगे और फ़ायदा सुरेश को होगा।

गोखले हॉस्टल की मीटिंग के बाद राघवेन्द्र ने वैसी ही मीटिंग और हॉस्टलों में भी की। वह निर्दलीय चुनाव लड़ने को तैयार था। मयूर उसके चुनाव-प्रचार की प्लानिंग करने लगा। दुष्यन्त के स्पोर्ट्स के दोस्त, मयूर के हॉस्टल के दोस्त, राघवेन्द्र के लोग सबकी लिस्ट बनाकर माइक्रो-प्लानिंग शुरू हो गई थी। अब समय था कि उन्हें पूरी तरह से अपने पक्ष में लाकर प्रचार के लिए राजी करवाया जाए और यह ज़िम्मेदारी अब मयूर पर थी।

सुरेश और राघवेन्द्र के बीच में जंग का बिगुल अघोषित रूप से बज चुका था

और इसे खुल के बजाने के लिए टिकट के ऐलान का इन्तज़ार था जो सितम्बर के पहले हफ़्ते में होना था।

12 अगस्त, 1998; बुधवार

''हाय...''

''हेलो...अच्छा लगा आपको देख के।''

मयूर ने ऊपर से नीचे तक पूजा को देखा। वह अपनी स्कूटी स्टैंड पर लगा के उसके सामने आ चुकी थी।''यह जो ड्रेस आपने पहनी है न, इसकी ख़ूबसूरती आपकी वजह से काफ़ी बढ़ गई है।''

''अच्छा...मुझे लगा, मैं इस ड्रेस में अच्छी लगूँगी; लेकिन ड्रेस मेरी वजह से अच्छी लग रही है, यह नई बात सुनी मैंने।'' खिलखिलाकर हँसी पूजा।

''मेरे साथ रहेंगी तो ऐसी अच्छी बातें और सुनती रहेंगी। वैसे उस दिन के बाद मुझे लगा कि शायद ही आपसे मुलाक़ात होगी।''

''सोचा तो मैंने भी नहीं था, पर फिर लगा कि तुम बातें अच्छी करते हो तो थोड़ा-सी और सुन ली जाएँ।''

''देखा...उस दिन अगर मैंने ज़बरदस्ती अपना फ़ोन नम्बर नहीं दिया होता न तो आपको मेरी बातें सुनने का मौक़ा न मिलता।'' मयूर ने आँखें चमकाते हुए कहा।''वैसे मुझे लग रहा है कि बातें आप भी काफ़ी अच्छी कर लेती हैं।''

''टक्कर की हूँ तुम्हारे...वैसे क्या हम यहीं खड़े होकर बातें करेंगे?'' पूजा मयूर की आँखों में आँखें डालकर देख रही थी।

मयूर एकदम से अचकचा गया और बोला—''सॉरी, आपको देख के सब भूल गया था। अन्दर चलते हैं।'' वह घूमा, फिर एकदम रुक गया और कुछ सोचकर बोला—''कहीं और चलें क्या? यहाँ जवाहर कला केन्द्र में मेरे दोस्त आते रहते हैं। तो थोड़ा सा...''

पूजा ने चेहरे को थोड़ा टेढ़ा किया और मयूर से पूछा—''तो दोस्तों के सामने मुझसे मिलने में दिक़्क़त है? उस दिन फ़्लर्ट तो उनके सामने ही कर रहे थे।'' मयूर कुछ रिएक्ट करता उससे पहले पूजा फिर बोल पड़ी—''ओहो, अब समझी, तुम्हारी वह गर्लफ्रेंड आ सकती है। वह देख लेगी तो प्रॉब्लम हो जाएगी, है न?'' पूजा के चेहरे पर शैतानी वाली हँसी थी।

मयूर ने पहले मुँह बनाया और अपने दोनों हाथों को हिलाकर मना करते हुए बोला—"मेरी कोई गर्लफ्रेंड नहीं है। जो उस दिन थी वह मेरी क्लासमेट है। ठीक है, चलो यहीं बैठते हैं। वैसे भी आपसे पहली मुलाक़ात यहीं हुई थी अपनी।"

"नहीं, कहीं और ही चलते हैं। जहाँ तुम्हारा मन हो।"

"नहीं-नहीं, बैठते हैं यहीं। वैसे भी जवाहर कला केन्द्र मेरी फेवरेट जगह है कॉफ़ी पीने और दोस्तों के साथ बैठने के लिए। ठीक है यहाँ।"

"नहीं..." पूजा ने 'नहीं' पर थोड़ा ज़ोर दिया और कहा—"ठीक नहीं है यहाँ। एक्चुअली मेरे एनजीओ के भी काफ़ी लोग आते हैं यहाँ मीटिंग के लिए। उस दिन भी मैं यहाँ मीटिंग के लिए आई थी एक कलीग के साथ। तुम्हें देख के रुक गई और उसे भेज दिया था।"

"वाह बेटा... ख़ुद आपको ऑफ़िस वालों को नहीं दिखना और इल्जाम मेरे सिर पे।"

"मुझे दिक़्क़त नहीं है ऑफ़िस वाले देखें तो, पर आज मैं झूठ बोल के आई हूँ। यू नो..." कहकर पूजा ने आँख मारी।

मयूर पूजा को देख मुस्कुराया और बोला—"जनता स्टोर पर एक आइसक्रीम पार्लर है। वहाँ चलते हैं।"

"नहीं, उधर यूनिवर्सिटी पड़ती है, मैं यूनिवर्सिटी की तरफ़ नहीं जाना चाहती।"

"तो किरण कैफ़े चलें? रामनिवास बाग में?"

"नहीं, वह बहुत दूर है।"

"फिर कहाँ चलें?"

"जहाँ तुम चाहो।"

"जहाँ कहता हूँ वहाँ तो मना कर दे रही हो...अच्छा चलो, एक जगह है जो दूर भी नहीं है और यूनिवर्सिटी की तरफ़ भी नहीं...और जहाँ तुम्हारे ऑफ़िस वाले भी शायद ही आएँगे।"

"कहाँ?"

"तुमने कहा न कि जहाँ तुम चाहो, तो अब पूछो मत और चुपचाप चलो।"

"ओके, तो मैं तुम्हारे पीछे-पीछे आऊँ?" पूजा ने चेहरे पर स्कार्फ़ वापस बाँधते हुए पूछा।

"नहीं, मैं तुम्हारे पीछे आऊँगा क्योंकि मेरे पास कोई गाड़ी नहीं है।" मयूर ने चेहरे पर बेचारगी का भाव लाते हुए कहा।

पूजा ने मुस्कुराते हुए मयूर को देखा और स्कार्फ़ को चेहरे पर लपेट लिया। स्कूटी स्टैंड से उतारकर उसने मयूर से इशारे से पूछा कि क्या वह चलाना चाहेगा? मयूर ने मुस्कुराते हुए उँगली से पिछली सीट दिखाकर आँख से इशारा किया कि वह पीछे ही ठीक है।

दोनों स्कूटी पर बैठे। स्कूटी चली और कुछ सेकंड बाद मयूर ने ज़ोर की साँस ली। पूजा ने पूछा—"क्या हुआ?" मयूर ने जवाब दिया—"ख़ुशबू ले रहा था। कौन-सा परफ्यूम लगाती हो?"

"शट अप। नाक बन्द करके बैठे रहो और रास्ता बताओ।"

मयूर ने नाक बन्द कर ली और आवाज़ बदलकर बोला, केन्द्रीय विद्यालय से राइट ले लो। टोंक फाटक पुलिया पर चढ़ना है हमें। पूजा ने पलटकर देखा और बोली—"नौटंकी बन्द करो। हाथ हटाओ नाक पे से।"

पुलिया से उतरते ही बाईं तरफ़ में एक बिल्डिंग पर बोर्ड लगा हुआ था—आमंत्रण वेज रेस्टोरेंट : इंडियन एंड चाइनीज़। पूजा ने देखा और बोली यहाँ तो कपल आते हैं। मयूर बोला—"हाँ, तभी तुम्हारे ऑफ़िस वालों के चांस नहीं हैं आने के और आए तो कपल में ही आएँगे। फिर तुम्हें दिक़्क़त नहीं होगी।" मयूर आँख मार के मुस्कुराया।

सीढ़ियाँ चढ़कर दोनों पहले फ़्लोर पर बने रेस्टोरेंट में पहुँचे। मयूर ने गेट खोला और पूजा को हाथ के इशारे से पहले अन्दर जाने को कहा और फिर उसके पीछे-पीछे अन्दर आ गया। यह आम रेस्टोरेंट जैसा पूरा खुला नहीं था। एक लम्बे हॉल के दोनों तरफ़ बेंचनुमा सोफ़े और टेबल लगे थे जो फिक्स थे। इन सोफ़ों के बैकरेस्ट को क़रीब 5 फ़ीट ऊँचा बनाया था जो दो सीटों के बीच पार्टीशन का काम कर रहा था। इस पार्टीशन की वजह से आगे पीछे के टेबल पर बैठने वाले एक-दूसरे को नहीं देख सकते थे। हाँ, कोई बग़ल की टेबल पर बैठा है तो देख सकता है। लेकिन यहाँ आने वाले कपल एक-दूसरे की प्राइवेसी का ध्यान रखते हुए या तो आगे पीछे की टेबल पर ही होते या क्रिस क्रॉस करके, मगर बग़ल में नहीं बैठते।

दोनों आगे बढ़े तो दोनों तरफ़ की पहली टेबल ख़ाली थी। मयूर वहीं बैठने लगा, पर पूजा ने आगे चलने का इशारा किया। दोनों आगे बढ़े, अगली टेबल पर एक कपल बैठा था। उनके सामने एक प्लेट में चाऊमीन थी और कोक के दो गिलास। लड़के ने चाऊमीन मुँह में डाला था और उसका एक नूडल बाहर

लटक रहा था। लड़की ने थोड़ा झुककर उस लटकते नूडल के निचले सिरे को अपने मुँह में लिया और उसे अन्दर खींचती लड़के के होंठों के पास होंठ ले आई। मयूर और पूजा दोनों ने चलते-चलते उनकी तरफ़ देखा और पूजा ज़ोर से हँस दी। वह कपल एकदम से हड़बड़ा गया और उस हड़बड़ी में उन दोनों के होंठों के बीच पुल बना नूडल का इकलौता टुकड़ा टूट गया और दोनों दूर हो गए। मयूर ने हँसी रोकी। उन दोनों को सॉरी बोला और पूजा को धक्का देकर आगे बढ़ाया। उस सीट की अगली सीट आख़िरी सीट थी। पूजा ने मयूर को कहा कि उस कपल के दूसरी तरफ़ वाली सीट लेते हैं जिससे कि थोड़ा-सा तिरछे झुकने पर कपल की कुछ झलक दिखेगी। मयूर ने माथा ठोका और फिर मुस्कुराकर कपल के आगे वाली कतार में उनके तिरछे पड़ने वाली सीट पर बैठ गया। पूजा बोली, मैं भी इधर ही बैठूँगी। तुम अकेले फ़िल्म का मज़ा नहीं ले सकते। मयूर ने कहा—"ठीक है, पर तुम अन्दर की तरफ़ बैठोगी। पहले ही तुमने कपल को डरा दिया है। पता चला कि फ़िल्म ही बन्द हो गई।" पूजा राजी हो गई। मयूर और पूजा दोनों एक ही बेंच पर बैठ गए।

"तुम भी न, कितनी पागल हो! डरा दिया बिचारों को। उनकी हाय लगेगी तुम्हें।" मयूर ने पूजा को प्यार से डाँटते हुए कहा।

"अच्छा, यह सब छोड़ो, बताओ खाओगी क्या?"

"कुछ भी...जो तुम चाहो।"

"मैं तो सोच रहा था कि चाऊमीन ही मँगा लें।" कहते हुए मयूर के चेहरे पर शरारती मुस्कान तैर गई। जवाब में पूजा के चेहरे पर भी थोड़ी-सी लजाई हुई मुस्कान आई, बोली—"बहुत बदमाश हो तुम। मँगा लो, जो भी मँगाना है। वैसे वह लोग कर क्या रहे हैं?" कह के वह बाहर की ओर देखने के लिए झुकी। बाहर देखने के लिए झुकते वक़्त सहारे के लिए उसने हाथ सीट पर टिकाना चाहा पर वह मयूर के हाथ पर चला गया। उसका चेहरा मयूर के कन्धों पर आ गया था और मयूर को अपनी बाँहों में पूजा के ब्रेस्ट्स की नर्म सी छुअन महसूस हुई। मयूर के बदन में झुरझुरी दौड़ गई और हाथों के रोयें खड़े हो गए। उसका दिमाग़ लगभग फ्रीज़ होने ही वाला था कि पूजा हट गई और वापस अपनी पोजीशन में बैठते हुए बोली—"क्या यार, कुछ नहीं दिख रहा यहाँ से।" मयूर के मुँह से जवाब में सिर्फ़ 'हें' निकला।

मयूर एकटक पूजा को देख रहा था। पूजा ने भी मयूर की आँखों में देखा और भौंहें ऊँची करके पूछा—"क्या हुआ? सब ठीक है न?" यह कहते हुए पूजा अपना हाथ मयूर के हाथ से हटाने लगी कि मयूर ने उसका हाथ पकड़ लिया।

पूजा ने हाथ छुड़ाया तो नहीं, पर इस बार फिर से आँखों से ही इशारे में पूछा—"क्या ?" उसके चेहरे पर असमंजस के भाव थे। मयूर झेंप गया और अपना हाथ पूजा के हाथ से हटाकर, आँखें नीचे करके बोला—"कुछ नहीं...सॉरी।"

पूजा मुस्कुराई और उसने अपना हाथ मयूर के कन्धे पर रखकर उसे हिलाया। मयूर ने आँखें उठाकर पूजा को देखा। पूजा उसे देखकर कुछ सेकंड वैसे ही मुस्कुराती रही और फिर बोली—"भूख लगी है, चाऊमीन ही मँगा लो। और सुनो, दो प्लेट में मँगाना...ताकि तुम ज़्यादा कुछ न सोच सको।" पूजा अपनी हँसी को दबाना चाहती थी, पर वाक्य ख़त्म होते-होते वह ज़ोर से हँस पड़ी और उसने मयूर के कन्धे से हाथ हटाकर अपने मुँह पर रख लिया। मयूर भी ज़ोर-ज़ोर से हँसने लगा। आमंत्रण की ख़ासियत थी—उसका स्टाफ। वह ऑर्डर लेने ही देर से आता और ऑर्डर लेकर आने में भी आधा घंटा लगाता। इस तरह मयूर और पूजा को काफ़ी मौक़ा मिला बातें करने का और एक-दूसरे को थोड़ा और जानने का।

दोनों चाऊमीन खा चुके थे और बैठे गप्पें मार रहे थे कि अचानक मयूर को ध्यान आया कि आज राघवेन्द्र ने चुनाव की अगली तैयारी के लिए मीटिंग रखी थी। मयूर इस समय राघवेन्द्र के सबसे ख़ास लोगों में से एक था और उसका इस मीटिंग में होना ज़रूरी था। मयूर ने घड़ी देखी, मीटिंग शुरू होने का टाइम हो गया था। वह मीटिंग में जाना चाहता था, पर पूजा का साथ उसे इतना अच्छा लग रहा था कि वह उसे छोड़कर भी नहीं जाना चाहता था। मयूर ने सोचा कि भाड़ में जाए मीटिंग, मैं तो सँभाल ही लूँगा चुनाव कैम्पेन। राघवेन्द्र को समझा देंगे। मीटिंग का ख़याल छोड़ पूजा से और बातें करनी शुरू की, लेकिन कुछ ही देर में उसका दिमाग़ वापस चुनाव कैम्पेन की मीटिंग पर चला गया।

पूजा को उसके चेहरे पर उधेड़बुन दिख गई और उसने पूछ लिया—"क्या सोच रहे हो ? कुछ दिक़्क़त है ?" मयूर ने 'न' में सिर हिलाया, लेकिन फिर कुछ पल रुककर उसे सारी बात बता दी। पूजा हँसने लगी और अपना बैग समेटती हुई बोली—"पागल हो तुम ! इतना क्या सोचना, बता देते मुझे। वैसे भी बहुत देर हो गई, चलो चलते हैं।"

"नहीं, मुझे तुम्हारे साथ अच्छा लग रहा है। मैं जाना नहीं चाहता, पर वह सब मेरा इन्तज़ार कर रहे होंगे।"

"तुम तो ऐसे कह रहे हो, जैसे हम लास्ट टाइम मिल रहे हैं। अभी फिर मिलेंगे न, तब और बातें कर लेना। जाओ, दोस्तों के पास जाओ।" मयूर उसकी बात सुन मुस्कुराया और उसने पूजा से उसका फ़ोन नम्बर माँगा। फ़ोन नम्बर की

बात सुनकर पूजा के चेहरे से हँसी गायब हो गई। फिर थोड़ा नार्मल होकर वह बोली—"फ़ोन नम्बर नहीं दे सकती। तुम्हें मैं ख़ुद कॉल करूँगी।"

"कब करोगी?"

"देखती हूँ। जब भी टाइम मिलेगा।"

"तुम्हें पता नहीं, कब टाइम मिलेगा। तुम फ़ोन करोगी और मैं घर पे हुआ न हुआ तो? दे दो नम्बर, प्रॉमिस, मैं फ़ालतू के फ़ोन नहीं करूँगा।"

"मयूर..." पूजा बोलकर थोड़ा रुकी और मयूर की आँखों में देखती रही। मयूर ने कुछ पल तक देखने के बाद कन्धे उचका के इशारे से पूछा कि क्या? पूजा ने नज़रें झुका ली और बोली—"मयूर, मुझे तुमसे मिलकर अच्छा लगा और मैं तुमसे बातें करना चाहती हूँ, पर प्लीज़, फिर से मेरा फ़ोन नम्बर माँगने के लिए प्रेशर मत बनाना। मैं अपना नम्बर नहीं दे सकती। मेरे घर पर अगर तुम्हारा फ़ोन आ गया कभी तो तुम नहीं जानते क्या हो जाएगा। मैं ख़ुद तुम्हें फ़ोन करूँगी और हम फिर मिलकर बात करेंगे। ठीक है?" बोलके पूजा मयूर को देखकर मुस्कुराने लगी। उसकी इस हँसी में मयूर को कुछ अलग-सा दिखा। पूजा की हँसी उसकी आँखों में भी दिखाई पड़ती थी, पर इस बार पूजा के सिर्फ़ होंठ हँस रहे थे और आँखें उदास थीं।

25 अगस्त, 1998; सेशन कोर्ट

राघवेन्द्र को जबरन वसूली वाले मामले में 15 दिन की जमानत मिली थी और आज उस पर दुबारा सुनवाई होनी थी। पुलिस ने कोर्ट में राघवेन्द्र की जमानत बढ़ाने का विरोध किया। उसकी कस्टडी फिर से माँगी लेकिन कोर्ट को यह बात नहीं समझा पाई कि जाँच के लिए राघवेन्द्र को गिरफ़्तार करना क्यों बहुत ज़रूरी है। कोर्ट ने राघवेन्द्र को जमानत दे दी। मयूर उस दिन कोर्ट साथ गया था। जमानत मिलने पर वह तो ख़ुश हुआ, पर राघवेन्द्र परेशान लग रहा था; बल्कि वह पिछले दो दिनों से काफ़ी परेशान लग रहा था।

जैसे-जैसे दिन गुज़रने लगे, सभी तरफ़ से चुनावी गतिविधियाँ तेज़ हो गईं। यूनिवर्सिटी में पोस्टर, होर्डिंग लगने शुरू हो गए थे। प्रचार में शक्ति सिंह सबसे आगे था। राघवेन्द्र और सुरेश को कास के टिकट घोषित होने का इन्तज़ार था, इसलिए वह अभी खुल के कुछ नहीं कर सकते थे। हमें लग रहा था कि राघवेन्द्र की परेशानी की वजह यही है, पर हम ग़लत थे।

जमानत के बाद कोर्ट से बाहर निकलकर दोनों चाय पीने थड़ी पर बैठ

गए। राघवेन्द्र ने मयूर से पूछा—"तुझे लगता है कि मुझे अभी चुनाव नहीं लड़ना चाहिए?"

"क्यों नहीं लड़ना चाहिए? बिलकुल लड़ना चाहिए। पर ऐसा ख़याल क्यों आया आपको?"

"यार, चुनाव के लिए पैसा चाहिए और वह मेरे पास है नहीं। सभी वालंटियर्स को पेट्रोल और खाना तो देना ही पड़ेगा न। जो लोग अपने को फंड करते थे, उनमें से कोई चन्दा नहीं दे रहा। सबका मानना है कि मैं हार रहा हूँ तो पैसा लगा के क्या फ़ायदा! और इस केस के चक्कर में किसी दूसरे से फंड माँगने अभी जा नहीं सकता। पता नहीं कौन क्या कह दे..."

"कौन कहता है आप हार रहे हो, जरा उसे मेरे सामने लाओ...रही बात फंड की तो अगर कोई फंड नहीं देता तो न सही, हम लोग जितना हो सकेगा ख़ुद से करेंगे। हम पेट्रोल और खाना ख़ुद मैनेज कर लेंगे।"

मयूर की बातों से राघवेन्द्र के चेहरे पर फीकी मुस्कान आई—"थैंक यू। तू और तेरे दोस्त तो कर लेंगे, पर और भी तो लड़के हैं। कल रात को सोच रहा था कि हट जाता हूँ चुनाव मैदान से, लेकिन तुम लोग मेरे साथ हो तो कर लेंगे कुछ-न-कुछ। चल, चलें।"

दोनों उठने को ही थे कि एक सब-इंस्पेक्टर तीन कांस्टेबल के साथ उनके सामने आकर खड़ा हो गया। "राघवेन्द्र शर्मा, अभी तो हमारे साथ चलो। साहब ने बुलाया है।"

"कौन-से साहब ने? तुम कौन हो भाई?" राघवेन्द्र ने पहली बार इन पुलिस वालों को देखा था।

"हेतराम विश्नोई, सब-इंस्पेक्टर, विद्याधर नगर थाना, राजस्थान पुलिस।" सब-इंस्पेक्टर ने अपनी वर्दी पर लगी नेमप्लेट को दिखाते हुए कहा। "चलो, एसएचओ साहब ने बुलाया है। शिकायत आई है कि तू लोगों को धमका के चुनाव के नाम पर वसूली कर रहा है।"

"क्या बकवास है? अभी तो जमानत हुई है उसी केस में!" मयूर ने ग़ुस्सा होते हुए पूछा।

"इसका कोई एक कारनामा थोडी है! यह दूसरी शिकायत है। चल बैठ।" यह कहते हुए हेतराम ने राघवेन्द्र की बाँह कस के पकड़ी और जीप की तरफ़ धकेला।

मयूर यह देख के भड़क उठा और हेतराम का हाथ खींचते हुए बोला—"अबे

धक्का कैसे दे रहा है तू भाईसाब को। हाथ छोड़।'' मयूर को दो कांस्टेबलों ने पीछे खींचा। मयूर ने अपने कन्धे झटके और दोनों कांस्टेबलों को बोला—''ओये, तमीज से...पता है न कौन हैं हम लोग ?''

हेतराम ने राघवेन्द्र की बाँह छोड़ी और मयूर को कॉलर से पकड़ के बोला—''इतने डंडे मारूँगा न मादर...कि नाम-पता भूल जाएगा वह अलग...और तमीज घुस जाएगी गांड में।''

राघवेन्द्र ने हेतराम का हाथ पकड़ा और बोला—''अरे विश्नोई जी, बालक है ये, नहीं समझता, जाने दो। मैं चल रहा हूँ।'' हेतराम ने मयूर की गर्दन छोड़ी और उसे उँगली दिखा के आँखों से धमकाया।

मयूर काफ़ी ग़ुस्से में आ गया...साथ ही भौंचक्का भी था। यूनिवर्सिटी में कितनी बार उसने पुलिस वालों का हाथ पकड़ा और खींचा, पर कभी पुलिस वालों ने इस तरह से बर्ताव नहीं किया। हाँ, थोड़ी धक्का-मुक्की तो होती थी, पर इस तरह गाली-गलौच...पुलिस कमीनी होती है, यह सुना था; लेकिन पाला हमेशा यूनिवर्सिटी के आन्दोलनों में पड़ा, जहाँ पुलिस ग़ुस्से में भी बहुत नरम बर्ताव करती थी। वैसे भी गांधी नगर और बजाज नगर थाने के तो अधिकतर पुलिस वाले जानते थे मयूर और राघवेन्द्र को। पुलिस की बहुत अच्छी छवि बन गई थी हमारी नज़र में, जिसे हेतराम विश्नोई ने एक मिनट में बदल दिया।

मयूर को देखकर लग रहा था कि उसका बस चले तो हेतराम का सिर फोड़ दे। राघवेन्द्र ने मयूर को इशारे से शान्त होने को कहा। उसने हेतराम से एक काग़ज़ माँगा और मयूर को उस पर एक फ़ोन नम्बर लिखकर दिया और कहा—''सुन, यह राजावत साहब का नम्बर है। उनसे बात करके सारा कुछ बताना और कहना, राघवेन्द्र ने कहा है कि सर से बात करके मुझे आज ही निकलवाएँ।''

''अभी करता हूँ।'' मयूर की बात पूरी होने से पहले राघवेन्द्र को लेकर जीप चल दी।

एक आदमी कोर्ट रूम के अन्दर से लगातार मयूर और राघवेन्द्र के आस-पास घूम रहा था। चाय की थड़ी पर भी वह उनके पीछे था। जब विश्नोई के साथ सारी बातचीत हुई, तब भी वहीं था। मयूर पब्लिक फ़ोन बूथ की तरफ़ गया और यह आदमी मयूर के पीछे-पीछे। उसने बूथ में मयूर के बग़ल का फ़ोन उठा लिया और नम्बर मिलाने के बहाने मयूर की बातें सुनने लगा। मयूर ने काग़ज़ में देखकर नम्बर डायल किया। जिस किसी ने फ़ोन उठाया, उसने कहा कि साहब चीफ मिनिस्टर साहब के साथ हैं। एक घंटे में मिलेंगे। मयूर चीफ मिनिस्टर सुन के चौंक गया और उसने पूछा—''चीफ मिनिस्टर...'' जवाब

आया—"जी हाँ, एक घंटे बाद फ़ोन करें।" मयूर को अब समझ में आ रही थी राघवेन्द्र की परेशानी की वजह...जो वह सोच रहा था, उससे कुछ बड़ी है जिसे उसने अभी ज़ाहिर नहीं किया है।

उस आदमी ने मयूर के जाने के बाद उसी पी.सी.ओ. से एक नम्बर पर कॉल किया। जहाँ भी उसने फ़ोन किया, वहाँ शायद अक्सर करता था; क्योंकि उसे नम्बर जुबानी याद था। उधर से फ़ोन उठते ही यह आदमी एकदम अलर्ट मुद्रा में खड़ा हुआ और कुछ सेकंड बाद सामान्य होकर उसने फ़ोन के दूसरी ओर जो कोई था उसे पूरी घटना विस्तार से बताई। पूरी बात बताने के बाद 'यस सर, आई विल कीप एन ऑय' कह के उसने फ़ोन काट दिया।

***

जयपुर सीकर रोड पर वास्तुकार विद्याधर के नाम पर बना विद्याधर नगर जयपुर के एक अलग कोने में पड़ता है। अलग तरफ़ होने से अक्सर इधर जयपुर के वही लोग आते हैं जिनका या तो घर है या किसी से मिलना है। थाने जाकर राघवेन्द्र को लॉक-अप में डाल दिया गया। राघवेन्द्र के साथ ऐसा पहली बार हो रहा था, वर्ना उसे पुलिस अक्सर बाहर ही बिठाती थी और सामान्य रूप से बात करती थी। आधे घंटे बाद राघवेन्द्र ने हेतराम को आवाज़ लगाई और कहा कि भैया, चाय वग़ैरह तो पिला दो। हेतराम ने उसे अनसुना कर दिया। राघवेन्द्र ने फिर आवाज़ लगाई। हेतराम उठा और लॉक-अप के गेट पर जाकर बोला—"ससुराल में आया है क्या बहन... ? साले, मुँह बन्द रख; वर्ना टेप चिपका दूँगा।"

राघवेन्द्र के अन्दर का नेता जाग उठा और वह भड़क गया; बोला—"देख, बहुत देर से बदतमीजी कर रहा है तू। यह गाली-गलौच नहीं चलेगी। तमीज से रह, वर्ना तेरे जैसे ठुल्लों को ठीक करना आता है मुझे।"

ठुल्ला शब्द हेतराम को पसन्द नहीं आया और उसने लॉक-अप का गेट खोला और राघवेन्द्र को घुमा के एक चाँटा मारा। राघवेन्द्र का गाल लाल हो गया। राघवेन्द्र को यह उम्मीद बिलकुल भी नहीं थी कि उसे चाँटा मारा जाएगा। उसने हेतराम को उँगली दिखाकर कुछ कहना चाहा, वह कहे उससे पहले हेतराम ने एक और चाँटा राघवेन्द्र को मारा और उसकी उँगली पकड़ के मोड़ दी और कहा—"मेरे सामने उँगली, आवाज़ या कुछ और उठाने की कोशिश मत करना, तोड़ दूंगा।"

हेतराम कह के बाहर निकला तो राघवेन्द्र पीछे से बोला—"तू बाहर मिल मुझे, फिर तुझे बताऊँगा कि उँगली कैसे तोड़ी जाती है।" हेतराम फिर पलटा, पर कुछ करता उससे पहले थाने के गलियारे में एक आवाज़ गूँजी—"इधर लेकर आ इसे।" हेतराम राघवेन्द्र को लेकर एसएचओ के कमरे में गया।

एसएचओ ने राघवेन्द्र को ऊपर से नीचे तक देखा और राघवेन्द्र ने एस.एच.ओ. को। एसएचओ बोला—"क्या धमकी दे रहा है? उँगली तोड़ेगा इसकी? मारेगा हमें? पुलिस वाले हैं हम, इस देश में हमसे बड़ा गुंडा कोई नहीं है, इसलिए अब से मुँह बन्द रखना। जो कर लिया सो कर लिया पर इसके बाद मेरे थाने में यह ऊँची आवाज़ नहीं सुनाई देनी चाहिए। पिटना नहीं है तो चुपचाप लॉक-अप में बैठ जा।"

"सीकर से हो क्या साहब?" राघवेन्द्र ने एस.एच.ओ. के बोलने की टोन पकड़ते हुए कहा।

"हाँ; क्यों वहाँ जाके मारेगा?"

"नहीं, समझने की कोशिश कर रहा था किसके इशारे पर यह सब कर रहे हो।" यह कह के राघवेन्द्र थोड़ा हँसा और बोला—"आपका सिकन्दर बेनीवाल मुझसे इतना डर गया है कि अलग-अलग थानों में रिपोर्ट लिखा रहा है! कह देना, यह पंडित भड़का न तो जड़ से उखाड़ देगा जाट को।"

एस.एच.ओ. कुछ नहीं बोला और राघवेन्द्र को ले जाने का इशारा किया। इधर मयूर राजावत साहब से बात करने की कोशिश करता रहा पर वह फ़ोन पर आए ही नहीं। उधर राघवेन्द्र पर रात बुरी गुज़री। पूछताछ के नाम पर उसकी और पिटाई की गई, हेतराम ने पूरी खुन्नस निकाली थी।

अगली सुबह मयूर राजेन्द्र चौधरी को लेकर थाने पहुँचा। इस मामले में पुलिस ने अभी तक उसके ख़िलाफ़ एफ़आईआर फ़ाइल नहीं की थी, पर थाने में रखा हुआ था। राजेन्द्र वहाँ पहुँच इसे मुद्दा बनाता, उससे पहले ही राघवेन्द्र को छोड़ दिया गया। जाते वक़्त उसने राघवेन्द्र को इतना ही कहा—"स्टूडेंट है... तेरा कैरियर ख़त्म हो जाएगा, इसलिए अभी रिपोर्ट दर्ज नहीं की है...पर यहाँ से निकल के जरा भी बदमाशी की तो इस बार लम्बा अन्दर करूँगा।"

राघवेन्द्र बाहर आने पर पहली बार घबराया हुआ था। तीन दिन पहले पर्दे के पीछे कुछ ऐसी घटनाएँ हुईं, जिन्होंने राघवेन्द्र के पक्ष की सारी परिस्थितियों को बदल दिया और उसे इस हाल में ला खड़ा किया...उसे इसका पहले जरा भी अनुमान नहीं था।

राघवेन्द्र की गिरफ़्तारी से तीन दिन पहले : 22 अगस्त, 1998

''हिज हाइनेस वांट्स टू टॉक टू यू सर।''

तीन-चार सेकंड की चुप्पी के बाद राज्येश सिंह राठौड़ ने बहुत छोटा-सा 'हूँ' कहा। सेक्रेटरी के लिए इतना काफ़ी था फ़ोन ट्रान्सफर करने को।

''खम्मा घणी हुकुम...''—राज्येश सिंह ने अपनी दम्भ भरी आवाज़ में कुछ मिठास और नरमाहट लाने की कोशिश करते हुए कहा।

राजाओं को ख़त्म हुए ज़माने हो गए, पर राजस्थान में पूर्व महाराजाओं के शो ऑफ़ अभी भी बदस्तूर चालू हैं। शहर के आम नागरिकों में हो न हो, पर राजपूतों में अभी भी पूर्व राजघरानों के लिए सम्मान है। राजा लोग अभी भी कई मौक़ों पर अपने महलों/हवेलियों पर दरबार सज़ाते हैं, जहाँ उनके ठिकानेदार राजपूती वेशभूषा में तलवारें बाँधकर इकट्ठे होते हैं और राजा साहब के सामने सिर झुकाकर उसको इक्कीसवीं सदी में भी सन् 1880 का अहसास कराते हैं। ठिकानेदार वह लोग होते हैं, जिन्हें रियासत की तरफ़ से जागीर (ठिकाना) मिली हो। इन ठिकानेदारों में बहुत सों का यूँ तो अब कोई ठिकाना न रहा, पर ऐसे दरबार लगने पर सज-धज के यह आज भी बड़ा गर्व महसूस करते हैं।

इस तरह के आयोजन सिर्फ़ दम्भ भरने को नहीं होते। यह आयोजन पूर्व राजा को वर्तमान राजनीति और राजपूत समाज में प्रासंगिक बनाए रखते हैं। जयपुर को छोड़ दें तो बाक़ी जगह काफ़ी हद तक यह इसमें सफल भी रहे। पूर्व महाराजा राजपूतों के वोट इकट्ठे करने में एक बड़ी भूमिका अदा करते हैं। जो नेता है, उसे समर्थन के नाम पर अपने सामने झुकाते हैं या कोई नया राजपूत उभर रहा हो तो उसे नेता बनाते हैं। जय-जयकार के लिए ठिकानेदार होते ही हैं।

राज्येश सिंह राठौड़ मुख्यमंत्री तो बने, पर राजस्थान की अलग-अलग रियासतों के पूर्व राजा बीच-बीच में उसे फ़ोन करके अपने होने का अहसास कराते रहते है। राज्येश को कई बार यह बात चुभती कि उसके सामने सारा राज्य झुकता है, उसके आगे-पीछे हर कोई हुकुम-हुकुम करके घूमता है और उसे इन राजाओं को 'हुकुम' और 'योर हाइनेस' बोलना पड़ता है... उनके सामने थोड़ा झुकना पड़ता है। राज्येश को राजाओं के सामने झुकने में उतनी तक़लीफ़ न थी, जितनी राजाओं के आदेश देने वाले टोन से थी। महाराजा उसे राज्य का मुख्यमंत्री नहीं, बल्कि अपने दरबार के मंत्री की तरह कई बार आदेश देते। जातिगत वोट बैंक की मज़बूरियाँ नेताओं के लिए संविधान से बड़ी होती हैं। इसलिए संवैधानिक मज़बूरी न होने पर भी राज्येश उनकी बात सुन लिया करता था।

''राज्येश...जयपुर में छात्रसंघ चुनाव हो रहे हैं क्या?'' राजा साहब ने पूछा।

राज्येश का मन हुआ कि कहे, अख़बार क्यों नहीं पढ़ते, पर बोला—''यस योर हाइनेस, अगले महीने हो रहे हैं।''

''तो इस बार कितने राजपूत जिताओगे? पिछली बार सुना, जाट जीत गया था!''

राज्येश ने एक हाथ से फ़ोन पकड़े हुए दूसरे हाथ से सिर पीटा और बोला—''जी...अब कितने राजपूत जीतेंगे यह कहना तो मुश्किल है। लड़ कितने रहे हैं, हुकुम? आपने कुछ सुना है क्या?'' काफ़ी कंट्रोल करते-करते आख़िर में राज्येश ने राजा साहब के सुनने पर टोंट मार दिया।

''हाँ, सुना है, ढूँडा गाँव वाला शक्ति सिंह इस बार छात्रसंघ अध्यक्ष का चुनाव लड़ रहा है। मेरे पास कई ठिकानेदार आए थे और बोले कि तुमसे मैं कहूँ—तुम शक्ति को जीतने में मदद करो। इस बार छात्रसंघ अध्यक्ष राजपूत होना ज़रूरी है।''

''हुकुम, यह भी कोई कहने की बात है। मैं तो चाहूँगा कि राजपूत ही जीते। शक्ति को जिताने के लिए मेरे से जो कुछ बनेगा, मैं करूँगा।''

''पर मैंने तो सुना है कि तुम अपने चेले राघवेन्द्र शर्मा को चुनाव लड़वा रहे हो। तुम शक्ति के लिए और कुछ मत करो, बस उस शर्मा को चुनाव मैदान से हटाओ।''

''योर हाइनेस, राघवेन्द्र मेरी बात सुनता है यह सच है, पर अगर कास उसे चुनाव लड़ाने का फ़ैसला लेता है तो उसे मैं नहीं रोक सकता।''

''मुझसे नेताओं की भाषा में बात मत करो, राज्येश...उसे कास का टिकट मिल रहा होता तो मैं कुछ कहता? उसे टिकट नहीं मिल रहा है, यह बात मुझे पता है और तुम्हें नहीं पता? वह चुनाव मैदान में निर्दलीय उतर रहा है। मैंने सुना है कि उसे निर्दलीय लड़ने में तुम सहयोग कर रहे हो। एक बात ध्यान से सुन लो, जितना नुकसान वह कास का नहीं करेगा उससे ज़्यादा शक्ति का करेगा। उसे रोकना ज़रूरी है।''

राज्येश को अपनी राजनीति में किसी की दख़लन्दाज़ी पसन्द नहीं, लेकिन राजपूत समुदाय में से जो लोग उसकी जगह लेना चाहते थे, वह और तो कुछ कर नहीं पाते, बस जाकर राजा साहब के कान भर आते और फिर राजा साहब 'मैंने सुना है' कह-कह के राज्येश का ख़ून पीते। राघवेन्द्र राज्येश के इशारे पर यूनिवर्सिटी में सिकन्दर और उसके आदमियों के ख़िलाफ़ मोर्चा लिये रहता

था और यह उसे ही रास्ते से हटाने को कह रहे थे। उसका मन हुआ कि इन सब कान भरने वालों को जयगढ़ की तोप के मुँह पर बाँध के उड़ा दे। लेकिन उससे पहले फ़ोन पर राजा साहब को सँभालना था। राज्येश ने कहा—"हुकुम, राघवेन्द्र ने यूनिवर्सिटी में काम किया है। स्टूडेंट्स उसे पहचानते हैं, पॉपुलर है। मैं उसका साथ दूँ या न दूँ, स्टूडेंट्स तो देंगे न!"

"यही मेरी चिन्ता है राज्येश कि वह लड़का पॉपुलर है और जीत भी सकता है। क्या तुम्हें नहीं लगता कि यह पंडित हमारे शक्ति सिंह के वोट काटेगा?" राज्येश अन्दर से एकदम उखड़ चुका था। राजा साहब आगे बोले—"ब्राह्मण और राजपूत दुश्मन थोड़ी हैं। दोनों एक-दूसरे को वोट देते हैं, पर इस शर्मा के लड़ने से शक्ति को ब्राह्मण वोट नहीं मिलेंगे। इस साल शक्ति को हर हाल में जिताना है। इसलिए यह ज़रूरी है कि तुम राघवेन्द्र शर्मा को चुनाव लड़ने से रोको।"

"उसने मेरे लिए बहुत काम किया है हुकुम। यूनिवर्सिटी में अकेला बेनीवाल के लोगों से लोहा लेता रहा है। उसे किस मुँह से मैं मना करूँ? आप ही बताएँ? ब्राह्मण लड़के ने मेरे लिए इतना किया है और मैं राजपूत होकर भी उसके लिए कुछ न करूँ, यह तो ठीक नहीं होगा हुकुम..."

"राज्येश...ब्राह्मण की पूजा करते हैं, उसे राजा नहीं बनाते। राज करने का हक़ राजपूत का बनता है, चाहे वह एक यूनिवर्सिटी पर ही क्यों न हो! तुम राघवेन्द्र को चुनाव लड़ने से नहीं रोकना चाहते तो मत रोको, पर उससे कहो कि वह प्रेसिडेंट का नहीं, जनरल सेक्रेटरी का चुनाव लड़े; और शक्ति से साथ मिलकर लड़े। ऐसा होने से दोनों जीतेंगे और एक राजपूत यूनिवर्सिटी छात्रसंघ का राजा होगा और ब्राह्मण उसका मंत्री। ब्राह्मण को राजा को राज-पाट चलाने में सहयोग करना चाहिए न कि राज-पाट ख़ुद चलाना चाहिए! सदियों के इस नियम को जो इस डेमोक्रेसी के नाम पर तोड़ा गया है, उसी का फल है कि हर छोटा-बड़ा आज इतना उछलने लगा है। हमारा फ़र्ज़ है कि हम जितना उस नियम को लागू करवा सकें, करें।"

"लेकिन..."

"लेकिन-वेकिन कुछ नहीं। आज तुम जो कुछ हो, वह अपने समाज के समर्थन से हो। यह समाज साथ नहीं तो तुम कुछ नहीं। राजपूतों को तुमसे बहुत उम्मीदें हैं। मैंने उन्हें वचन दे दिया है कि तुम राजपूत समाज के भले के लिए शक्ति का साथ दोगे और राघवेन्द्र को रोकोगे। मेरे वचन की लाज रखोगे न?" आख़िरी वाक्य पर महाराजा ने काफ़ी ज़ोर दिया था।

राज्येश ने कोई जवाब नहीं दिया। महाराजा ने फ़ोन पर ही राज्येश के चेहरे के भावों को पढ़ लिया। उन्होंने अपने तरकश से धमकी रूपी तीर अप्रत्यक्ष रूप से चला दिया और कहा—"मुझे समाज को यह तो नहीं कहना पड़ेगा न कि राज्येश के पास मेरे शब्दों का अब कोई मोल नहीं।" राजा साहब का ऐसा कहना राजपूतों में राज्येश के समर्थन को काफ़ी हद तक नुकसान पहुँचा सकता था।"

राज्येश के पास अभी कुछ कहने को था नहीं। उसने सिर्फ़ इतना कहा—"मैं पूरी कोशिश करूँगा, हुकुम।"

***

सिकन्दर से चल रही लड़ाई से राज्येश को काफ़ी नुकसान पहुँच रहा था और ऐसे में महाराजा को भी नाराज़ करना राज्येश के लिए काफ़ी मुश्किलें खड़ी करता। राज्येश के विरोधी राजपूत नेता ऐसे मौक़े का इन्तज़ार कर रहे थे जहाँ वह महाराजाओं को अपने पक्ष में करें और राज्येश की जगह ले सकें। किसी ने राजपूत सेना तो किसी ने भवानी सेना बनाकर राजपूतों को लामबन्द करना भी शुरू कर दिया था।

राघवेन्द्र जब महाराजा कॉलेज का अध्यक्ष बना उसी साल सुरेश कॉमर्स कॉलेज का अध्यक्ष बना था। दोनों ने छात्रसंघ कार्यालय के उद्‍घाटन के लिए सिकन्दर बेनीवाल को बुलाया पर बेनीवाल सुरेश के उद्‍घाटन में गया। राज्येश तब विपक्ष का नेता था। राघवेन्द्र ने उस समय राज्येश को बुलाया और वह ख़ुशी-ख़ुशी आया भी। वहीं से राघवेन्द्र राज्येश का सिपाही बना। पार्टी की अन्दरूनी पॉलिटिक्स में सिकन्दर और राज्येश दोनों ने एक-दूसरे को नीचा दिखाने के लिए अपने-अपने सिपाहियों का हर जगह इस्तेमाल किया।

सारे नफ़ा-नुकसान का आकलन कर राज्येश ने तय किया कि इस समय उसे महाराजा की बात माननी चाहिए। राघवेन्द्र बच्चा है, मना लिया जाएगा... और नहीं माना तो यह कोई इकलौता सिपाही तो है नहीं। राघवेन्द्र के मानने या न मानने दोनों स्थिति में आगे क्या करना है, इसका ख़ाका राज्येश ने बैठे-बैठे अपने दिमाग़ में बना लिया और एक-एक कर सब गोटियाँ बिठानी शुरू की।

23 अगस्त, 1998; सुबह 10 बजे

''हेलो, जोशी जी...अपनी यूनिवर्सिटी के चुनावों की इंटेलिजेंस रिपोर्ट क्या है? कौन आगे है?'' सबसे पहले राज्येश ने गृह मंत्री श्याम जोशी को फ़ोन किया।

''रविवार के दिन सुबह-सुबह यूनिवर्सिटी चुनावों की चिन्ता। लगता है, आपको भी गड़बड़ की ख़बर हो गई है। वैसे मैं सोच ही रहा था, आपसे इस बारे में बात करूँ। कास की हालत तो बहुत ख़राब लगती है। सुरेश को कैंडिडेट बना रहे हैं पर वह कमज़ोर है। राघवेन्द्र बागी हो रहा है। राजेन्द्र चौधरी उसके ख़िलाफ़ प्रचार करेगा नहीं, ऐसे तो छात्रसंघ हार जाएँगे। आप बीच में पड़ो और राघवेन्द्र को कैंडिडेट बनवाओ, सुरेश हरवा देगा।''

राज्येश मुस्कुराया। श्याम जोशी पार्टी के इतने वफ़ादार हैं कि कहीं पार्टी को पिछड़ते नहीं देखना चाहते। उन्हें पार्टी की अन्दरूनी राजनीति से मतलब नहीं। जब पार्टी हित में सही लगा, सिकन्दर का साथ दिया और जब सही लगा, राज्येश का। कभी किसी की तरफ़दारी नहीं की। इसीलिए जब उन्होंने गृह मंत्री बनते वक़्त अपने विभाग की पूरी कमान अपने हाथ में रखने की शर्त रखी तो राज्येश तुरन्त मान गया और कभी पुलिस, इंटेलिजेंस वग़ैरह में सीधे हस्तक्षेप नहीं किया। हाँ, यह अलग बात है कि पुलिस में उसके कई आदमी थे जिनको बिना जोशी जी को बताए इस्तेमाल कर लेता था। जोशी ने भी इस ताक़त का इस्तेमाल ग़लत चीज़ों को होने से रोकने में ही किया, इसलिए सिकन्दर और राज्येश दोनों ही उनकी बात सुना करते थे।

''मैं तो ख़ुद चाहता हूँ राघवेन्द्र को लड़ाया जाए, पर आप तो जानते ही हो। सिकन्दर बेनीवाल उसे कैंडिडेट बनने नहीं देगा और सिनसिनवार मेरी क्यों सुनेगा, वह तो बेनीवाल का चेला है। आप ही कह के देखो।''

''यार, मैं कह तो दूँगा...पर फिर बेनीवाल वही बात करेगा कि मेरे दोस्त बनते हो, तरफ़दारी राज्येश की करते हो। तुम्हें मुख्यमंत्री बनाते समय तुम्हारा साथ दिया तब से नाराज़ है। मैंने तब भी उसे कहा था कि मैं सिर्फ़ पार्टी के भले के हिसाब से राज्येश के साथ गया, पर वह समझे तब न।''

''बात तो सही है, लेकिन यह बताइए कि फिर जीत कौन रहा है? राघवेन्द्र बागी लड़ेगा तो जीतेगा?''

''पहले शक्ति जीतता दिख रहा था, पर पिछले 5 दिनों में राघवेन्द्र ने शक्ति का डर दिखाकर जाटों को काफ़ी हद तक अपने साथ किया है। इसके अलावा उसका नया चेला है मयूर, उसने कॉलेज और हॉस्टलों में पूरा मोर्चा सँभाल रखा

है। सुरेश के पास ऐसी टीम नहीं है। इंटेलिजेंस रिपोर्ट के हिसाब से मुक़ाबला राघवेन्द्र और शक्ति के बीच होने जा रहा है। सुरेश तीसरे नम्बर पर है। कोई बड़ी बात नहीं कि राघवेन्द्र जीत ही जाए, पर तब भी सुरेश तीसरे पर ही रहेगा। कास का टिकट मिल गया तो पक्का राघवेन्द्र ही जीत रहा है।''

''मयूर कौन है? वह...जो सिकन्दर की कार पर चढ़ गया था?''

''हाँ, यह वही है जिसके नुक्कड़ नाटक को रेप केस में मीडिया ने काफ़ी उछाला था।''

''ठीक है। मैं कुछ करता हूँ राघवेन्द्र के लिए।''

''ज़रूर; आपकी और बेनीवाल की कलह वैसे ही मीडिया में सुर्खी बनी हुई है। ऐसे में कास का हारना अच्छा मैसेज नहीं देगा। वैसे सुना, हिज हाइनेस ने कल रात आपको आशीर्वाद देने के लिए फ़ोन किया था।'' जोशी ने धीरे-से कहकर जोर का ठहाका मार दिया।

''अच्छा जोशी जी...सही है! मेरी भी जासूसी करवा रहे हो?''

''हाहाहा...अरे भाई, तुम्हारी जासूसी करवा के कहाँ जाऊँगा? मालिक तो तुम ही हो...'' जोशी जी ठहाका मारने के बाद थोड़े संजीदा होकर बोले—''फ़ोन किया था आपके ऑफ़िस में। तो पता चला कि आप महाराजा साहब के साथ बिजी हैं।''

''आपने मेरे स्टाफ में गुपचुप अपने जासूस बिठा दिए हैं। एक-एक को चुन के निकालूँगा।'' राठौड़ ने भी ठिठोली का जवाब उसी अन्दाज़ में देते हुए फ़ोन रख दिया।

राज्येश ने सेक्रेटरी को बुलाकर पूछा—''मैं कब किससे बात कर रहा हूँ यह बात सबको बतानी ज़रूरी है क्या?''

''नहीं सर, मैंने किसी से कुछ नहीं कहा।''

''ठीक है। पाँच मिनट के बाद आईजी पुलिस से मेरी बात करवाइए।''

''जयहिन्द सर,'' पाँच मिनट बाद फ़ोन पर आईजी पुलिस की एकदम मुस्तैद आवाज़ थी।

''जयहिन्द...सिंह, राघवेन्द्र के केस में क्या हो रहा है?''

''सर 15 दिन की जमानत हुई थी। दो दिन बाद फिर से कोर्ट में पेश होना है अगली सुनवाई के लिए।''

''पुलिस क्या पक्ष रखेगी इस सुनवाई में?''

''मेरी कल इस केस के बारे में एसपी से चर्चा हुई थी। प्रारम्भिक जाँच में बहुत कुछ मिला नहीं है, जिस आधार पर हम राघवेन्द्र को दोषी मानें। इसलिए बहुत कुछ है नहीं कहने को। कोर्ट जमानत बढ़ाती है तो पुलिस जमानत का विरोध नहीं करेगी। वैसे मुझे यह लग रहा है कि राघवेन्द्र को झूठा फँसाया गया है।''

आईजी समझदार थे और जानते थे राघवेन्द्र राज्येश का क़रीबी है, इसलिए उन्होंने आख़िरी लाइन राघवेन्द्र के पक्ष में कही। आईजी की बात सुनकर राज्येश ने कुछ नहीं कहा...कुछ सेकंड चुप्पी रही। अफ़सर वही जल्दी आगे बढ़ता है जो अपने सीनियर और नेताओं के इशारे को समझ पाता है। आईजी तुरन्त समझ गए कि अचानक 13 दिन बाद मुख्यमंत्री के इस केस के बारे में पूछने और जवाब मिलने के बाद की चुप्पी में कोई सन्देश छुपा है, इसलिए उन्होंने आगे कहा—''सर, यदि आपकी कोई और राय हो तो बताएँ। जैसा आप आदेश करेंगे, पुलिस वही करेगी।''

आईजी की बात सुनकर राज्येश सिंह मुस्कुरा उठा और हम्म करके फिर दो सेकंड चुप रहा; बोला—''सिंह, तुम्हें दो काम करने हैं, लेकिन बहुत ध्यान से।''

''जी, आदेश करें, सर।''

''आज शाम राघवेन्द्र के ख़िलाफ़ एक और शिकायत दर्ज करवाओ, पर किसी दूर के थाने में। एफ़आईआर फ़ाइल मत करना। जब शिकायत दर्ज हो जाए तो मुझे फ़ोन करना।

''जी सर।'' आईजी को आश्चर्य हुआ पर मन के भाव दबा लिए।

''अब सुनो, दूसरा काम। यह गौशाला वाले का कुछ मामला निकालो, ताकि ज़रूरत पड़ने पर उसे दबा के राघवेन्द्र का केस ख़त्म करवाएँ। वैसे भी इसे दबाना ज़रूरी है, आजकल सिकन्दर का भक्त हो रखा है।''

मुख्यमंत्री राघवेन्द्र को बचाना भी चाहते हैं और साथ में फँसाना भी। आईजी समझ गए थे कि वह किसी बड़े खेल का छोटा-सा हिस्सा बन चुके हैं। यह कोई नई बात नहीं थी। पुलिस अक्सर राजनीति का हिस्सा बनती ही रही है और जैसा हमारा सिस्टम है, बनती भी रहेगी। आईजी ने मुख्यमंत्री को आश्वस्त किया कि सब कुछ वैसे ही होगा, जैसा वह चाहते हैं।

''शाबाश।''

"थैंक यू, सर। जय हिन्द।"

राज्येश सिंह के प्लान का पहला हिस्सा ख़त्म हुआ और अगले हिस्से पर काम शुरू हो गया। उसने राघवेन्द्र को रात को अपने घर पर डिनर के लिए बुलाया।

उसी रात 8:30 बजे

"आओ-आओ, भावी छात्रसंघ अध्यक्ष महोदय," राज्येश ने राघवेन्द्र को सोफ़े पर अपने बग़ल में बैठने का इशारा करते हुए कहा।

"अब आप भी मज़े ले लीजिए मेरे..." राघवेन्द्र ने राज्येश के पैर छूकर उसके बग़ल में बैठते हुए कहा।

"कास का टिकट नहीं मिल रहा, इसलिए परेशान है?"

"कास की ज़रूरत मुझे नहीं, कास को मेरी ज़रूरत है। मेरी दिक़्क़त चुनाव फंड है। आपके मित्र सिकन्दर बेनीवाल ने ऐसा केस दर्ज कराया है कि कहीं चन्दा माँगने भी नहीं जा सकता। अब आप ही कुछ करो और फंड दिलवाओ चुनाव लड़ने को।"

"कितने चाहिए?"

"12-15 लाख तो लग जाएगा।"

"बहुत खर्चा कर रहा है! इतना क्या करेगा?"

"मैं तो कम ही कह रहा हूँ। सात दिन के लिए चुनाव ऑफ़िस बनाना होगा, पोस्टर, बैनर, पैम्फलेट छपेंगे। गाड़ियाँ, पेट्रोल, लड़कों का खाना-पीना और हॉस्टल वग़ैरह में पार्टी, इसके अलावा..." राघवेन्द्र आगे कहता उससे पहले राज्येश ने दायाँ हाथ दिखाकर उसे रुकने को कहा।

"देख, मैं पूरी कोशिश करूँगा तुझे चन्दा दिलवाने की, लेकिन दिक़्क़त है। व्यापार मंडल वाले सुरेश के लिए फंड दे रहे हैं, जितने ठाकुर हैं वह शक्ति को। मेरे जानने वालों में बहुत कम बचे हैं जो तुझे फंड देंगे और देंगे भी तो दो-तीन लाख से ऊपर नहीं होगा। मैंने तेरे आने से पहले एक-दो से बात की थी, पर कोई हारने वाले कैंडिडेट पर पैसा नहीं लगाना चाहता।"

"उनको क्या पता कि मैं हार रहा हूँ या जीत रहा हूँ? मैंने जूते घिस दिए इस यूनिवर्सिटी में। एक-एक लड़का मुझे जानता है। मेरे वालंटियर ख़ुद अपने आपमें

जाने-पहचाने हैं। राजस्थान कॉलेज को उन्होंने गढ़ बना रखा है और महाराजा मेरा गढ़ है। कैसे हारूँगा मैं ?''

''यार मैं जानता हूँ, लेकिन बाहर तो यही माहौल है कि तू नहीं जीतेगा। वैसे मैंने भी आईबी रिपोर्ट ली थी, शक्ति सिंह जीत रहा है।''

''तो आप ही बताओ, मैं क्या करूँ ?''

राज्येश कुछ कहता उससे पहले सेक्रेटरी ने आकर कहा कि आईजी साहब बात करना चाहते हैं। राज्येश ने सिर हिलाकर वहीं पर बात कराने का इशारा किया। सेक्रेटरी ने राज्येश के हाथ में कार्डलेस फ़ोन थमाया। राज्येश ने फ़ोन कान से लगाया और कहा—''यस मिस्टर सिंह, इस टाइम कैसे फ़ोन किया ?'' राज्येश फ़ोन पर सुनता रहा और बीच-बीच में सिर हिलाकर हूँ-हूँ करता रहा। क़रीब 50 सेकंड तक कॉल सुनने के बाद राज्येश ने कहा—''कोर्ट में हियरिंग कब है ?'' जवाब सुनने के बाद राज्येश ने फिर कहा—''मिस्टर सिंह, कैन यू कीप द कम्प्लेंट विद यू ? डोंट फ़ाइल द एफ़आईआर टिल माय नेक्स्ट इंस्ट्रक्शन। अभी एक और एफ़आईआर हो जाने से दिक़्क़त होगा।''

उधर से फ़ोन पर फिर जवाब सुनने के बाद राज्येश ने कहा—''मैं समझ सकता हूँ। अच्छा एक काम करिए, मेरे अगले निर्देशों तक नहीं; पर जब तक सम्भव हो तब तक एफआईआर रोकिए...और जरा मुझे गौशाला वाले की कुंडली भेजिए।''

बात ख़त्म करके कॉर्डलेस फ़ोन वापस सेक्रेटरी के हाथ में देते हुए राज्येश ने उसे कहा—''विद्याधर नगर पुलिस स्टेशन में राघवेन्द्र के ख़िलाफ़ एक शिकायत दी गई है। जरा उसकी कॉपी मँगवाइए।''

सेक्रेटरी हामी भर के बाहर चला गया। राघवेन्द्र अवाक् था और राज्येश को देख रहा था। राज्येश ने राघवेन्द्र को देखा और सौम्यता से मुस्कुराया। उसने राघवेन्द्र के कन्धे पर हाथ रखते हुए कहा—''तेरे ऊपर एक और केस फ़ाइल हो रहा है। चिन्ता मत कर, मैंने एफ.आई.आर. करने से मना कर दिया है और साथ ही उन लोगों की भी कुंडली निकालने को कहा है जिन्होंने तुझ पर केस किया। देखता हूँ क्या कर सकता हूँ...चल खाना खाते हैं।''

राघवेन्द्र और राज्येश दोनों ने चुपचाप खाना शुरू किया। बीच-बीच में सिर्फ़ चम्मच के प्लेट से टकराने की ही आवाज़ आ रही थी। राज्येश बीच-बीच में राघवेन्द्र के चेहरे पर दिखते उधेड़-बुन को पढ़ रहा था। वह खा कम रहा था और चम्मच से खेल ज़्यादा रहा था। क़रीब पाँच मिनट चुपचाप खाने के बाद

राज्येश ने राघवेन्द्र को कहा—''तेरे पीछे बुरी तरह से पड़ गए हैं यह लोग। पता लगा है कि परसों तेरी जमानत रद्द करवाने के लिए पूरी कोशिश कर रहे हैं। ऊपर से यह एक नया केस। अभी तो मैंने आईजी रोका है, पर वह ज़्यादा दिन रुक नहीं पाएगा। उसे बेनीवाल की तरफ़ से प्रेशर आ रहा है।''

राघवेन्द्र सिर झुकाए सुन रहा था। राज्येश आगे बोला—''सुरेश के बाप का प्रेशर है बेनीवाल पे और बेनीवाल को उसके बाप के फंड की ज़रूरत है। ऊपर से तूने और मैंने भी उसका जीना हराम कर रखा है। अभी पता नहीं और क्या-क्या प्लान कर रहा है। तुझे अपना ध्यान रखना होगा। कोई ग़लत क़दम न उठे।''

राज्येश ने यह बात कहने के बाद राघवेन्द्र को देखा। राघवेन्द्र के चेहरे पर शिकन थी। राज्येश को उम्मीद थी कि राघवेन्द्र कुछ बोलेगा, पर वह अब भी चुप था और चम्मच से खेल रहा था। राज्येश ने कोई प्रतिक्रिया नहीं आते देख सीधे मुद्दे की बात शुरू की—''मैं एक बात कहता हूँ, ध्यान से सुनना और समझना...मुझे लगता है तुझे इस साल चुनाव नहीं लड़ना चाहिए।'' राज्येश की आवाज़ में पहले के मुक़ाबले काफ़ी गम्भीरता थी। राघवेन्द्र ने चम्मच से खेलना बन्द करके राज्येश की तरफ़ देखा। नज़रें मिलने पर राज्येश थोड़ा असहज हो उठा और उसने अपनी नज़रें खाने की प्लेट की ओर झुका दी और बोला—''जिस तरह से सब चल रहा है, यह लोग इस कोशिश में हैं कि तू नॉमिनेशन ही न भर पाए और भर भी दे तो तेरी इमेज ख़राब हो जाए। इसका असर तेरे जीतने पर तो पड़ेगा ही, आगे के रास्ते भी बन्द हो जाएँगे।''

राघवेन्द्र चुनाव न लड़ने की बात सुनकर तैश में बोला—''चुनाव नहीं लड़ूँ मैं? कैसी बात कर रहे हैं आप? आपको पता है, कितनी मेहनत की है मैंने? जब कोई साथ नहीं था तो भी मैं लड़ा, लोगों को अपने साथ किया। आज जब मेरे साथ इतनी राजनीति हो रही है, तब भी मैं निश्चिन्त था...क्योंकि मुझे लग रहा था कि आप मेरे साथ हो...पर आप भी मेरा साथ छोड़ चुके...!''

''मैं तेरे साथ ही हूँ। जो कह रहा हूँ तेरे भले के लिए कह रहा हूँ। पैंतीस साल से राजनीति देख रहा हूँ और कर रहा हूँ। आगे क्या होने वाला है, मैं देख सकता हूँ और इसीलिए आज इस कुर्सी पर बैठा हूँ। छात्रसंघ अध्यक्ष बन के क्या उखाड़ लेगा? अपने को तो विधानसभा में बैठना है न? उस हिसाब से तैयारी कर। अध्यक्ष बन के रास्ता बनता है तो बना लेकिन अगर अध्यक्ष का चुनाव लड़ के आगे का रास्ता बन्द होता है तो यह चुनाव लड़ना बेवकूफी है। इस साल रुक जा। सब दुश्मन पीछे लगे हैं और मुक़ाबला भी कड़ा है। लम्बी छलाँग मारने के पहले कुछ क़दम पीछे जाना पड़ता है। अभी पीछे हट जा और अगले साल सीधे अध्यक्ष की कुर्सी पर क़ब्ज़ा ज़माना।''

''मेरे जितने दुश्मन हैं न आज, वह मेरे दुश्मन इसलिए हैं क्योंकि मैं आपके साथ हूँ...और आज आप भी मेरे साथ नहीं हो। अब आप साथ दो या न दो, मैं चुनाव लड़ूँगा। सुरेश की ज़मानत ज़ब्त करवा के तमाचा मारना है मुझे इस बेनीवाल को। मेरे रहते अब यह यूनिवर्सिटी में घुस के दिखाए जरा!''

राघवेन्द्र बहुत ग़ुस्से में था और जिस दृढ़ता से बात कह रहा था, राज्येश को समझ में आ गया कि यह मानेगा नहीं। उसने इमोशनल तीर छोड़ा और हथियार डालने की मुद्रा में कहा—''देख राघवेन्द्र, मैं हमेशा तेरे साथ हूँ। मैं अपने लोगों को बीच में नहीं छोड़ता और तू तो मेरे बेटे जैसा है। अपने बेटे का नुकसान तो नहीं होने दे सकता न, इसीलिए आगे की सोचकर तुझे चुनाव नहीं लड़ने की सलाह दी...लेकिन अगर तुझे लगता है कि तुझे चुनाव लड़ना ही चाहिए तो तू लड़। मैं तेरे साथ हूँ। लेकिन...सिर्फ़ इतना कहूँगा कि एक बार मेरे कहे पर सोच और कल-परसों तक मुझे बता। फिर मैं देखता हूँ, तेरे लिए क्या व्यवस्था करवा सकता हूँ।''

राघवेन्द्र बिना कुछ कहे टेबल से उठा। वह हमेशा राज्येश के पैर छूकर ही जाता था, पर आज सिर्फ़ हाथ जोड़कर राज्येश को नमस्ते कर निकल गया। राज्येश जानता था कि राघवेन्द्र चुनाव लड़ने को अपने ईगो पर ले गया है, इसलिए आसानी से मानेगा नहीं। उसे चुनाव लड़ने से रोकने के लिए मानसिक तौर पर तोड़ने की ज़रूरत थी और राज्येश के पास उसके लिए प्लान तैयार था।

राघवेन्द्र के जाने के बाद राज्येश ने आईजी को फ़ोन किया और कहा—''सिंह, परसों कोर्ट में आपकी पुलिस राघवेन्द्र की जमानत का विरोध करेगी। आप आगे की जाँच के लिए उसकी रिमांड माँगिए।''

''जी सर, हो जाएगा। लेकिन अभी तक जाँच में कुछ ऐसा निकला नहीं है, जिसके आधार पर मुक़दमा आगे बढ़े। हम ज़मानत का विरोध तो करेंगे, पर मुझे नहीं लगता कि कोर्ट मानेगी।''

''जानता हूँ, आप कोशिश तो करिए। अगर कोर्ट ने आपकी सुनी तो ठीक... और अगर ज़मानत दे दी तो आज जो शिकायत आपने दर्ज कराई है उसके आधार पर राघवेन्द्र को गिरफ़्तार कर लीजिए। और हाँ...इस बार सिर्फ़ गिरफ़्तारी नहीं, तुड़ाई भी करिए। पुलिस का डर सबमें बने रहना चाहिए। है कि नहीं?''

''जी...जी सर। यू आर एब्सोल्यूटली राइट, सर। जैसा आप कह रहे हैं, वैसा हो जाएगा। जय हिन्द, सर!''

''गुड, गो अहेड! जय हिन्द!''

28 अगस्त, 1998

राघवेन्द्र जब थाने से छूटकर बाहर आया तो काफ़ी घबराया हुआ था। उसने कभी नहीं सोचा था कि उसे थाने में ऐसे पीटा जाएगा...

इससे पहले कि वह फिर से सँभलकर इस गिरफ़्तारी को आत्मसम्मान का मामला बनाकर फुफकारे, उसे काबू में करना ज़रूरी था और राज्येश के पास इसका भी प्लान तैयार था। उसने अपने पर्सनल सेक्रेटरी को बुलाकर कहा—"राघवेन्द्र से कहो, शाम को कूकस वाले फार्महाउस पर मिले मुझे। और हाँ, उसके साथ एक लड़का है मयूर भारद्वाज...कहना, उसे ज़रूर लेकर आए।"

शाम 8:30 बजे मयूर और राघवेन्द्र कूकस के एक फार्महाउस पर पहुँचे। हॉल में घुसते ही मयूर ने आँखें मली और फिर से देखा। हाँ, उसके सामने एक राजगद्दीनुमा कुर्सी पर राज्य का मुख्यमंत्री राज्येश सिंह राठौड़ ही बैठा हुआ था। राजगद्दी के दोनों तरफ़ के हत्थों पर शेर का मुँह बना हुआ था। पीतल के शेर का मुँह दहाड़ की मुद्रा में खुला हुआ था। राज्येश का बायाँ हाथ शेर के सिर पर था और दाएँ हाथ की उँगलियों को शेर के खुले मुँह में दाँतों पर घुमा रहा था। राज्येश के साथ में जो लोग बैठे थे, कपड़ों से किसी कॉरपोरेट के लग रहे थे।

"आप फ़ाइल सबमिट करें। सरकार एक महीने में आपका काम करेगी।" यह कहते हुए राज्येश ने उन कॉरपोरेट वालों को सिर हिलाकर जाने का इशारा किया और हाथ से राघवेन्द्र को बुलाकर अपने बग़ल में रखी कुर्सी पर बैठने का इशारा किया। कॉरपोरेट वाले खड़े हुए और नमस्ते करके जाने लगे। जब वह दरवाज़े से निकल गए तो राज्येश खड़ा हुआ और राघवेन्द्र के पास जाकर उसके कन्धे पर हाथ रखकर बड़े दुलार से पूछा—"ठीक है मेरा बेटा ? ज़्यादा परेशान तो नहीं किया लोगों ने ?" राघवेन्द्र ने सिर उठाकर बड़ी दयनीय दृष्टि से राज्येश को देखा। उसका चेहरा देखके लग रहा था कि वह रो देगा। राज्येश ने उसके जवाब का इन्तज़ार नहीं किया और बोला—"तू बैठ, मैं जरा फ्रेश होकर आता हूँ।"

राघवेन्द्र के साथ रहते लगभग एक साल हो गया था हम सबको और किसी को नहीं पता था कि वह मुख्यमंत्री का इतना क़रीबी है। मयूर अब तक वहाँ मुँह बाये खड़ा था। मुख्यमंत्री को उसने टीवी और अख़बारों में ही देखा था। हमारे यहाँ नेता और जनता के बीच चुनाव के अलावा बाक़ी के समय में उतनी ही दूरी, उतना ही रिश्ता रहता है जितना भगवान और भक्त के बीच रहता है। भक्त तस्वीर में भगवान से देख सोचता है कि भगवान उस पर दृष्टि बनाए हुए

हैं और जनता नेता को टीवी पर देख सोचती है नेताजी दृष्टि बनाए हुए हैं। जिस तरह भक्त भगवान को तक़लीफ़ें कहता रहता है, भगवान सुनते हैं कि नहीं, पता नहीं; उसी तरह जनता नेता से तक़लीफ़ें कहती रहती हैं, नेता सुनते हैं कि नहीं पता नहीं! अब ऐसे भगवान रूपी नेता साक्षात् सामने खड़े थे और मात्र दस मीटर की दूरी पर...और हमारे अपने राघवेन्द्र को बेटा कह रहे थे। ऐसे में मयूर का भौचक्का रह जाना लाज़िमी था। राज्येश मुड़ने लगा कि उसकी नज़र मयूर पर पड़ी—''आप क्यों खड़े हैं? आप भी बैठ जाइए।'' मयूर रोबोट की तरह बैठ गया।

राज्येश के जाने के बाद मयूर ने राघवेन्द्र से कहा—''भैया...आपकी तो बहुत तगड़ी सेटिंग है यार, हमें तो कभी बताया ही नहीं आपने।'' राघवेन्द्र ने मयूर को देखा और मुस्कुराने लगा। उसने मयूर के बालों को उँगलियों से बिगाड़ा और आँख मारते हुए बोला—''तुझे स्पेशल बुलाया है। अब तो तेरी भी बहुत तगड़ी सेटिंग हो गई।'' दोनों लोग ठठाकर हँस पड़े। कुछ और कहते उससे पहले एक अर्दली ट्रे में ग्लेनफ़िडिक सिंगल माल्ट और दो गिलास टेबल पर रख गया। राज्येश ने अपना छोटा-सा दरबार यहाँ बना रखा था। उसकी राजगद्दी के सामने 6 फुट लम्बी और 3 फुट चौड़ी लकड़ी की टेबल रखी हुई थी जिस पर बहुत ही बारीक़ कारीगरी की गई थी। टेबल देखकर लग रहा था कि यह एक एंटिक पीस है। टेबल के दोनों तरफ़ मेहमानों के लिए तीन-तीन आलीशान गद्दीनुमा कुर्सियाँ थीं, पर राजगद्दी जितनी आलीशान नहीं।

राज्येश एकदम नये अवतार में वापस आया। उसने कुरता-पाजामा उतारकर जींस, टी-शर्ट पहन ली थी। बालों को भी थोड़े अलग अन्दाज़ में सेट किया था। राज्येश बैठा और उसने ड्रिंक बनाने का इशारा किया। अर्दली ने दोनों गिलास में स्कॉच डाली। राज्येश ने एक गिलास राघवेन्द्र की तरफ़ बढ़ाया। मयूर की आँखें बोतल और गिलास पर थीं। उसे लगा, दूसरा गिलास उसके लिए है; पर राज्येश ने दूसरा गिलास ख़ुद ले लिया। फिर मयूर की तरफ़ देखकर बोला—''जूस पिएगा या कोल्ड ड्रिंक?'' मयूर ने इससे पहले तीन-चार बार ठेके के बग़ल में खड़े होकर बियर ही पिया था। ग्लेनफ़िडिक का तो उसने नाम भी नहीं सुना था। मयूर जवाब देने के बजाय राज्येश के हाथ में रखे गिलास को देखता रहा। राज्येश ने उसे देखा और अपने अर्दली को कहा—''जूस दो इसे।''

''तेरे दो दिन ख़राब कर दिए इस बेनीवाल ने चुनाव के टाइम पर। कैसे करेगा मैनेज?'' राज्येश ने स्कॉच की सिप लेते हुए राघवेन्द्र से कहा।

''मैनेज तो करना ही पड़ेगा, और रास्ता ही क्या है? आपके रहते हुए भी इतनी

अति मचा दी इस बेनीवाल ने कि पुलिस वालों ने मुझ पर हाथ उठाया।'' कहते हुए राघवेन्द्र का चेहरा लाल हो उठा।

''मेरे रहते ही रिपोर्ट फ़ाइल नहीं हुई और तू बाहर आ गया। मैंने तुझे उस दिन भी समझाया था और आज भी कह रहा हूँ कि इस बार मत लड़...''

''अब मेरी इज़्ज़त का सवाल हो चुका है यह चुनाव। पूरी यूनिवर्सिटी को पता है कि मेरे साथ क्या-क्या हो रहा है। अब अगर मैं ऐसे में नहीं लड़ा तो सब यही समझेंगे कि राघवेन्द्र डर गया। क्या इज़्ज़त रह जाएगी मेरी? कास में वैसे ही मेरे लिए ज़्यादा कुछ बचा नहीं, और अगर मैं लड़ा भी नहीं तो यूनिवर्सिटी से गायब हो जाऊँगा। मेरा कैरियर ख़त्म हो जाएगा।''

''यार, किसने कहा तुझे कि यूनिवर्सिटी अध्यक्ष बनके ही लोग राजनीति में आते हैं? मैं तो पुलिस में था, हमारा प्यारा दोस्त बेनीवाल भी किसान था। ख़ैर...एक बात समझ बेटा, मैं मुख्यमंत्री हूँ; भगवान नहीं जो सब कुछ सँभाल लूँ। एक केस से नहीं हुआ तो दूसरा कर दिया। जिस हद तक बेनीवाल उतर गया है, कोई भरोसा नहीं कि अगले चार दिन में फिर कुछ ऐसा कर जाए कि तू नॉमिनेशन वाले दिन ही अन्दर हो और या नॉमिनेशन भर भी दे तो चुनाव-प्रचार ही न कर सके? फिर क्या करेगा? फिर क्या होगा तेरी इज़्ज़त का, तेरे कैरियर का? समझ, यह समय सही नहीं है।''

राघवेन्द्र ने इस एंगल से सोचा ही नहीं था। राघवेन्द्र का चेहरा देख राज्येश समझ गया कि तीर निशाने पर बैठा है। राज्येश ने राघवेन्द्र को अपनी बातों में आते देखकर आगे कहा—''एक बात गाँठ बाँध ले मेरी, जब लड़ो तो जीतने के लिए लड़ो, हारने के लिए नहीं।''

राघवेन्द्र ने हाँ में सिर हिलाया और बड़ी बुझी आवाज़ में पूछा कि आप ही बताओ, फिर मैं क्या करूँ? राज्येश ने उसे जवाब देने के बजाय मयूर को देखा और कहा—''मयूर भारद्वाज...काफ़ी काम कर रहे हो यूनिवर्सिटी में राघवेन्द्र के साथ...शाबाश।'' राज्येश की बात सुन मयूर ने अदब से थोड़ा सिर झुकाया और राज्येश को मुस्कुराते हुए देखा। राज्येश ने आगे पूछा—''क्या लगता है, राघवेन्द्र जीत जाएगा?''

''क्यों नहीं जीतेंगे? हम सब लोग उनके साथ हैं।'' मयूर ने जवाब दिया।

''अगर तुम्हारे साथ होने से ही राघवेन्द्र जीत सकता है तो तुम ख़ुद क्यों नहीं चुनाव लड़ के जीत जाते?''

मयूर को अन्दाज़ा नहीं था कि उसकी बात का मुख्यमंत्री ऐसे मज़ाक़ उड़ाएँगे।

वह एकदम चुप हो गया और फिर थोड़ा सँभलकर बोला—''रघु भैया की भी तो बहुत तैयारी है न। और मैं कैसे लड़ सकता हूँ चुनाव ? मैं तो अभी कॉलेज में ही हूँ।''

''यूनिवर्सिटी वाइस-प्रेसिडेंट के लिए तो कॉलेज वाले ही लड़ते हैं न ?'' राज्येश ने राघवेन्द्र से पूछा। राघवेन्द्र ने 'हाँ' में सिर हिलाया।

राजस्थान विश्वविद्यालय छात्रसंघ के चुनावों में अध्यक्ष और महासचिव के लिए पी.जी. स्टूडेंट चुनाव लड़ते हैं, उपाध्यक्ष और संयुक्त सचिव के लिए यू.जी. वाले। इससे छात्रसंघ में कॉलेज और यूनिवर्सिटी सभी का प्रतिनिधित्व हो जाता है। छात्र संगठन भी टिकट बाँटते समय यूनिवर्सिटी के चारों कॉलेज का समीकरण ऐसे ही साधते हैं। चारों पदों के प्रत्याशी अलग-अलग कॉलेज के पढ़े हुए या पढ़ रहे होते हैं। इस समीकरण से भी बड़ा होता है जाति समीकरण, उसे भी ध्यान में रखा जाता है। एक ब्राह्मण, एक बनिया, एक जाट/ राजपूत और एक एससी/ एसटी का प्रत्याशी चुना जाता है। विरोधी छात्र संगठन भी इस हिसाब से हर जाति वाले के सामने किसी और जाति और कॉलेज के प्रत्याशी को खड़ा करता है, ताकि वोट बिखरें नहीं। मयूर मुख्यमंत्री के जिस सवाल को मज़ाक़ उड़ाना समझ रहा था वह मज़ाक़ नहीं था। इन सब समीकरणों को ध्यान में रखते हुए राज्येश सिंह ने सवाल पूछा था।

''लड़ेगा यूनिवर्सिटी वाइस-प्रेसिडेंट का चुनाव ?'' राज्येश ने मयूर से पूछा। मयूर को समझ में नहीं आ रहा था कि हो क्या रहा है, वह घबराकर राघवेन्द्र को देखने लगा। राज्येश उसकी घबराहट को समझ गया और सामान्य करने के लिए आगे पूछा—''घर में कौन-कौन है ?''

मयूर ने कहा कि पापा प्रोफ़ेसर हैं और आजकल अजमेर यूनिवर्सिटी में डेपुटेशन पर हैं और मम्मी...मयूर अपनी बात पूरी करता उससे पहले राघवेन्द्र ने राज्येश से कहा कि यह शेखर भारद्वाज का छोटा भाई है।

''जर्नलिस्ट शेखर...अच्छा, यह उसका भाई है...तभी कहूँ, इसे इतनी मीडिया कवरेज क्यों मिल रही है।'' कहते हुए राज्येश के चेहरे पर मुस्कान तैर गई। राज्येश ने अर्दली को मयूर के लिए एक पैग बनाने का इशारा किया। मयूर के सामने ग्लेनफ़िडिच का पैग बनकर आ गया था। उसने अर्दली को पानी डालने को कहा तो राज्येश ने रोक दिया—''उसकी बेइज़्ज़ती मत कर, ऑन द रॉक्स पी जा।'' मयूर ने जोश में पहला पैग तेजी से खत्म कर दिया और अर्दली के सामने दूसरे पैग के लिए गिलास आगे कर दिया। राघवेन्द्र ने देखा और उसका हाथ दबाकर रोकने की कोशिश की तो राज्येश ने राघवेन्द्र को रोक दिया और कहा कि बच्चा है, इसे भी एन्जॉय करने दे।

राघवेन्द्र समझ नहीं पा रहा था कि राज्येश करना क्या चाहता है। राज्येश ने मयूर को वहीं बैठकर अगला पैग पीने को कहा और राघवेन्द्र को उठाकर साइड में ले गया और उसे समझाया—''तेरी यही चिन्ता है न कि तेरी पकड़ कम हो जाएगी, लोग तुझे भूल जाएँगे। सोचेंगे कि डर गया? मैं बताता हूँ तुझे रास्ता, जिससे साँप भी मरे और लाठी भी न टूटे। देख, दस-बारह दिन में टिकट फ़ाइनल हो जाएँगे। तेरे पास अपने ऊपर आ रही मुसीबतों को दूर करने के लिए वक़्त नहीं है। एक काम कर, इसे उपाध्यक्ष के लिए कास से टिकट दिलवा दे। तेरे इस स्ट्रोक से तेरे विरोधियों का ध्यान तेरे से हटकर इस लड़के पर आ जाएगा और वह अगले बीस दिन लगे रहेंगे इसके पीछे। उस बीच में हम तेरा केस ख़त्म करवाएँगे और सुरेश को हरवाएँगे। जहाँ तक मुझे पता है इस लड़के का ठीक-ठाक नाम हो गया है, यह जीता हुआ कैंडिडेट है। तेरा चेला छात्रसंघ में बैठा होगा। उसके ज़रिये जो करना है कर और यूनिवर्सिटी में अपना नाम बरक़रार रख। अगले साल न सुरेश होगा न शक्ति। तेरा मैदान साफ़ रहेगा और तेरे समर्थन में छात्रसंघ का उपाध्यक्ष होगा। सोच के देख।''

राघवेन्द्र के चेहरे पर असमंजस देखकर राज्येश ने कहा—''फिर बात दुहरा रहा हूँ, यह लोग तुझे नॉमिनेशन भी फ़ाइल करने देंगे कि नहीं, पता नहीं; फिर तू न घर का रहेगा न घाट का। अगर तूने इस लड़के को लड़ाया तो कास वाले तेरे ख़िलाफ़ कोई क़दम नहीं उठा पाएँगे। सुरेश हार ही जाएगा। अब ऐसे में कास को छात्रसंघ में रेप्रेज़ेंट तो यही लड़का करेगा। उसके बाद कास वालों को छात्रसंघ से कोई भी काम कराने को तेरे पास ही आना होगा। पार्टी भी तेरे नीचे होगी और छात्रसंघ भी। और हाँ, जिसने तेरे ऊपर केस फ़ाइल किया है, उसे इस एक महीने में ऐसा टाइट करूँगा कि अगले साल कोई आँख नहीं उठाएगा तेरी तरफ़।''

राघवेन्द्र सोच में पड़ गया। राज्येश अपने स्कॉच के सिप लेता राघवेन्द्र को देखता रहा। राघवेन्द्र के चेहरे के भावों से उसे अपना काम बनता दिख रहा था हालाँकि अभी भी राघवेन्द्र उधेड़बुन में था। कुछ पल सोचकर राघवेन्द्र ने पूछा—''आपकी बात ठीक लग रही है पर क्या सुरेश और मुकेश सिनसिनवार इसे टिकट देंगे?''

''सुरेश बनिया है और कॉमर्स कॉलेज का पास आउट है। मयूर ब्राह्मण है और राजस्थान कॉलेज में पढ़ता है। कास्ट और कॉलेज दोनों समीकरण तुम्हारे साथ हैं। कॉलेज लेवल पर इससे मज़बूत कोई और लड़का नहीं कास के पास। इसके भाई की वजह से पार्टी को मीडिया कवरेज भी मिलेगा। तू इस पर ध्यान दे और बाक़ी मेरे पर छोड़ दे।''

राघवेन्द्र राज्येश की बातों से सहमत था, पर कहीं-न-कहीं ख़ुद चुनाव नहीं लड़ पाने का दुख उसके चेहरे पर दिख रहा था। मयूर का अचानक पूरे घटनाक्रम में ऐसे आना भी उसे खटक रहा था। उसने राज्येश से कहा—"आप यह चाहते हैं कि जो लौंडा अभी तक मेरे पीछे-पीछे मेरे ज़िन्दाबाद के नारे लगाता घूमता था, उसके पीछे अब मैं नारे लगाता फिरूँ?" राज्येश हँसने लगा और उसके गले में बाँहें डाली और उसे वापस उधर लेकर जाने लगा जहाँ वह लोग बैठे थे और कहा—"राजनीति में बड़ा सोच। अपने आदमियों को ताक़तवर बना ताकि वह भी तेरी ताक़त बढ़ा सकें। बस, इतना मत बनाना कि वह तेरी ताक़त छीनने लगें। चल आ, लड़के को ख़ुशख़बरी दें।" राघवेन्द्र अनमना-सा आगे बढ़ा।

"राघवेन्द्र तेरी बहुत तारीफ़ करता है। मुझे कह रहा था कि इस बार मयूर को चुनाव लड़वाना चाहिए और इसीलिए मैं आज तुझसे मिलना चाहता था। क्यों राघवेन्द्र? तू ही आगे बता कि तूने क्या सोचा है इसके बारे में।"

राघवेन्द्र एकदम फँस गया था। राज्येश से अलग कुछ भी कहना न सिर्फ़ राज्येश, बल्कि मयूर को भी उससे दूर कर सकता था...और मयूर यूँ भी अब तक तीन पैग गटककर हवा में उड़ने लगा था। राघवेन्द्र ने कहा—"मैं चुनाव नहीं लड़ूँगा और तेरा नाम छात्रसंघ उपाध्यक्ष के लिए प्रपोज़ करूँगा। तू सब दोस्तों को इकट्ठा करना शुरू कर; कह दे कि तैयारी शुरू करें।"

मयूर नशे में था। सुनके एकदम खड़ा हो गया और बोला—"मुझे हमेशा लगता था कि मैं चुनाव लड़ सकता हूँ, पर आपको लड़ाना था तो कभी बोला नहीं। आपने आज मुझे चांस दिया है, रघु भैया। आप सच में मेरे बड़े भाई हो। आई लव यू, भैया।" यह कह के वह राघवेन्द्र के गले लग गया। राज्येश यह सब देख मुस्कुरा रहा था, मयूर ने उसे देखा और बोला—"सर, मैं आज बहुत ख़ुश हूँ। मैंने आज सीएम के साथ ड्रिंक शेयर किया है एंड आल दिस बिकॉज़ ऑफ़ रघु भैया। भैया, आई लव यू।" यह कह के वह फिर से राघवेन्द्र से लिपट गया। राघवेन्द्र ने उसे अपने से अलग किया और राज्येश को कहा—"मैं इसे लेके चलता हूँ, बहुत तैयारी करनी है। आप भी अपनी तरफ़ से जो हो सकता है, करिए।"

राज्येश ने हाथ उठाकर उसे आश्वस्त किया। राघवेन्द्र मयूर को लेकर निकला और मयूर बाहर तक 'आई लव यू, भैया' बार-बार बोलता हुआ चला गया। राज्येश मुस्कुराता हुआ दोनों को जाते हुए देखता रहा। जब दोनों निकल गए तो राज्येश ने फ़ोन मिलाया और कहा—"योर हाइनेस, राजपूत छात्रसंघ अध्यक्ष मुबारक हो!"

11 सितम्बर, 1998; शुक्रवार

19 सितम्बर को छात्रसंघ चुनाव होने थे। सभी पार्टियों ने अपने प्रत्याशी घोषित कर दिए। 12 सितम्बर, शनिवार को नामांकन दाख़िल करने की आख़िरी तारीख़ थी। कास ने अपने टिकट आख़िरी समय में घोषित किए और जैसी उम्मीद थी, कास से अध्यक्ष पद के लिए टिकट सुरेश विजय को मिला। मयूर भारद्वाज को उपाध्यक्ष पद का उम्मीदवार बनाया गया, जीतेन्द्र गोदारा को महासचिव और संगीता मीणा को संयुक्त सचिव पद का उम्मीदवार बनाया गया।

राघवेन्द्र के न रहने से पैनल बहुत कमज़ोर रहने की उम्मीद थी, पर मुकेश सिनसिनवार ने सामने वाले प्रत्याशियों को ध्यान में रखने के अलावा कॉलेज और जाति दोनों के समीकरणों को ध्यान में रखते हुए ऐसा पैनल बनाया जो अब इतना कमज़ोर नहीं आँका जा रहा था। अगर पैनल में कोई कमज़ोर था तो वह सुरेश, और उसे कमज़ोर मानने की मुख्य वजह थी—शक्ति सिंह से उसका मुक़ाबला। शक्ति ने साल भर में एक ताक़तवर नेता के रूप में अपनी पहचान विकसित की थी और वैसी पहचान कास में सिर्फ़ राघवेन्द्र की थी। सुरेश कॉमर्स कॉलेज का पूर्व अध्यक्ष था, पर शक्ति सिंह ने भी कॉमर्स कॉलेज में अपना बेस बना लिया था। इसलिए वहाँ से भी सुरेश के वोट कटने की पूरी उम्मीद थी।

इस सबके बावजूद सुरेश के पक्ष में भी कुछ चीज़ें थीं। सुरेश का मुक़ाबला शक्ति सिंह से था, इसलिए उम्मीद थी कि बनिया जाति के अलावा जाट भी शक्ति को हराने के लिए सुरेश को वोट देंगे। इसके अलावा जीतेन्द्र गोदारा का टिकट भी जाटों के लिए सन्देश था कि कास में जाटों की अहमियत है। ब्राह्मण वोट शक्ति की तरफ़ जाते दिख रहे थे, पर जाट वोट की संख्या में बनियों की संख्या जोड़ देने से सम्भावना ठीक बन रही थी।

मयूर भारद्वाज जाति से ब्राह्मण, राजस्थान कॉलेज में उसका होल्ड और साथ ही उसकी पब्लिक इमेज ठीक होने से सबसे ज़्यादा मज़बूत प्रत्याशी था, लेकिन उसका मुक़ाबला था अजय मीणा से। मीणा राजस्थान ही नहीं, देश की सबसे मज़बूत अनुसूचित जनजाति है। यह पैसे, राजनीतिक ताक़त और संख्या सब में भारी है। मीणा वोट एकतरफ़ा अपनी जाति के प्रत्याशी को जाते हैं, और इसी वजह से सामान्य वर्ग के वोट भी लामबन्द होकर मयूर को ही मिलने थे। जीतेन्द्र गोदारा जाट था। उसे बहुत लोग तो नहीं जानते थे, पर उसका मुक़ाबला भी एक राजपूत प्रत्याशी से था, इसलिए उसके मामले में भी वोट जाति के हिसाब से लामबन्द होने ही थे। उसकी जीत इस बात पर तय करती थी कि ब्राह्मण और बनियों के वोट किधर जाते हैं। अनुसूचित जाति-जनजाति के समीकरण

भी संगीता मीणा के ज़रिये साधे जा रहे थे। मीणा वोट उसे एकतरफ़ा मिलने ही थे, और सुन्दर थी तो सामान्य वर्ग के लड़के भी उसे वोट करते। इसके अलावा वह इकलौती लड़की थी इस पद के लिए तो महारानी कॉलेज की लड़कियों के वोट भी उसे मिलते।

इस तरह मुकेश ने पैनल में यूनिवर्सिटी के चारों कॉलेज महाराजा–महारानी, कॉमर्स और राजस्थान कॉलेज को तो कवर किया ही, साथ ही बनिया, ब्राह्मण, जाट और एसटी जातियों का समीकरण भी साध लिया था। किसी भी प्रत्याशी का सीधा मुक़ाबला अपनी जाति या अपने कॉलेज वाले से नहीं था। सिर्फ़ सुरेश का मामला थोड़ा अलग था, क्योंकि शक्ति कॉमर्स कॉलेज का न होकर भी वहीं से अपनी सारी गतिविधि कर रहा था। यह सारे समीकरण काग़ज़ों पर अच्छे लगते हैं और हर कोई यह मानता है कि वह ही जीतेगा, पर असली परीक्षा अगले सात दिनों में होने वाली होती है जब कुछ समीकरण काम करते हैं और कुछ धराशायी हो जाते हैं।

रात को 8:30 बजे मुकेश सिनसिनवार ने नाम घोषित किए। सबको अगले दिन नॉमिनेशन फ़ाइल करने की प्रक्रिया और ज़रूरी काग़ज़ लाने को कह दिया गया था। सबको 2 सेट नॉमिनेशन भरना था ताकि किसी एक में ग़लती भी हो तो दूसरा काम आ सके और नॉमिनेशन रद्द न हो। हर नॉमिनेशन फॉर्म पर उसी कॉलेज या डिपार्टमेंट के दो लोगों को साइन करना था जो उस प्रत्याशी के प्रस्तावक होते थे। प्रस्तावक यानी वह जो प्रत्याशी के नाम का प्रस्ताव चुनाव अधिकारी के सामने रखे। दो फॉर्म के हिसाब से सबके 4 प्रस्तावक होने थे। मयूर के प्रस्तावक उसके स्कूल के सारे दोस्त—मैं, दुष्यन्त, प्रताप और राकेश थे। जब हम निकलने लगे तो मुकेश ने सब प्रत्याशियों को हिदायत दी कि कोई भी कैंडिडेट अकेला घर नहीं जाएगा। उसे छोड़ने के लिए कोई जाओ और सुबह भी जहाँ तक हो सके, कोई अकेला न आए। सुरक्षा की दृष्टि से यह बहुत ज़रूरी था, वर्ना नॉमिनेशन भरने से पहले प्रत्याशियों को नुकसान पहुँचाने की कोशिश होती है।

मयूर को छोड़ने के लिए मैं और दुष्यन्त एक ही स्कूटर पर गए। मयूर जब कास के ऑफ़िस से बाहर हम लोगों के साथ निकला तो उसकी चाल अलग थी। उसकी गर्दन तनी हुई और चेहरे पर दर्प दिख रहा था। पहले जब भी उसे घर पर छोड़ते थे वह बाहर खड़ा होकर बहुत देर बातें करता और चलने से पहले गले मिलता या हाथ मिलाता। उस दिन जब उसे छोड़ा तो वह उतरा और हम दोनों को देखकर सिर हिलाते हुए बोला—"ठीक है, कल मिलते हैं। मुझे लेने आ जाना टाइम से।" यह कह के वह मुड़ा और गेट पर जाकर उसने हाथ उठाकर

नेताओं की तरह हिलाया...और घर के अन्दर चला गया! मैंने मुस्कुराते हुए कहा—''नेता बन गया साला एक ही दिन में।'' दुष्यन्त बोला—''नहीं, लगता है, कल की प्रैक्टिस कर रहा है।'' दुष्यन्त के पास मयूर की हर हरकत का बचाव था, वैसे ही जैसे आजकल 'भक्तों' के पास नेताजी के लिए होता है।

12 सितम्बर, 1998; शनिवार

अगले दिन राघवेन्द्र हमारे साथ मयूर का नॉमिनेशन फॉर्म भरवाने कॉलेज गया। एक फॉर्म पर मैंने और राकेश ने प्रस्तावक के रूप में साइन किए और दूसरे पर दुष्यन्त और प्रताप ने। जनता स्टोर पर हमारा चुनाव कार्यालय खुला था। फॉर्म भरने के बाद जनता स्टोर पहुँचे तो क़रीब सौ से ज़्यादा लड़के वहाँ इकट्ठे थे। मुकेश ने वहाँ पर सभी प्रत्याशियों को मालाएँ पहनाकर उनका परिचय कराया। इसके बाद क़रीब साठ मोटरसाइकिल/स्कूटर, जीप और सूमो में एक रैली निकलने के साथ चुनाव-प्रचार की धमाकेदार शुरुआत हुई। चारों प्रत्याशी एक खुली जीप में थे और उनके पीछे-पीछे हम सब 'ज़िन्दाबाद' के नारे लगाते स्कूटर-मोटरसाइकिलों पर। रैली यूनिवर्सिटी और सभी कॉलेज के चक्कर लगा महाराजा कॉलेज के बाहर जाकर ख़त्म हुई और वहाँ से सभी कैंडिडेट प्रेस कॉन्फ्रेंस करने प्रेस क्लब चले गए।

शाम को चुनाव ऑफ़िस में मीटिंग बुलाई गई और सभी प्रत्याशियों के साथ हम सबको अगले तीन दिनों का प्रचार-कार्यक्रम बताया गया। हम लोग उस शेड्यूल के हिसाब से अगले दिन से चुनाव-प्रचार में लग गए। दिन सुबह 6 बजे से कोचिंग सेंटरों में चुनाव-प्रचार करने से शुरू होता। उसके बाद 9 बजे से 3 बजे तक कॉलेज और यूनिवर्सिटी डिपार्टमेंट में प्रचार होता। 3-7 बजे तक हॉस्टलों में प्रचार और उसके बाद शहर के अलग-अलग इलाक़ों में जाके वहाँ पर छात्रों की सभा की जाती। रात 10 बजे तक यही सब चलता रहता। 11 बजे हम घर पहुँचते और अगली सुबह फिर 6 बजे निकल पड़ते कोचिंग सेंटर की तरफ़। पूरा दिन बहुत व्यस्त जाता, लेकिन पूरे दिन में जो सबसे अच्छी चीज़ थी, वह थी महारानी कॉलेज में चुनाव-प्रचार करना।

महारानी कॉलेज—यूनिवर्सिटी के चार यूजी कॉलेजों में से इकलौता गर्ल्स कॉलेज! वहाँ सामान्यतः लड़कों की एंट्री नहीं होती, इसलिए अन्दर जाने का मौक़ा यूनिवर्सिटी चुनाव होते हैं। इस समय कॉलेज कैंडिडेट और उसके साथ किसी एक साथी को प्रचार के लिए अन्दर जाने की अनुमति देता है। बहुत से लड़के यूनिवर्सिटी चुनाव में नॉमिनेशन ही इसलिए भरते थे कि

प्रचार के सात दिन वह महारानी कॉलेज में रह सकें। 250 रुपये के नॉमिनेशन में सात दिन आँखें सेंकना और लड़कियों से बातें करना बुरा सौदा नहीं था, ऐसा कई लड़के कहते! मयूर के साथ अन्दर कौन जाएगा, इस बात पर हम तीनों दोस्त लॉटरी निकालते और मेरी क़िस्मत में सात में से चार दिन महारानी कॉलेज जाना निकला।

महारानी कॉलेज में प्रचार अनोखा रहता था। यहाँ के वोट अक्सर एक दिशा में जाते हैं और वोट देने का मानदंड जाति और पार्टी उतनी नहीं होती, जितना कि कैंडिडेट का क्यूट या स्टड दिखना होता है। इसके अलावा वहाँ पर कैंडिडेट को चुनावी वादे कम और गाने ज़्यादा याद रखने होते थे। कोई फ़र्क़ नहीं पड़ता कि कैंडिडेट नया है या कोई बड़ा छात्र नेता। गाने सबको सुनाने थे। लड़कियाँ यह जानती हैं कि वादों का कुछ होना नहीं, इसलिए मनोरंजन उनका फोकस होता था। हर कैंडिडेट से ऊटपटाँग सवाल पूछतीं और उनसे गाने गवातीं। जो कैंडिडेट गाना गाने में नखरे दिखाए, उसकी हाय-हाय के नारे भी लगा देती थीं और अगर हाज़िरजवाब हो तो उसे सिर पे बिठा लेती थीं। भावी नेताओं को पहली बार में ही यह लड़कियाँ बता देती थीं कि राजनीति में वोटर को ख़ुश करने को कुछ भी करना पड़ सकता है।

हम लोग जब पहली बार कॉलेज में चुनाव-प्रचार को पहुँचे तो लड़कियों के एक झुंड ने मयूर को घेर लिया। कुछ लड़कियों ने मयूर को पहचान लिया और जब बाक़ी लड़कियों को पता चला कि यह वही मयूर है जिसने रेप केस के बाद नुक्कड़ नाटक किया था तो उसके लिए बिना कुछ किए तालियाँ बज गईं। लेकिन कॉलेज का रिवाज़ था कि वोट चाहिए तो गाना सुनाओ, लड़कियों ने मयूर को घेर लिया और गाने की फ़रमाइश कर दीं। मयूर पहले से ही तैयार था और उसके बाद उसने जो गाना सुनाया, जो गाना सुनाया, कि माहौल मस्त बना दिया!

मयूर की आवाज़ उतनी अच्छी न थी यह पर उसका अन्दाज़ वहाँ चल गया। मयूर ने इन्दीवर का लिखा बप्पी लहरी का गाया मनोकामना फ़िल्म का गाना सुनाया—"तुम्हारा प्यार चाहिए, मुझे जीने के लिए..." उसके इतना-सा गाते ही लड़कियों ने सीटी बजानी शुरू कर दी। सीटी की आवाज़ सुनके भीड़ बढ़ने लगी और चारों तरफ़ लड़कियाँ इकट्ठी हो गईं। एक लड़की ने पूछा—"किसका प्यार चाहिए...मेरा या इसका?" मयूर हाज़िरजवाब था, पर इस सवाल पर एकदम झेंप गया। तुरन्त सँभलते हुए बोला—"मैं कुछ ग़लत कह गया और इसे सही करने का मौक़ा दिया जाए।" उस लड़की ने कहा—"तुम भी क्या याद रखोगे, दिया मौक़ा, कहो।" मयूर ने चारों तरफ़ देखा, कम-से-

कम सत्तर-अस्सी लड़कियों ने उसे घेरा हुआ था। उसने सबको देखा और गाना फिर से शुरू किया और इस बार उसने गाने के शब्द बदल दिए और गाने लगा—"तुम्हारा वोट चाहिए, मुझे जीतने के लिए..." उसके इस अन्दाज़ पर एक बार फिर लड़कियों ने ज़बरदस्त तालियाँ बजाईं। वन्स मोर, वन्स मोर की आवाज़ आने लगी, पर मयूर उठकर खड़ा हो गया और बोला—"एक बार सब ज़ोर से नारा लगाओ—हमारा नेता कैसा हो, मयूर भारद्वाज जैसा हो।" लड़कियों ने नारे लगाए और मयूर अगले दिन नये गाने के साथ आने का वादा कर आया।

जो लड़कियाँ उसे सबसे ज़्यादा छेड़ रही थीं, उनसे उसने वादा लिया कि कल और बेहतर गाना सुनाएगा; बस उसे सुनने के लिए भीड़ इससे ज़्यादा होनी चाहिए। यह कहकर उसने अपने पैम्फ़लेट उन लड़कियों को बाँटने के लिए दे दिए। जाते-जाते एक लड़की ने पूछा—"क्या आपकी गर्लफ्रेंड है?" मयूर ने उदास शक्ल बनाकर कहा—"नहीं, हर कोई मुझे भाई बना लेती है।" लड़की ने कहा—ओहो, तो आप जगत भैया हैं?" और उसके बाद सारी लड़कियाँ हँसने लग गईं। मैं झेंप गया पर मयूर ने तुरन्त मौक़े का फ़ायदा उठाया और बोला—"जी हाँ, तभी तो आप लोगों के लिए वह नुक्कड़ नाटक किया था। आप भी मुझे अपना भैया मान सकती हैं पर यह याद रखना कि इतनी बहनों के रहते यह भाई हार गया तो बहनों की बड़ी बेइज़्ज़ती हो जाएगी।"

एक लड़की बोली—"वाह भैया, एक पल में रिश्तेदारी जोड़ के वोट बटोरने निकल पड़े।" मयूर बोला—"आप भी निभाओ, मैं भी निभाऊँगा, वादा रहा।" मुझे बुरा लग रहा था। इतनी सारी लड़कियों को कोई बहन कैसे बना सकता है, पर एकतरफ़ा पड़ने वाले वोटों के लिए इतनी लड़कियों को बहन बनाना किसी भी तरफ़ से महँगा सौदा नहीं था। लड़कियों को उसका यह अन्दाज़ भा गया। एक ही दिन में उसने महारानी कॉलेज में अपने लिए माहौल बना लिया।

महारानी कॉलेज के ठीक सामने वाले महाराजा कॉलेज में माहौल बिलकुल उलट! महाराजा कॉलेज साइंस कॉलेज है और यहाँ पर सिर्फ़ दो तरह के स्टूडेंट दिखते हैं, या तो पढ़ने वाले या लड़ने वाले। यूँ तो यह लड़ने वाले भी कॉलेज में एडमिशन के समय पढ़ने वाले ही हुआ करते थे, पर कुछ राजनीति में पड़कर तो कुछ हॉस्टल में रहते हुए बदल गए। आज के हालात की कह नहीं सकते, पर उस समय महाराजा कॉलेज का गोखले हॉस्टल लड़ाई-झगड़ों के लिए काफ़ी बदनाम था। कभी इनकी लड़ाई 7 नम्बर बस वालों से किराये को लेकर होती थी तो कभी सामने के स्वाधीन जाट छात्रावास वालों से, कभी पीछे मेडिकल हॉस्टल वालों से।

जितने शोर-शराबे से महारानी में चुनाव-प्रचार होता है, उतनी ही ख़ामोशी से

महाराजा के अन्दर होता है। कोई भी छात्र नेता ऐसे समय में क्लास में या लैब में बैठे लड़कों को डिस्टर्ब नहीं करता था। सब कैंडिडेट कॉलेज गैलरी और कम्पाउंड में ही ज़्यादा प्रचार करते। क्लासेज़ में ज़्यादा प्रचार न करने की एक और वजह गोखले हॉस्टल के लड़के भी थे। अगर आप उस ग्रुप से हैं, जिसे गोखले हॉस्टल वाले समर्थन नहीं दे रहे तो वह कॉलेज की बिल्डिंग के अन्दर कैंडिडेट को पढ़ाई के बहाने से प्रचार नहीं करने देते थे। अजय मीणा महाराजा कॉलेज का था तो भी हमें यह समस्या नहीं हुई क्योंकि महाराजा कॉलेज राघवेन्द्र शर्मा का गढ़ था। इसके अलावा दुष्यन्त का स्पोर्ट्स वालों का ग्रुप भी वहाँ सपोर्ट में था। अजय के दोस्तों ने मयूर को रोका, पर वह रोकने वाले के हालचाल पूछता हुआ मुस्कुराते हुए क्लास में घुस गया और लड़कों को बोला—"मेरा नाम मयूर है, आप लोगों को डिस्टर्ब नहीं करना चाहता। बस, आप लोगों को पढ़ाई के बेस्ट विशेज़ बोलने आया था। जितनी देर में वह यह सब बोला, उतनी देर में हम लोग क्लास में फ़ैल गए और फटाफट पैम्फ़लेट बाँट के निकल लिए। कुछ लड़कों ने ज़्यादा चूँ-चपड़ करने की कोशिश की, पर उनको हमने नज़रअन्दाज़ किया। दो ऐसे थे जो फिर भी न माने, उनको दुष्यन्त ने खोपचे में लेकर आगे-पीछे सब ज्ञान दे दिया। मयूर का यहाँ भी माहौल बहुत अच्छा बन गया।

राजस्थान कॉलेज तो अपना गढ़ था लेकिन राजस्थान कॉलेज में मीणा छात्र सबसे ज़्यादा हैं और वह बिना शोर-शराबे के वोट कर जाते हैं। फिर भी मयूर को यह पता था कि जनरल के सारे वोट उसे ही मिलेंगे इसलिए वह यहाँ सिर्फ़ लड़कों को हाथ हिला के निकल आया। वैसे भी कॉलेज का स्टार था वो। यूनिवर्सिटी कैम्पस में भी सभी डिपार्टमेंट में मयूर को अच्छी प्रतिक्रिया मिली। राघवेन्द्र के कारण काफ़ी लड़के उसे जानते थे।

14 सितम्बर, 1998; सोमवार

रविवार का दिन हॉस्टलों और लड़कों वाले इलाक़ों में सभाएँ करके गुज़र गया। सोमवार को कॉलेजों में चुनाव-प्रचार का दूसरा दिन था और 5 दिन बाक़ी थे। पहले दिन तो हमारा चुनाव-प्रचार ऐसे चला जैसे मक्खन में चाकू। अब चुनाव-प्रचार इतना भी आराम से चले तो क्या चुनाव-प्रचार? दूसरे दिन हमारे प्रचार में पहला विघ्न फिर से महाराजा कॉलेज में पड़ा। पहले दो दिन चारों प्रत्याशी साथ में घूमे, ताकि लोग उन्हें एक पैनल के रूप में पहचान सकें। अब रणनीति बदल दी गई और एक समय में ज़्यादा जगह पहुँचने के लिए उस दिन

मुकेश ने दो-दो कैंडिडेट की टीम बना दी और उन्हें अलग-अलग कॉलेज में प्रचार के लिए भेजा था। सुरेश और जितेन्द्र गोदारा ने उस दिन यूनिवर्सिटी कैम्पस से प्रचार शुरू किया और राघवेन्द्र को उनके साथ लीड कैम्पेनर बना के भेजा गया। मयूर और संगीता मीणा ने महारानी कॉलेज से चुनाव-प्रचार शुरू किया और हमारे साथ मुकेश ख़ुद था।

महारानी कॉलेज से चुनाव-प्रचार करके जैसे ही हम महाराजा कॉलेज पहुँचे, कुछ लड़कों ने हाथ मिलाने और बात करने के बहाने मयूर को रोक लिया। हमें रोकने वाले लड़कों में वह लड़के भी थे जिन्हें दुष्यन्त ने पहले दिन हड़काया था। यह लोग अपने साथ गोखले हॉस्टल के कुछ लड़कों को मिलाकर मयूर को अन्दर नहीं जाने दे रहे थे। राघवेन्द्र शर्मा उस वक़्त हमारे साथ नहीं था इसलिए मयूर यहाँ कोई वाद-विवाद नहीं चाहता था। ऊपर से हमारे साथ संगीता भी थी, इसलिए उसकी सुरक्षा का ध्यान रखते हुए मयूर ने हमें वापस चलने को कहा। वापस लौटते समय कुछ लड़कों ने मयूर को ललकारना शुरू किया। दुष्यन्त जवाब देने बढ़ा पर मयूर ने उसे रोक लिया। हम बाहर को निकलने लगे तो एक लड़के ने दुष्यन्त और मयूर के मुँह पर अजय मीणा के पैम्फ़लेट मार के कहा—"जब गांड में नहीं था गूदा तो मीणा के आगे क्यों कूदा?"

मुकेश और अधिकतर कार्यकर्ता कॉलेज के अन्दर चले गए थे और हमारे साथ आठ-दस लोग ही थे। मयूर कुछ सोचता-समझता उससे पहले दुष्यन्त उस पैम्फ़लेट फेंकने वाले लड़के को तीन घूँसे जड़ चुका था। दो लड़कों ने दुष्यन्त को पकड़ा तो मैं, प्रताप और मयूर भी उन पर टूट पड़े। दुष्यन्त ने मयूर को धक्का दिया और बोला—"तू बाहर रह इससे। तुझे चोट नहीं लगनी चाहिए।"

मयूर ने उसकी बात अनसुनी करके उन लड़कों को मारना शुरू किया। दोनों ग्रुप गुत्थम-गुत्था हो चुके थे, तब तक बाक़ी कार्यकर्ता भी बाहर आ गए और उन्होंने भी मोर्चा सँभाल लिया। थोड़ी देर में ही महाराजा कॉलेज का बाहरी हिस्सा संग्राम स्थल बन चुका था। पुलिस आ गई और उसने लड़कों को अलग किया और दोनों ओर से कुछ लड़कों को अरेस्ट कर लिया जिसमें प्रताप और दुष्यन्त भी थे। हम लोग यूनिवर्सिटी कैम्पस भागे और अपनी बाक़ी की टीम को इकट्ठा कर यूनिवर्सिटी के सामने रास्ता रोक दिया। पुलिस ने हटाने की कोशिश की तो मयूर ने आठ-दस लड़कों के साथ मिलकर पुलिस की जिप्सी पलट दी।

पुलिस ने मयूर को भी गिरफ़्तार कर लिया और गांधी नगर थाने में ले गई। मैं राघवेन्द्र को लेकर थाने पहुँचा, उसने मयूर को पहले तो महाराजा के झगड़े के लिए डाँटा और फिर पुलिस की जिप्सी वाली हरकत के लिए। मयूर बहुत

ग़ुस्से में था। उसने पलट के राघवेन्द्र को सुनाना शुरू किया कि मेरी ज़रूरत के टाइम आप गायब रहो। तीन दिन हो गए चुनाव-प्रचार शुरू हुए, कितना टाइम दिया है आपने मुझे? राघवेन्द्र उसका ग़ुस्सा देख चुप हो गया और उसने मुकेश से कहा कि हमें अपने सब लोगों को छुड़ाने के लिए थाने के बाहर धरना देना चाहिए। मुकेश राजी हो गया और सारे कार्यकर्ताओं ने थाने को घेर लिया था। इस बीच में मीणा लड़कों में भी यह ख़बर फैलनी शुरू हुई कि ब्राह्मण कैंडिडेट ने अपनी कास्ट वाले को मारा है तो वह भी थाने पर इकट्ठे होने लगे। इस बार झगड़ा बहुत बड़ा होने का माहौल बनने लगा, क्योंकि अब अगर लड़ाई होती तो जनरल वर्सेज़ एसटी की होती।

गम्भीरता समझते हुए इंस्पेक्टर ने तुरन्त ऊपर रिपोर्ट किया और कुछ ही देर में एसपी एवं डीआईजी वहाँ पहुँच गए। उन्होंने समझाने की कोशिश की, पर लड़के नहीं माने। पुलिस ने ऊपर रिपोर्ट की और कुछ ही देर में उनके पास मैसेज़ आया की गृहमंत्री श्याम जोशी ने सभी लड़कों को छोड़ देने के आदेश दिए हैं और अगर कोई उसके बाद भी बदमाशी करे तो सख़्ती की जाए। सब लोग थाने से छूट तो गए पर चुनाव-प्रचार का एक पूरा दिन ख़राब हो गया।

मुकेश ने रात को सभी प्रत्याशियों और कार्यकर्ताओं की एक आपातकालीन मीटिंग बुलाई और सबको कहा कि लड़ाई-झगड़े से दूर रहें इन चार दिनों में और अगर ऐसा हो भी जाए तो इतने में ही ख़त्म करो कि पुलिस न आए। उसके बाद उसने सभी प्रत्याशियों को कहा कि तुम चारों में से कोई भी किसी भी हालत में मारपीट में शामिल नहीं होना चाहिए। अगर आज जैसी स्थिति बन जाए तो भी कार्यकर्ता भिड़ेंगे, प्रत्याशी नहीं। वह लोग उस जगह से हट जाएँगे। इस मीटिंग के बाद मयूर और हम सबको अलग कमरे में बुलाया गया और हमें समझाया गया कि सरकार अभी अपनी है तो ज़्यादा कुछ न हुआ। विरोधी सरकार होती तो कम-से-कम दो दिन और बन्द रखती, फिर चुनाव का बैंड बज जाता। इसलिए ग़ुस्से पर काबू रखा जाए। दुष्यन्त तुम ख़ास तौर से इस बात को समझ लो। दुष्यन्त ने जवाब दिया—"किसी ने मयूर की तरफ़ आँख उठाई तो आँखें निकाल लूँगा उसकी, और तुम लोग यहाँ छक्कों की तरह ताली बजाते मीटिंग करना।" मुकेश ने दुष्यन्त को बाहर निकाल दिया और मयूर को हिदायत दी कि अगले दिन महाराजा कॉलेज नहीं जाए क्योंकि माहौल फिर बिगड़ सकता है। साथ ही दुष्यन्त को भी काबू में रखे।

अगले दिन सभी अख़बारों में हमारे झगडे और गिरफ़्तारी की ख़बरें काफ़ी बड़ी छपी थीं। मयूर को तो शेखर भाई से रात को ही झाड़ पड़ चुकी थी। हमें भी घर से हिदायतें मिलीं। उस दिन का प्रचार हमने राजस्थान कॉलेज से शुरू किया।

अपना कॉलेज है, इसलिए हम निश्चिन्त थे। महाराजा कॉलेज के झगड़े ने नुकसान पहुँचाया था इसलिए अब यह ज़रूरी था कि हम राजस्थान कॉलेज, महारानी कॉलेज और यूनिवर्सिटी कैम्पस से जितना हो सके उतना वोट ले लें।

15 सितम्बर, 1998; शाम 7:45

विवेकानन्द हॉस्टल

''बिहारी है साला। अजय एसटी है तो क्या हुआ, है तो राजस्थानी ही? राजस्थानियों के होते हुए उस बिहारी को क्यों वोट दोगे?''

''पर वह तो भारद्वाज है। यहीं पैदा हुआ बताता है, बिहारी कहाँ से हो गया?''

उस दिन शाम को हम लोग जब विवेकानन्द हॉस्टल में लड़कों से मिलकर निकले तो हल्का अँधेरा हो चुका था। मयूर को किसी चुनावी सभा में जाना था इसलिए वह हमारे साथ नहीं था। कुछ लड़के हॉस्टल में आ रहे थे और कुछ गैलरी में घूम रहे थे। हम अपने स्कूटर पर सवार हो रहे थे तभी एक तरफ़ अँधेरे से तीन-चार लोगों के बात करने की आवाज़ आई। दुष्यन्त बोला—''कोई मयूर की ही बात कर रहा है शायद...देखें क्या?'' कहकर वह उधर ही बढ़ गया।

''अबे, यहाँ पैदा हो जाने से कोई राजस्थानी हो जाएगा क्या? उसके फादर यहाँ पर नौकरी करने आए फिर यहीं रह गए। पिछले साल तुम्हारे हॉस्टल वालों से लड़ाई के बाद हाँकता फिरता है कि विवेकानन्द वालों को तो नीचे लटका के रखता हूँ अपने। अब तो शक्ति सिंह से अन्दर-अन्दर हाथ मिला लिया है इसने। मेरा काम था बताना, मैंने बता दिया; तुम लोग देख लो।''

दुष्यन्त ने उस लड़के के पीछे से उसकी पीठ पर हाथ रखकर कहा—''कौन है बिहारी, हमें भी बता दो?''

वह लड़का चौंककर पीछे मुड़ा और उसे देखकर हम चौंक गए। यह सुरेश विजय का छोटा भाई विजेश था जो मयूर के ख़िलाफ़ विवेकानन्द हॉस्टल में दुष्प्रचार कर रहा था। दुष्यन्त भड़क पड़ा और उसने विजेश को कॉलर से पकड़कर धक्का दिया। दुष्यन्त पिछले साल के हमारे झगड़े के बाद से स्कूटर की डिक्की में एक छोटी सी कुल्हाड़ी रखता था। उसने वह कुल्हाड़ी निकाली और विजेश को मारने को बढ़ा। मैंने और प्रताप ने दुष्यन्त को पकड़ा। दुष्यन्त ने तब भी विजेश को लात घुमा के मारने की कोशिश करते हुए कहा—''साले,

अपनी ही पार्टी वाले को हराने का प्लान करते हो। मेरे दोस्त को हराओगे तुम। कल वह भोसड़ी का सुरेश घुस के देखे इस कॉलेज में। इसी कुल्हाड़ी से दोनों भाइयों को काट दूँगा।'' लड़के इकट्ठे हो गए थे। उन्होंने विजेश को वहाँ से भगा दिया और दुष्यन्त को भी शान्त किया।

हम वहाँ से चले तो प्रताप ने कहा कि हमें भी शक्ति बना से हाथ मिला लेना चाहिए। जो चाल यह चल रहा है, वही हम भी चलेंगे। दुष्यन्त सहमत हुआ और बोला कि पहले तो चुनाव कार्यालय चल के इस सुरेश को सही करें। चुनाव कार्यालय में पहुँचने के आधे घंटे बाद सभी प्रत्याशी आ गए थे। दुष्यन्त ने सुरेश के आते ही उसकी कॉलर पकड़ी और कहा—''अलग-अलग चुनाव लड़ना है न तुझे, तो लड़ अब। कल से हम भी शक्ति का प्रचार शुरू कर देंगे।'' वह इतना ग़ुस्से में था कि मयूर के समझाने पर उसने उसे भी डाँट दिया। इस तरह महाराजा कॉलेज के झगड़े के बाद मयूर को यह दूसरा सेटबैक लगा। मुकेश ने दुष्यन्त को डाँटा तो उसने मुकेश की भी कॉलर पकड़ ली। मुकेश को लगातार दूसरे दिन दुष्यन्त का ग़ुस्सा झेलना पड़ा था।

मयूर बीच में पड़ा और मुकेश को दुष्यन्त से छुड़वा के बोला—''ऐसे नहीं चल पाएगा, बॉस। अगर आप सुरेश की इन हरकतों के लिए भी दुष्यन्त को डाँटोगे तो मुझे भी दुष्यन्त के साथ खड़े होकर बहुत लोगों का कॉलर पकड़ना पड़ेगा। और याद रहे, जितनी सुरेश की अजय से जान-पहचान है, उससे ज़्यादा मेरी शक्ति सिंह से है। मुकेश ने मौक़े की नज़ाक़त को समझते हुए तुरन्त सुरेश से माफ़ी माँगने को कहा और धमकाया कि दुबारा ऐसा न हो।

जब सब शान्त हुआ तो राघवेन्द्र हमें समझाने आया। दुष्यन्त भरा बैठा था, बोला—''भाईसाब, आप तो रहने ही दो। तीन दिन हो गए प्रचार करते। आपके लिए पिछले एक साल में जान लगा दी, पर अब हमारा मौक़ा आया है तो आपने अभी तक एक बार भी हमारे साथ जाकर प्रचार किया है? आप अगर हमारे साथ होते कल तो यह महाराजा कॉलेज वाला लफड़ा होता ही नहीं...और सुरेश की हिम्मत देखो, उसने हमारे ही कॉलेज में हमारे साथ धोखा किया। लेकिन मैं उसे क्या कहूँ, आप जो सुरेश के सबसे बड़े दुश्मन थे वह ख़ुद उसके पीछे-पीछे नारे लगाते घूम रहे हो।''

मयूर ने आगे जोड़ा—''भाईसाब, वैसे जनता स्टोर पर लड़कों के ग्रुप में हवा यह है कि सुरेश तो हमें हराने का काम कर ही रहा है पर राघवेन्द्र भी उसके साथ मिल गया है।''

''क्या? मैं और तेरे ख़िलाफ़? चुनावों में यह अफवाहें उड़ती ही रहती हैं। जनता

स्टोर पे बैठे यह ख़ाली लड़के ऐसे ही मसाले के लिए ख़बरें उड़ाते रहते हैं।''

''भाईसाब, आप और मैं दोनों जानते हैं कि जब जनता स्टोर से यूनिवर्सिटी की कोई बात उड़ती है तो उसके पीछे वजह ज़रूर होती है।''

''वजह है, पर यह नहीं कि मैं तेरे ख़िलाफ़ हूँ। हाँ, मैं सुरेश को जिताने की कोशिश कर रहा हूँ। तुम लोगों के साथ तो जो उसने किया है, उसके लिए मैं अभी तुम्हारे सामने उसे टाइट करूँगा; लेकिन हमें सुरेश को जिताना है। यह पार्टी की इज़्ज़त का सवाल है।''

यह दिन हमें और क्या-क्या दिखाने वाला था, पता नहीं। राघवेन्द्र उस सुरेश को जिताने की बात कर रहा था जो अपने टिकट के लिए उसे अन्दर करवा चुका था। दोनों की अनबन जगज़ाहिर थी। मयूर ने पूछा—''पर, उसने जो आपके साथ किया वो ? उसे तो हराना ही था न।''

''अरे यार, राजनीति में बड़ा सोचो, पार्टी का सोचो। अभी सुरेश को जिताना है।'' राघवेन्द्र बोला।

दुष्यन्त ने राघवेन्द्र को छेड़ते हुए कहा—''आपको यह डर तो नहीं है कि अगर सुरेश हार गया तो अगले साल फिर अपने टिकट के लिए आपको थाने में पिटवाएगा ?''

''तमीज से बात कर, समझा। तेरी इसी अकड़ ने मयूर का माहौल ख़राब किया है। न तू महाराजा में भिड़ता और...''

''भाईसाब अपनी ग़लती दुष्यन्त पे मत डालो। और हाँ, यह पार्टी-प्रेम तो नहीं है आपका, क्योंकि पार्टी ने आपकी तबीयत से ले रखी थी। बात तो कुछ और है।'' मयूर ने राघवेन्द्र को और छेड़ते हुए कहा।

''अभी सिर्फ़ एक बात... हमें सुरेश को जिताना है, बस...'' राघवेन्द्र ने जवाब दिया।

''और मैं ? मैं हार जाऊँ ?'' मयूर ने थोड़ा गर्म होते हुए पूछा।

''तू स्टार है बे। तू वैसे ही जीत रहा है। महाराजा कॉलेज की चिन्ता मत कर। अभी वहाँ माहौल गर्म है, आख़िरी दिन सब सेट कर दूँगा।'' मयूर अविश्वास से राघवेन्द्र को देखता रहा। राघवेन्द्र मयूर के पास आया और उसके गले में हाथ डालकर उसे बोला—''ग़लत मत समझ मुझे। मैं तेरे साथ ही हूँ। चल, सुरेश से माफ़ी मँगवाता हूँ फिर से।''

रात 11 : 30 बजे

''मुझे लगता है कि सुरेश नहीं, राघवेन्द्र तुझे हराना चाहता है। अगर सुरेश हारा और तू जीत गया तो तू कास में बहुत पॉवरफुल हो जाएगा और राघवेन्द्र के मुक़ाबले अगले साल तू ही खड़ा होगा।'' दुष्यन्त ने कहा।

''यह सब बकवास है। मत ध्यान दो इन सब बातों पर। राघवेन्द्र की कुछ तो मज़बूरी है, पर जो भी है यह साफ़ है कि अपने चुनाव-प्रचार पर हमें ख़ुद ही ध्यान देना होगा।'' मयूर ने कहा और फिर बैग से वह लिस्ट निकाली जो हमने राघवेन्द्र के प्रचार के लिए बनाई थी। ''हमारे पास टाइम कम है। चुनाव-प्रचार दो दिन और हो सकता है, इसलिए फोकस होकर प्रचार करेंगे ताकि जो नुकसान हुआ है उसकी भरपाई हो।''

मयूर की दिक़्क़त यह थी कि हमारे ग्रुप में कोई रणनीतिकार नहीं था ख़ुद उसके अलावा। राघवेन्द्र सुरेश को जिताने में लगा था तो मयूर को ख़ुद ही प्लान भी करना था और प्रचार भी। उसने हम लोगों के साथ रात को देर तक बैठकर आगे का पूरा प्लान अपने हिसाब से बनाया। महारानी कॉलेज और राजस्थान कॉलेज पूरी तरह से हमारे क़ब्ज़े में था। यहाँ से 70 प्रतिशत वोट मयूर को मिलने की उम्मीद थी। हमें इसे पकड़ के रखना था और साथ में यूनिवर्सिटी डिपार्टमेंट को फोकस करना था। रात 2 बज गए यह सब प्लान करते-करते और हम लोग मयूर के घर पर ही सो गए।

प्रचार के आख़िरी तीन दिन

हम अपनी रणनीति पर टिके रहे और उसने काफ़ी हद तक काम भी किया। माहौल फिर से मयूर के पक्ष में होने लगा था। अजय मीणा को माहौल बदलता दिखा तो उसने भी अपने चुनाव-प्रचार की रणनीति बदली। उसने अपने और मयूर के मुक़ाबले को ब्राह्मण बनाम पिछड़ा बनाना शुरू किया। हालाँकि इससे उतना ही फ़ायदा मयूर को भी हो रहा था, क्योंकि जातिगत लामबन्दी होने लगी थी। दिक़्क़त सिर्फ़ इतनी थी कि जहाँ मीणा छात्र बड़ी संख्या में वोट डालने आते हैं, सामान्य वाले कई बार वोटिंग करने नहीं पहुँचते। अजय कोई कसर नहीं छोड़ना चाहता था, इसलिए वह इतने पर ही नहीं रुका। उसने अगले तीन दिनों में पैसा पानी की तरह बहाया और जगह-जगह अपने होर्डिंग और पोस्टर लगवा दिए। उसके पास ख़र्च करने को मयूर से कई गुना ज़्यादा पैसा था। मयूर जहाँ ज़मीनी मेहनत से टक्कर दे रहा था, वहीं अजय पोस्टरों और पैसों से उसे

पछाड़ने में लगा था। यूनिवर्सिटी कैम्पस में मयूर जाना-पहचाना नाम था पर इन पोस्टरों ने अजय के नाम को भी जाना-पहचाना बना दिया। मयूर के लिए अब कैम्पस में भी मुक़ाबला कड़ा हो गया।

18 सितम्बर, 1998

आख़िरी दिन चुनाव-प्रचार बन्द हो गया और हम लोग सिर्फ़ अपने लेवल पर जो कुछ छूट रहा था, उसे भी पकड़ने की आख़िरी कोशिश कर रहे थे। हमने आख़िरी दिन यूनिवर्सिटी के बाहर के प्राइवेट हॉस्टलों में, जाति वाले हॉस्टलों—जैसे जाट हॉस्टल, राजपूत हॉस्टल में जाकर लड़कों को वोट डालने को कहा। जाट हॉस्टल में मिठाई खिलाई तो राजपूत हॉस्टल में शराब की छह बोतल देनी पड़ी, लेकिन हम जहाँ भी गए वहाँ पर अजय मीणा के पोस्टर या होर्डिंग दिखे। मयूर ने इसका भी जुगाड़ सोच लिया। उसने तीन फ़ीट ऊँचे अपने दस कट-आउट बनवाए, जिनके नीचे हैंडल लगा था। कट-आउट यूनिवर्सिटी में लगाए नहीं जा सकते, इसलिए उन कट-आउट को हैंडल से हाथ में उठाकर घूम सकते थे।

19 सितम्बर, 1998; चुनाव का दिन

चुनाव का दिन आ गया था। पुलिस बजाज नगर मोड़ से प्रत्याशियों की गाड़ियों के अलावा किसी भी गाड़ी को कॉलेज की तरफ़ नहीं आने दे रही थी। वोट डालने के बाद लड़कों को कॉलेज में रुकने नहीं दिया जा रहा था, इसलिए चुनाव-प्रचार करने वाले लोग कॉलेज की दूसरी तरफ़ फुटपाथ पर खड़े आने-जाने वाले लड़कों को पैम्फ़लेट फेंककर अपने प्रत्याशी को वोट देने के लिए कह रहे थे। यूनिवर्सिटी चुनाव और कॉलेज चुनाव के प्रत्याशियों के समर्थकों की भारी भीड़ जमा थी। उसी भीड़ में हमने अपनी टीम के लोगों को मयूर के कट-आउट के साथ खड़ा कर दिया। कोई चल के आता तो इतनी भीड़ के बीच में कट-आउट देखकर ऐसा लगता कि सारी भीड़ मयूर के समर्थन के लिए खड़ी है। मयूर जहाँ भी गया, उससे लोगों ने कहा कि उसी को ज़्यादा वोट मिले हैं। जीतने की उम्मीद उसी की थी।

दोपहर तक वोट पड़े और माहौल मयूर के पक्ष में ही दिख रहा था। शाम को जब गिनती शुरू हुई तो घोषणा हुई और संगीता जीत गई। महासचिव का रिजल्ट आया और यहाँ भी कास का जितेन्द्र गोदारा जीत गया।

अब बारी आई उपाध्यक्ष पद के रिजल्ट की। राजस्थान कॉलेज में कम समय देना मयूर को भारी पड़ा था। मीणा बनाम ब्राह्मण के झगड़े ने राजस्थान कॉलेज से काफ़ी वोट अजय को दिलवाए। हालाँकि कुल वोटों में मयूर ही आगे था, पर हमने जो बढ़त सोची थी वह यहाँ नहीं मिली। कॉमर्स कॉलेज में एससी, एसटी कम हैं और यहाँ के जनरल कास्ट वालों ने मयूर को दबा के वोट दिए थे। यहाँ उम्मीद से ज़्यादा वोट आए थे इसलिए राजस्थान कॉलेज से हुआ नुकसान कवर हो गया। मयूर अब तक 700 वोट से आगे था। महारानी कॉलेज के वोट खुले तो अजय को वहाँ से गिनती के वोट मिले। मयूर ने यहाँ लीड ली, लेकिन यहाँ भी उम्मीद के मुताबिक एकतरफ़ा वोट उसे नहीं पड़े; क्योंकि 800 वोट किसी पूनम शर्मा को मिले थे जो महारानी कॉलेज की ही थी। इस लड़की को हमने चुनाव-प्रचार में एक-दो बार ही देखा था। उसका प्रचार बहुत सीमित था, इसलिए हमने ध्यान नहीं दिया। लड़की ब्राह्मण थी और महारानी की ही थी, इसलिए उसे मिला एक-एक वोट असल में मयूर का था। वह मयूर के हिस्से के 800 वोट ले जा चुकी थी, लेकिन मयूर 1200 वोट से आगे निकल गया था।

महाराजा कॉलेज में झगड़ा भारी पड़ा था। यहाँ पर अजय मीणा को काफ़ी वोट पड़े थे। अजय ने बहुत समझदारी से अपने कॉलेज में मीणा बनाम ब्राह्मण का ही खेल नहीं खेला, बल्कि राजस्थान कॉलेज बनाम महाराजा कॉलेज का भी खेला जिसका उसे फ़ायदा हुआ और कई सामान्य जाति वालों ने भी उसे वोट दिए। इसके अलावा यहाँ पूनम शर्मा ने मयूर को नुकसान पहुँचाया था। उसे 450 वोट महाराजा कॉलेज से मिले जो स्वाभाविक तौर पर वह थे, जिन्होंने अजय की जगह ब्राह्मण लड़की को वोट देना चुना। अजय जो अब तक पिछड़ रहा था वह अब रेस में आगे आ गया था, पर मयूर अब भी आगे था। सबसे आख़िरी में कैम्पस के वोट गिनने शुरू किए गए और यहाँ पर अजय को मयूर से लगभग 1100 वोट ज़्यादा मिले थे। सोशल साइंस के हर डिपार्टमेंट से मीणाओं ने 90 प्रतिशत तक वोटिंग की थी जिसने अजय को अब मयूर के टक्कर में ला दिया था।

हम वोटों का हिसाब कर ही रहे थे कि फ़ाइनल रिजल्ट की घोषणा हुई। अजय मीणा मयूर से सिर्फ़ 60 वोट ज़्यादा लेकर उपाध्यक्ष पद पर जीत गया। यह उम्मीद के उलट था लेकिन हमने पूरे प्रचार में पूनम शर्मा पर ध्यान नहीं देकर बहुत बड़ी ग़लती की थी। पूनम एक डमी कैंडिडेट थी जिसे सिर्फ़ मयूर के ब्राह्मण वोट काटने के लिए खड़ा किया गया था। इसीलिए उसने सिर्फ़ उन्हीं जगहों पर प्रचार किया जहाँ से मयूर के ब्राह्मण वोट काट सके। पूनम शर्मा को मिले कुल 1450 वोट मयूर के हिस्से के थे। पूनम न होती तो इन 1450

में से कम-से-कम 1200 वोट मयूर को मिलने थे और मयूर हज़ार से ज़्यादा वोट से जीत जाता। हम यह डमी कैंडिडेट वाला खेल नहीं जानते थे और राघवेन्द्र जो जानता था, उसने हमें बताया नहीं। इस नासमझी की क़ीमत हमने मयूर की जीती हुई सीट हारकर चुकाई।

मयूर सिर्फ़ 60 वोटों से हारना हजम नहीं कर पा रहा था। दुष्यन्त ने मुकेश और राघवेन्द्र से कहा कि मयूर के लिए फिर से वोट की गिनती करवाई जाए, पर उन्होंने उसकी बात अनसुनी कर दी। उनका पूरा ध्यान आख़िरी रिजल्ट पर था जो अभी आना बाक़ी था। मुकेश के लिए बाक़ी तीनों सीट के मुक़ाबले अध्यक्ष की सीट ज़्यादा ज़रूरी थी क्योंकि अध्यक्ष पद की जीत ही असली जीत मानी जाती है।

अध्यक्ष पद के लिए गिनती शुरू हो गई थी। सुरेश को अपने ही कॉलेज कॉमर्स कॉलेज में शक्ति सिंह से कम वोट मिले। राजस्थान कॉलेज में सुरेश और शक्ति में टक्कर थी पर जाटों के वोट ने सुरेश को शक्ति से आगे रखा। महाराजा कॉलेज में राघवेन्द्र का करिश्मा काम कर गया और यहाँ भी सुरेश को शक्ति के बराबर ही वोट मिले। महारानी कॉलेज में शक्ति सिंह को सुरेश से लगभग 350 वोट ज़्यादा मिले थे। कैम्पस के वोट सुरेश के पक्ष में थे, लॉ कॉलेज के जाटों ने सुरेश के पक्ष में एकतरफ़ा वोटिंग करवाई और सुरेश उम्मीद के विपरीत 900 वोटों से जीत गया। शक्ति के समर्थक इस हार को पचा नहीं पाए और उन्होंने तोड़-फोड़ शुरू कर दी, पर तुरन्त ही पुलिस ने डंडे चलाकर उन सबको काबू में कर लिया।

मुकेश सिनसिनवार बहुत ख़ुश था। कास के चार में से तीन प्रत्याशी जीत गए थे और वह मयूर हार गया था जो टिकट की घोषणा के टाइम अकेला ऐसा प्रत्याशी था जो जीता हुआ माना जा रहा था। सब लोगों ने मयूर को पूरी तरह नज़रअन्दाज़ करके जीते हुए प्रत्याशियों को कन्धों पर उठा लिया और गुलाल लगाने लगे।

मयूर और दुष्यन्त चुपचाप वहाँ से निकल गए। किसी ने उन्हें न देखा, न रोका। राघवेन्द्र भी सुरेश के साथ व्यस्त था। मैं वहीं रुक गया। पटाखे चलाए गए, मिठाई बाँटी गई। मुझे किसी के जीतने की नहीं, बल्कि मयूर के हारने की मिठाई खानी थी।

जब मयूर शुरू में गिनती में आगे चल रहा था तो सब उसे जीता हुआ मान रहे थे। लेकिन मुझे पता था कि वह हारेगा, क्योंकि आज तक मैंने जिसे भी वोट दिया है, वही जीता है...और मेरा वोट अजय मीणा को गया था!

***

मयूर की हार और सुरेश विजय की जीत ने राज्येश के कान खड़े कर दिए। उसे उम्मीद नहीं थी कि राघवेन्द्र सुरेश से हाथ मिला लेगा। राज्येश के ख़िलाफ़ पार्टी, राज्य और राजपूतों में भी असन्तोष फ़ैल रहा था, जिससे उसके लिए दिक़्क़तें खड़ी हो रही थीं। ऐसा नहीं कि राज्येश पहली बार ऐसे किसी राजनीतिक असन्तोष को झेल रहा हो, उसने हर बार अपने ख़िलाफ़ उठने वाली आवाज़ों को दबा दिया करता था। बस, इस बार उसके दाँव उलटे पड़ रहे थे। महाराजा बात मानने के बावजूद नाराज़ थे। राघवेन्द्र विरोधी पार्टी से मिल गया, जीता हुआ मयूर चुनाव हार गया।

दुर्गाराम की भी हिम्मत इतनी बढ़ गई ! उसने बेनामी ज़मीन ख़रीदकर सरकार को बेचने का आरोप सीधे राज्येश पर लगाते हुए कोर्ट में उसकी जाँच की याचिका दायर कर दी। कोर्ट ने जाँच के आदेश नहीं दिए थे, इसलिए संकट पूरा सिर पर नहीं था, लेकिन ज़्यादा दूर भी नहीं था।

सिकन्दर विपक्ष के भी सम्पर्क में था। उन्हें राज्येश के ख़िलाफ़ मुद्दे और सबूत दे रहा था। अशोक विजयवर्गीय इस समय राज्येश के ख़िलाफ़ चल रहे कई छोटे-मोटे आन्दोलनों को फंड भी कर रहा था। अब उसका बेटा छात्रसंघ अध्यक्ष बन गया था, इससे भी उसके हौसले में इज़ाफ़ा हुआ। राज्येश को यह समझ में आ गया कि उसने अभी अपने विरोधियों की नकेल नहीं कसी तो उसकी कुर्सी पर ख़तरा मँडरा सकता है। अब सोचने नहीं, करने का समय था।

राज्येश ने अशोक विजयवर्गीय को मिले सारे सरकारी ठेकों में किए गए काम पर ऑडिट लगवा दी। ऑडिट ख़त्म न होने तक उसकी कम्पनी को होने वाले किसी भी भुगतान पर रोक लगा दी गई। सिकन्दर के विरोध को राज्येश ने भाव नहीं दिया।

अगले दिन अशोक की कम्पनी ADB पर छापा भी पड़ा, जिसमें उसके कई प्रोजेक्ट में काला धन लगे होने के सबूत मिले। इसके अलावा छापे में 109 करोड़ की बेनामी सम्पत्ति, 20 करोड़ नकद पकड़ा गया। चूँकि राज्येश ख़ुद अर्बन डेवलपमेंट मिनिस्ट्री देखता था, उसने इस छापे के बाद ADB के सारे प्राइवेट प्रोजेक्ट पर भी रोक लगा दी। अशोक विजयवर्गीय चारों तरफ़ से फँसा दिया गया था और उसके पास ग्राहकों से लेकर बैंकों तक की माँग के कारण पैसों की भारी किल्लत हो गई। राज्येश अब अशोक की तरफ़ से थोड़ा निश्चिन्त

हुआ, क्योंकि कुछ समय तो वह अपनी समस्याओं में ही इतना उलझा रहेगा कि सिकन्दर के साथ मिलकर कुछ नया नहीं कर पाएगा।

अशोक के बाद अगला नम्बर दुर्गाराम का था। दुर्गाराम राज्येश की कई बेनामी सम्पत्तियों का राज जानता था और कभी भी कोई ठोस सबूत सामने लाकर कोर्ट में पेश कर सकता था। ऐसा होने पर राज्येश की कुर्सी जानी तय थी। राज्येश ने दुर्गाराम का पुख़्ता इलाज करने के लिए सही आदमी को बुलवाया।

उम्मीद थी कि इन दो क़दमों से कुछ समस्याएँ काबू में आएँगी, पर फिर भी राज्येश को लग रहा था कि कहीं कुछ और गड़बड़ हो रही है जिसे वह पकड़ नहीं पा रहा है। इधर राज्येश उस मिसिंग लिंक को खोज रहा था, उधर मयूर भी यह समझने की कोशिश में था कि उसके साथ गड़बड़ हुई कहाँ ?

4 अक्टूबर, 1998

आमंत्रण रेस्टोरेंट, टोंक रोड

चुनाव हारने के बाद मयूर को इतना सदमा लगा कि वह बीमार हो गया। एक हफ़्ते तक घर से नहीं निकला और न ही हम लोगों से फ़ोन पर बात की। हम बीच में मिलने गए तो ऐसा लगा, जैसे रो देगा। देवदास भी पारो के ग़म में इतना उदास न हुआ होगा, जितना मयूर चुनाव से। एक हफ़्ते के बाद जब वह घर से बाहर आया तो रोज़ हमें लेकर किसी-न-किसी थिएटर में फ़िल्म देखने निकल जाए। तीन दिन के अन्दर थिएटर में लगी सभी फ़िल्में देख डालीं तो बोला, चलो एक टिकट में दो फ़िल्म वाला शो चलते हैं। एक टिकट में दो फ़िल्म का मतलब सॉफ्ट पोर्न था। उस समय कुछ सिनेमाघरों में ऐसी फ़िल्में लगा करती थीं, जिसमें इंटरवल से पहले साउथ इंडियन एडल्ट फ़िल्म होती और सेकंड हाफ़ में विदेशी। हमने जाने से मना किया तो अकेला ही चला गया। यह सिलसिला भी तीन दिन चला। फिर वह इस सबसे थक गया!

दुष्यन्त मयूर को ऐसे देख काफ़ी परेशान था। मुझे लेकर उसके घर पहुँचा और उसे लगा समझाने—"हारना कोई बड़ी बात नहीं...चुनाव लड़ पाया, वह बड़ी बात है। हमने कभी सोचा भी था क्या कि कास हमारे ग्रुप से किसी को टिकट देगी ? अब नॉर्मल हो जा, मयूर।" मयूर सुन रहा था कि फ़ोन की घंटी बजी। मयूर ने फ़ोन उठाया और एकदम चहका—"अरे, तुम..."

जब फ़ोन पर बात करके आया तो मुस्कुरा रहा था। चुनाव हारने के पूरे चौदह

दिन के बाद मयूर इतना मुस्कुराया था। मयूर ने इस पूरे अर्से में दाढ़ी नहीं बनाई थी। वह दाढ़ी बनाकर आया और दुष्यन्त से बोला—''चल, 'आमंत्रण' पे ड्रॉप कर दे मुझे। दुष्यन्त उसकी हँसी देख के बोला—''साला, ठरकी...'' और उसे हम 'आमंत्रण' छोड़ आए।

***

''तो एक लड़की तुम्हारा पत्ता साफ़ कर गई।'' पूजा ने अपना एक हाथ मयूर के हाथ पर रखते हुए कहा।

''पता नहीं यार, कैसे नहीं देख पाए हम लोग उसे। उसने जितने भी वोट काटे हैं, सब मेरे थे। कहाँ हज़ार वोट से जीत रहा था और कहाँ 60 वोट से हार गया।''

''तुम इतने उदास क्यों हो ? इट्स ओके। तुम चुनाव तो लड़े, लोग तो सिर्फ़ नारे लगाते रह जाते हैं।''

''तुम्हें पता है...'' मयूर कुछ कहते-कहते रुक गया।

पूजा ने मुस्कुराते हुए मयूर को देखा और थोड़ा उसके क़रीब आकर लगभग उसके कान में बोली—''नहीं पता है। बताओगे तब न पता लगेगा।''

पूजा के एकदम यूँ क़रीब आने से मयूर थोड़ा-सा असहज हुआ, पर तुरन्त नार्मल होते हुए उसकी आँखों में आँखें डालकर बोला—''तुम्हारी आँखें बहुत ख़ूबसूरत हैं।''

''पता है मुझे। तुम वह बताओ जो बताने वाले थे।''

''वह जो लड़की थी न, पूनम शर्मा...''

''बहुत सेक्सी थी क्या ?'' पूजा ने मयूर की बात को बीच में ही काटकर थोड़ी चुहल की।

''तुमसे ज़्यादा नहीं थी...'' मयूर ने शरारत से मुस्कुराते हुए कहा।

''यार, तुम जो कहने वाले थे वह कहो। बार-बार ऐसे डाइवर्ट मत करो टॉपिक को।'' पूजा ने मयूर को डाँटते हुए कहा।

''ओ—हेलो, मैं डाइवर्ट कर रहा हूँ या तुम ? मेरा ध्यान भटका रही हो बार-बार।'' मयूर ने भी इतराते हुए कहा।

''अच्छा बाबा, अब नहीं करूँगी। बताओ।'' मयूर पूजा की बात अनसुनी कर

मुँह फुलाए बैठा रहा। पूजा ने मयूर की ठुड्डी को पकड़ा और अपनी तरफ़ घुमाकर बोली—"गुच्छा नहीं कलते अच्छे बच्चे...चलो, मान जाओ औल आगे की बात बताओ।"

'मेला बाबू, मेला छोना' टाइप की बकैतियाँ आज के ज़माने की नहीं हैं, सदियों से चली आ रही हैं और सदियों से लौंडे ऐसे ही अपना चू कटवाते रहे हैं। मयूर ने भी कटवाया और पूजा के ऐसे बोलने पर हँस पड़ा।

"यूनिवर्सिटी में चर्चा है कि पूनम शर्मा को मेरे वोट काटने के लिए ही खड़ा किया गया था और यह बात राघवेन्द्र को भी पता थी।" मयूर का हँसता चेहरा यह कहते-कहते लटक पड़ा—"मैंने राघवेन्द्र को शेखर भैया की तरह ही देखा और क्या नहीं किया उसके लिए! शायद राघवेन्द्र कभी मुझे चुनाव लड़वाना ही नहीं चाहता था, इसीलिए उसने मेरी कोई मदद नहीं की।"

"हम्म...छोड़ो इन सैड-सैड बातों को जो होना था वह हो गया। अच्छा यह बताओ, चुनाव-प्रचार में तो महारानी कॉलेज भी गए होगे। वहाँ कैसा लगा?" पूजा ने कुहनी मयूर की बाँह पर मारते हुए पूछा।

मयूर जवाब देने की जगह मुस्कुराया और फिर बोला—"मुझे लगता था कि लड़के ही 'फ्रस्टु' होते हैं जिनकी लार लड़की देख के टपकने लगती है, पर लड़कियाँ भी कम नहीं। बाहर भले ही कितनी सीधी दिखें, जैसे ही आप उनके गढ़ में घुसते हो, फिर देखो!"

"अच्छा..." पूजा की पहले आँखें बड़ी हुईं, फिर उसने आँख मार के पूछा—"ऐसा क्या कर दिया तुम्हारे साथ?"

"ज़्यादातर तो बस गाने सुनाने को कहतीं, पर कुछ बस पीछे-पीछे घूमने लगतीं। कभी बात करने के बहाने इधर-उधर पकड़ लेतीं। एक बार तो एक लड़की ने..." मयूर कहते-कहते चुप हो गया और उसके गाल लाल हो गए।

"क्या? क्या किया उस लड़की ने? अरे बताओ ना..." पूजा ने मयूर की बाँह हिलाते हुए पूछा। मयूर पूजा के चेहरे पर उसकी शरारती मुस्कान देखता रहा और धीरे से बोला—"कुछ नहीं, जाने दो..." कहते हुए उसके कान लाल हो गए।

"अच्छा, मत बताओ..." पूजा मुस्कुराती हुई मयूर को देखती रही और मयूर झेंपता रहा। पूजा फिर बोली—"लगता है, तुम्हारे चेस्ट हेयर देख के थोड़ी पिघल गई होगी।" पूजा ने कहा तो मयूर और ज़्यादा झेंप गया और फिर कुछ सेकंड के बाद जब उसने सिर उठाया तो उसकी आँखों में शैतानी झलक रही थी। पूजा

के क़रीब आकर बोला—"तुम बहुत झाँक रही हो मेरे शर्ट के अन्दर? मैं भी थोड़ा झाँक के देखूँ क्या?" और यह कह के मयूर पूजा की तरफ़ थोड़ा झुका।

इस बार झेंपने की बारी पूजा की थी, लेकिन तुरन्त सँभलकर मयूर के खुले बटन से झाँकते थोड़े से बालों को दिखा बोली—"मैं नहीं झाँक रही, तुम ही अंग प्रदर्शन कर रहे हो।" मयूर फिर से झेंपा और फिर दोनों हँसने लगे।

"अच्छा, अब भूख लगी है। कुछ ऑर्डर करो जल्दी से।"

"चाऊमीन मँगा लूँ?" मयूर ने शैतानी भरी मुस्कुराहट के साथ पूजा से पूछा। दोनों अपनी पिछली मुलाक़ात में यहाँ पर चाऊमीन खाने वाले उस जोड़े को याद करके हँस पड़े। "जो मँगाना है जल्दी से मँगा लो।"

"तुम्हारे हाथ की नसें कितनी विज़िबल और उभरी हुई हैं।" पूजा ने अपने हाथ में पकड़े मयूर के हाथ को देखते हुए कहा।

"सबकी होती है, तुम्हारी नहीं है क्या?" और फिर मयूर ने पूजा के हाथ को पलटकर देखा। हलकी-सी हरे रंग की नस दिख रही थी। मयूर ने उसके हाथों की नस को दबाते हुए कहा—"यह देखो, यह रही...यह रही।" ऐसा कहते हुए मयूर अपनी उँगली को धीरे-धीरे हथेली की नसों से फिराते हुए बाँहों तक ले आया। पूजा के हाथों में सिहरन की लहर दौड़ गई। मयूर एक पल को रुका और फिर दुबारा उसने अपनी उँगलियों को ऊपर बढ़ाना शुरू किया और पूजा के कन्धों तक आ गया। वह अपनी उँगली को कन्धों से गर्दन की ओर बढ़ाने ही वाला था कि पीछे से किसी के हलके से खाँसने की आवाज़ आई। पूजा ने आँखें खोल ली और मयूर ने भी हाथ हटा लिया। वेटर चाऊमीन लेकर आ गया था। उसने चाऊमीन रखी और मयूर को बड़े सपाट चेहरे के साथ बोला—"थोड़ा रुक जाना, कोल्ड ड्रिंक भी ला रहा हूँ।"

"वह ऐसे क्यों बोल के गया?" मयूर ने पूछा और पूजा की हँसी छूट गई। दो मिनट के बाद वेटर आया और कोल्ड ड्रिंक रख के चला गया।

"तो लड़कियों ने और क्या-क्या किया तुम्हारे साथ?" पूजा ने फिर से महारानी कॉलेज वाली बात छेड़ी। मयूर ने जवाब देने के बजाय उसे बनावटी ग़ुस्से से देखा। "कहीं उसने तुम्हें किस तो नहीं किया?" पूजा ने फिर पूछा और मयूर फिर शरमा गया।

"नहीं, उसने कोशिश की थी पर..." मयूर ने शरमाते हुए कहा।

"ओह माय गॉड! सच्ची...कैसे किस किया? बताओ ना..." पूजा छोटे बच्चों की तरह जिद करती हुई मयूर के कन्धे को पकड़कर बोली।

मयूर अचानक पूजा की तरफ़ झपटा और उसका गाल पकड़ उसे किस करने की कोशिश की। पूजा ने बड़ी तेज़ी से ख़ुद को छुड़ाया, मयूर की बाँह पर हाथ मारा और आँखें नीचे कर बोली—''शैतान...क्या कर रहे हो ये?''

''बस ऐसे ही...ऐसे ही उसने कोशिश की और ऐसे ही मैंने ख़ुद को छुड़ाया।'' मयूर ने ठहाका मारते हुए नूडल को फोर्क में गोल-गोल घुमाकर मुँह में डाल लिया। पूजा उसकी शरारत को समझ गई और हल्का-सा मुस्कुरा के उसने भी नूडल अपने मुँह में लिया। नूडल बाहर लटक रहा था, वह कुछ करती उससे पहले मयूर ने आगे बढ़ के नूडल के निचले सिरे को अपने मुँह में खींचा और दोनों के होंठ क़रीब आ गए। दोनों एक-दूसरे की आँखों में कुछ देर देखते रहे। पूजा ने चेहरा झटककर नूडल बीच में से तोड़ा, लेकिन तब तक मयूर अपने दोनों हाथ उसके गालों पर रख उसके चेहरे को सीधा थाम चुका था। पूजा लगातार मयूर की आँखों में देखती रही। मयूर लगातार उसके देखने से थोड़ा-सा हिचकिचाया पर फिर थोड़ा आगे झुक के उसे किस कर लिया। पूजा ने ख़ुद को छुड़ाने की बेहद हल्की-सी कोशिश की, जिसका मयूर पर कोई फ़र्क़ नहीं पड़ा।

मयूर ने अपनी सीट से बाहर की तरफ़ झाँककर देखा, कोई नहीं था। उसने पूजा को सीट पर अन्दर की तरफ़ धकेला और ख़ुद भी पूजा के बेहद क़रीब आ गया। मयूर ने पूजा की गर्दन पर चूमा और साथ ही उसकी उँगलियाँ पूजा की पीठ पर चलने लगीं। पूजा ने आँखें बन्द कर एक लम्बी साँस ली। मयूर उसके गालों को चूमते हुए उसके होंठों तक आया। जितनी इंग्लिश फ़िल्में देखी थीं, उन सबके किसिंग सीन मयूर के दिमाग़ में चलने लगे और उसने उसी तरह से कोशिश करते हुए पूजा के निचले होंठों को अपने होंठों के बीच में लेकर चूसना शुरू किया और फिर...दाँतों से उसके होंठों को हल्का-सा काटा। पूजा ने हलकी-सी सिसकी लेकर ख़ुद के होंठों को अलग किया, पर मयूर रुकने को तैयार कहाँ था...उसने फिर अपने होंठ पूजा के होंठों पर टिका दिए।

इस बार पूजा ने भी उसका साथ दिया और अपनी जीभ को उसके मुँह में डालकर फिराने लगी। मयूर ज़िन्दगी में पहली बार किसी लड़की को किस कर रहा था। पूजा की किस के बाद वह काफ़ी उत्तेजित हो उठा और अपना हाथ पूजा की टी-शर्ट के निचले हिस्से से अन्दर घुसा दिया। पूजा ने कुहनियों से उसके बढ़ते हाथ को रोकने की कोशिश की, पर मयूर ने दूसरे हाथ से उसकी कुहनी को पकड़ा और उसे चूमते हुए अपने हाथों को तेज़ी से ऊपर की ओर बढ़ा दिया और उसके वक्षस्थलों को टटोलने लगा। पूजा ने किस करते हुए ही घुटी-सी आवाज़ में सिर हिलाते हुए मना किया पर मयूर अब कंट्रोल के बाहर हो रहा

था। उसने टी-शर्ट के अन्दर से पूजा की ब्रा के हुक को खोलने की कोशिश की। पूजा ने अपना हाथ छुड़ाया और मयूर को बहुत ज़ोर से पीछे धक्का दिया। मयूर फिर आगे बढ़ने लगा तो पूजा ने ग़ुस्से से घूरते हुए मयूर को उँगली दिखाकर कहा—'स्टॉप।' उसका ग़ुस्सा देख मयूर घबराकर रुक गया। पूजा ने अपनी टी-शर्ट ठीक की और अपने दोनों हाथों के बीच अपने सिर को दबा के बैठ गई। मयूर को ऐसा लग रहा था, जैसे उसे बहुत ऊँचाई पर ले जाकर फ्री फॉल में छोड़ दिया हो।

मयूर को ठरकी बाबा की बात याद आ गई। जनता स्टोर सिर्फ़ यूनिवर्सिटी की राजनीतिक चर्चा का अड्डा नहीं है, वहाँ पर बाक़ी बकैतियाँ भी होती है। ठरकी बाबा एक 32 साल का रिसर्च स्टूडेंट था जो कई सालों से यूनिवर्सिटी में पड़ा हुआ था। अक्सर शाम को जनता स्टोर पर बैठ के ठरक की कहानियाँ सुनाता। हम जैसे नये लड़कों को ट्रेनिंग देता कि कैसे बिना दिक़्क़त ठरक मिटाएँ। ठरकी बाबा ने हमें कहा था कि लड़की पट जाए और बात किस वग़ैरह पर पहुँचे तो अपने पाजामे का नाड़ा और कस के बाँध लेना। पहली बार में इतना आगे मत बढ़ना कि लड़की डर जाए। हाथ चलाओ पर ऊपर से, दो बार ऐसा करो, तीसरी बार लड़की ख़ुद तुम्हें मौक़ा देगी। ठरकी बाबा का ज्ञान सही था, पर जब अचानक प्रैक्टिकल करने का मौक़ा मिल जाए तो थ्योरी कहाँ याद रहती है।

मयूर को दुख हुआ कि पहले दिन इतनी जल्दबाज़ी दिखा दी। उसे हाथ टी-शर्ट में नहीं डालना चाहिए था। मयूर ने धीरे से 'सॉरी' कहा पर पूजा ने कोई जवाब नहीं दिया। वह वैसे ही सिर झुकाए बैठी रही। मयूर भी यूँ ही बैठा रहा। फिर उसने पूछा—"बिल मँगा लूँ?" पूजा ने सिर को हाथों में दबाए हुए ही 'हाँ' में हिलाया। मयूर ने बिल चुकाने के बाद पूजा को हिलाया और बोला—"आई एम सॉरी, मैं बहुत एक्साइटेड हो गया था। चलो, चलते हैं।" इतनी देर में पूजा ने पहली बार सिर उठा के मयूर को देखा। उसकी आँखें नम थीं। मयूर नम आँखें देख बड़ी बेचैनी से बोला—"प्लीज़, रोना मत। मुझसे ग़लती हो गई, मुझे माफ़ कर दो।" मयूर ने अपना सिर झुका लिया, पूजा उसे देखती रही। कुछ देर यूँ ही रहने के बाद मयूर उठा और बोला—चलो।

मयूर उठा ही था कि पूजा ने उसका हाथ पकड़ लिया। पूजा अभी भी अपनी सीट पर ही बैठी हुई थी और मयूर का हाथ पकड़े उसको देख रही थी। कुछ देर दोनों एक-दूसरे को देखते रहे। पूजा ने मयूर का हाथ अपनी ओर खींचा और उसे बैठने को कहा। पूजा ने थोड़ा पीछे सरक, मयूर को बैठने की जगह दी। मयूर ने बैठते हुए फिर सॉरी कहा। पूजा ने उसको आँखों से आगे आने को कहा। मयूर थोड़ा आगे खिसका। पूजा भी थोड़ी नज़दीक खिसकी और

उसने अपनी आँखें बन्द करके मयूर के होंठों को अपने होंठों के बीच में ले लिया और धीरे-धीरे उसे किस करने लगी। एक बार फिर उसकी जीभ मयूर के होंठों से होती उसके मुँह में घूमने लगी। मयूर को कुछ समझ में नहीं आ रहा था और इस बार एहतियातन उसने अपने दोनों हाथ पीछे पीठ पर बाँध लिये।

पूजा अगले डेढ़ मिनट तक उसे यूँ ही किस करती रही और मयूर का दिल इस बार उत्तेजना की जगह घबराहट में ज़ोर से धड़कता रहा। पूजा ने अपने होंठ मयूर के होंठ से अलग किए और मयूर ने ज़ोर की एक साँस ली। पूजा ने आँखें नहीं खोली और मयूर को दोनों बाहों में जकड़कर उससे कसकर लिपट गई। उसने मयूर के पीछे बँधे हाथों को अपने हाथों से खोला और उन्हें खींचकर अपने शरीर के इर्द-गिर्द लपेट दिया। मयूर कन्फ़्यूज़ सा उसी हालत में उसे बाँहों में लपेटे बैठा रहा और पूजा उसे।

बिल चुकाए दस मिनट से ज़्यादा हो चुके थे और इस बार फिर थोड़ी दूर से खाँसने की आवाज़ आई। पूजा ने अपनी बाँहें मयूर से हटाई और पीछे होकर मुस्कुराई। मयूर भी हलके से मुस्कुराया। पूजा ने आँखों से ही मयूर को चलने का इशारा किया और मयूर रोबोट की तरह उठकर चल पड़ा। दोनों में से कोई भी एक शब्द नहीं बोला। रेस्टोरेंट से नीचे उतरकर मयूर ने पीछे देखा तो पूजा अपने चेहरे पर स्काफ़र् बाँध चुकी थी। वह अपनी स्कूटी पर बैठी और धीमे से बाय बोलकर निकल गई। मयूर वहीं खड़ा रहा। उसे समझ में नहीं आ रहा था कि उसके साथ क्या हुआ और कैसे हुआ। मामला ठरकी बाबा के लेसन से कुछ अलग चला गया था।

28 अक्टूबर, 1998

जयपुर के पाँच बत्ती चौराहे पर एक बहुत प्रसिद्ध सिनेमा हॉल है राजमन्दिर। यह सिनेमा हॉल इतना प्रसिद्ध है कि टूरिस्ट अपनी ट्रिप में यहाँ पर फ़िल्म देखना भी शामिल करते हैं। राजमन्दिर के सामने सड़क की दूसरी तरफ़ दुर्गाराम का दफ़्तर था। सफ़ेद शर्ट, सफ़ेद पैंट और चमड़े की चप्पल पहने दुर्गाराम गाड़ी से उतरा ही था कि मोटरसाइकिल से गुज़रते एक आदमी ने उस पर गोली चला दी। गोली दुर्गाराम को नहीं लगी, गोली दुबारा चले, इससे पहले दुर्गाराम के आदमी ने मोटरसाइकिल वाले को दबोच लिया। उसके बाक़ी आदमी भी गोली चलाने वाले पर कूद पड़े। पल भर पहले गोली बग़ल से गुज़र जाने से सहमा दुर्गाराम अपने आदमियों को एक्शन में देखकर थोड़ा निश्चिन्त हुआ और गोली चलाने वाले की तरफ़ बढ़ने लगा।

जिस समय दुर्गाराम पर गोली चली उस समय राजमन्दिर के बाहर एक कन्टेसा कार में घुँघराले बाल, बड़ी दाढ़ी–मूँछों वाला छह फुटा सुखपाल सिंह शेखावत कार के अन्दर से सारे घटनाक्रम पर नज़र रखे हुए था। मोटरसाइकिल वाले हमलावर के नाकाम होने पर उसके माथे पर थोड़ी शिकन आई, लेकिन दुर्गाराम को जब उसने आगे बढ़ते देखा तो उसकी आँखों में चमक आ गई। ड्राइवर को कार स्टार्ट रखने को कह वह बाहर निकला और सड़क पार करके दुर्गाराम पर पाँच फ़ीट की दूरी से गोली चला दी। गोली दुर्गाराम के कन्धे में लगी। दूसरी गोली उसने दुर्गाराम के सीने पर मारी और दुर्गाराम गिर पड़ा। हाथ में पिस्तौल देखकर दुर्गाराम के आदमियों की आगे बढ़ने की हिम्मत नहीं हुई। सुखपाल ने दुर्गाराम के आदमियों की आँखों में घूरकर देखा और एक और गोली दुर्गाराम पर चला दी। गोलियों की आवाज़ सुन ट्रैफ़िक पुलिस वाले उधर दौड़े। पुलिस को देख सुखपाल ने दुर्गाराम के आदमियों पर फायरिंग की और दौड़ता हुआ कार में बैठ गया। उसके बैठते ही कार गोली की ही तेज़ी से स्टैच्यू सर्किल की तरफ़ निकल पड़ी।

सुखपाल सिंह राजस्थान का सबसे बड़ा हिस्ट्रीशीटर था। उसके ऊपर कहाँ–कहाँ मुक़दमे हैं, यह बताने से ज़्यादा आसान था यह बताना कि उस पर कहाँ–कहाँ मुक़दमे नहीं हैं। सुखपाल सिंह का ख़ौफ़ इसलिए भी ज़्यादा था क्योंकि वह कई राजनेताओं का क़रीबी था। कई हत्या, अपहरण, मारपीट, लूटपाट के बाद भी पुलिस उसका कुछ नहीं बिगाड़ पाई थी। माना जाता था कि अब राज्येश सिंह का हाथ भी उसके सिर पर है। उसने राज्येश के ज़मीन से जुड़े कई विवादित मसले सुलझाए थे, जिसमें सामने वाली पार्टी को धमकाने से लेकर मारना तक शामिल था। सुखपाल सिंह के ज़रिये दिन के समय सड़क के बीचोबीच दुर्गाराम जैसे प्रभावशाली व्यक्ति को गोली मारने का उद्देश्य सिर्फ़ उसे मारना नहीं था, बल्कि उन सब लोगों को पीछे हट जाने का सन्देश देना था जो राज्येश के ख़िलाफ़ थे या दुर्गाराम का साथ दे रहे थे।

ख़ून से लथपथ दुर्गाराम को अस्पताल ले जाया गया। सिकन्दर, अशोक विजयवर्गीय के अलावा उसके काफ़ी आदमी अस्पताल में इकट्ठे हो गए थे। इस हमले से सिकन्दर को यह समझ में आ गया कि उसने राज्येश की सही नब्ज़ दबा दी है। अब उसे पूरी ताक़त राज्येश के मुक़दमों को चलवाने पर लगानी थी।

अगले दिन शहर और अख़बारों में इसी घटना की चर्चा रही। अधिकतर अख़बारों ने हमले की व्यावसायिक दुश्मनी होने की सम्भावना बताई। सिर्फ़ एक अख़बार ने इस हमले के मुख्यमंत्री के मुक़दमों से जुड़े होने की सम्भावना का भी ज़िक्र

किया। मीडिया को मुख्यमंत्री पर सीधा आरोप लगाने से बचते देख दुर्गाराम की पत्नी निशा सिंह चौधरी ने प्रेस कॉन्फ्रेंस बुलाई। निशा विधायक थी और दुर्गाराम-राज्येश की दोस्ती वाले समय में मंत्री भी रही थी। मीडिया वालों से हॉल ठसाठस भरा था। निशा ने बिना लागलपेट के सीधा आरोप लगाते हुए कहा कि मुख्यमंत्री राज्येश सिंह राठौड़ इस जानलेवा हमले के पीछे हैं।

''आप इतने दावे से कैसे कह सकती हैं, मैडम? आपके पति का बिज़नेस ऐसा है कि उनके तो यूँ भी बहुत से दुश्मन होंगे।'' एक पत्रकार ने सवाल दागा।

''आप किस दावे से कह सकते हैं कि मुख्यमंत्री इस हमले के पीछे नहीं हैं?'' निशा सिंह ने पलटकर सवाल किया और फिर मीडिया से मुखातिब हो बोली—''मेरे पति ने मुख्यमंत्री के भ्रष्टाचार के ख़िलाफ़ मोर्चा खोला हुआ है। किसी भी समय राज्यपाल मुख्यमंत्री पर जाँच के आदेश कोर्ट को दे सकते हैं। ऐसे में और किसे तक़लीफ़ होगी मेरे पति से? उनकी क़िस्मत अच्छी थी कि इस घातक हमले से वह बच गए। मुख्यमंत्री उन सबको डराना चाहते हैं जो भ्रष्टाचार के ख़िलाफ़ मेरे पति का साथ दे रहे हैं।''

निशा बोलते-बोलते हाँफने लगी, अशोक विजयवर्गीय ने आगे बढ़कर उसे पानी का गिलास पकड़ाया। पानी पीकर निशा फिर बोली—''मेरे पति पर हमला सुखपाल सिंह ने किया है। आपमें से ऐसा कौन है जो यह नहीं जानता कि सुखपाल के सिर पर किसका हाथ है। वह पहले भी मुख्यमंत्री के विरोधियों का मुँह बन्द कर चुका है, पर इस बार उसका पाला एक दिलेर जाट से पड़ा है। हम इस हमले से नहीं डरेंगे और मुख्यमंत्री के भ्रष्टाचार के ख़िलाफ़ लड़ेंगे। मेरी गृह मंत्री जोशी जी से प्रार्थना है कि वह पुलिस को बिना किसी दबाव के काम करने दें और सुखपाल सिंह को गिरफ़्तार करवाएँ। एक बार सुखपाल सिंह गिरफ़्तार हुआ तो यह ख़ुद-ब-ख़ुद साबित हो जाएगा कि राज्येश सिंह का इस हमले में क्या रोल है। कल से हम सुखपाल सिंह की गिरफ़्तारी के लिए जगह-जगह प्रदर्शन करेंगे।''

इस प्रेस कॉन्फ्रेंस ने पार्टी के भीतर और बाहर दोनों जगह राजनीतिक सरगर्मी बढ़ा दी। पार्टी अध्यक्ष निशा को पार्टी से निकालने की तैयारी करने लगे तो सिकन्दर और कई विधायक उसके समर्थन में आ गए। जाटों के संगठन ने निशा के साथ पुलिस स्टेशन, गृह मंत्री, मुख्यमंत्री के घर के बाहर धरना देकर सुखपाल सिंह के साथ असली दोषी को गिरफ़्तार करने की माँग की।

विपक्ष भला पीछे क्यों रहता। उनके नेता ने सवाल पूछा कि जो सरकार अपनी ही पार्टी की विधायक और पूर्व मंत्री के पति की रक्षा नहीं कर सकती, वह जनता की क्या करेगी। विपक्ष ने भ्रष्टाचार का मुद्दा भी उठाया पर इतनी धीमी

आवाज़ में कि सुनाई न दे। कहते हैं कि विपक्ष के कई नेता भी राज्येश के बिज़नेस पार्टनर थे।

इस हमले से फैले रायते ने राज्येश को शायद परेशान कर दिया था, क्योंकि इसके बाद राज्य के कई नामी ज्योतिषी मुख्यमंत्री निवास पर देखे गए।

***

''भाई, वह मुक्ता कहाँ है आजकल ? कोई ख़बर ही नहीं उसकी ?'' मैंने दुष्यन्त से पूछा।

''अबे यार...क्या याद दिला दिया तूने...'' दुष्यन्त का जवाब आया।

मयूर मन्द-मन्द मुस्कुराते हुए बोला—''बॉस...थी तो बहुत सही वो...''

''जिससे मिलके आने पे तेरे होंठ सूज़े हुए होते हैं, उससे भी ज़्यादा सही ?'' दुष्यन्त ने मयूर से पूछते हुए मुझे आँख मारी।

''बकवास बन्द कर...'' मयूर ने थोड़ा ग़ुस्सा दिखाने की कोशिश करते हुए कहा। हम सब लौंडे हँसने लगे।

मयूर अब काफ़ी नार्मल हो चुका था। जिस दिन ज़्यादा ख़ुश होता, उस दिन उसके होंठ देखते हम लोग। अगर थोड़े सूजे हुए होते तो समझ जाते कि ख़ुशी की वजह क्या है। जनता स्टोर से हम कटने लगे, क्योंकि वह चुनाव की याद दिलाता था। हमारे खाने-पीने, उठने-बैठने का ठिकाना अब फिर से जवाहर कला केन्द्र होने लगा।

उस दिन जवाहर कला केन्द्र में कॉफ़ी पी रहे थे कि एक लड़की को देख मुझे स्कूल की मुक्ता याद आ गई। जब हम लोग ग्यारहवीं क्लास में थे, तब मुक्ता मुम्बई से ट्रान्सफर होकर आई थी और आते ही लड़कों में बड़ी प्रसिद्ध हो गई थी। जहाँ स्कूल की बाक़ी लड़कियों की स्कर्ट उनके घुटने से पाँच अंगुल नीचे तक होती थी, वहीं मुक्ता की स्कर्ट घुटनों से पाँच अंगुल ऊपर थी। इस दस अंगुल के फ़र्क़ की वजह से फोसला (फ्रस्ट्रेटेड वन साइड लवर्स एसोसिएशन) वालों ने आहें भरते हुए उसे हमारे स्कूल की पाँच सबसे हॉट लड़कियों की लिस्ट में डाल दिया! जिनकी गर्लफ्रेंड थीं या किसी पर डोरे डाल रहे थे, आहें उन्होंने भी भरीं, पर चुपके से! मसला सिर्फ़ पाँच अंगुल ऊँची स्कर्ट का ही नहीं था, मुक्ता का बोलना, चलना सब कुछ बड़ा ही स्टाइलिश था। हमारे जयपुर की

लड़कियों से बहुत अलग। रायता-बूँदी वाले लड़कों को पाव भाजी ज़्यादा पसन्द आने लगी। ऐसी बातें होने लगीं।

प्रेयर ग्राउंड में हर बुधवार और शनिवार को पीटी इंचार्ज सर पीटी या योग करवाते थे। ऐसे ही एक बुधवार मुक्ता योग करते हुए आगे को झुकी और जिन-जिन फोसला वालों की नज़र उस पर पड़ी उन्होंने उसे स्कूल की सबसे हॉट लड़की का खिताब दे दिया। शनिवार की पीटी में बाक़ी लोग भी इस बात को मान गए।

छात्र राजनीति से दूर हो जाने के कारण अब हम लोगों के पास फिर से पहले की तरह वक़्त था। जब छात्र राजनीति में सक्रिय थे तो हम हर समय दौड़ रहे होते थे। हमें यह ग़लतफ़हमी भी हो चली थी कि यूनिवर्सिटी की ज़िम्मेदारी हमारे कन्धों पर है जो कि थी नहीं। मयूर को राघवेन्द्र ने दौड़ाया, वह दौड़ा, और वह दौड़ा तो उसके साथ हम दौड़े। अब मयूर ने दौड़ना छोड़ दिया तो हम भी रुक गए। मयूर का थिएटर ग्रुप वापस शुरू हो गया था। शुक्रवार को फ़र्स्ट डे, फ़र्स्ट शो के प्लान फिर बनने लगे थे और फिर से शुरू हुआ था ऐसे ही स्कूल की हॉट लड़कियों को याद करने का सिलसिला।

हालाँकि मयूर के मन में अभी भी छात्र राजनीति की ख़बरें पढ़ के हूक उठती, पर वह उसे मन में दबा लेता। हाँ, अगर ख़बर राघवेन्द्र या सुरेश की हो तो उसके चेहरे पर ग़ुस्सा दिखने लगता। उसके मन में कहीं-न-कहीं राघवेन्द्र से बदला लेने की इच्छा दबी हुई थी। राघवेन्द्र अब पूरी तरह से सुरेश के साथ था। जहाँ वह पहले कुलपति के पक्ष में था, अब सुरेश के साथ उसके ख़िलाफ़ नारे लगाता। राघवेन्द्र कास का महासचिव बन गया था, और अब अगले साल शक्ति सिंह से दो-दो हाथ करने को तैयार था।

''यार, मुझे मुक्ता से ज़्यादा गरिमा हॉट लगती थी। क्यों मयूर?'' मैंने मयूर को आँख मारते हुए कहा।

मयूर कुछ कहे, उससे पहले दुष्यन्त का ग़ुस्से में जवाब आया—''ओये! गरिमा के लिए कोई कुछ नहीं बोलेगा। सीरियस मैटर था वह मेरा।''

गरिमा दुष्यन्त के हिसाब से उसका 'सीरियस वाला प्यार' थी। लड़कों को अपनी ज़िन्दगी में 'सीरियस वाला प्यार' कई बार होता है, पर दुष्यन्त को दो ही बार हुआ। इतना सीरियस वाला प्यार होने के बावजूद दुष्यन्त ने न तो कभी गरिमा को प्रपोज किया और न ही उससे बात की। गरिमा और मयूर की ठीक-ठाक बात होती थी। उसने गरिमा को दुष्यन्त के बारे में हिंट दिया। बस इतने में ही दुष्यन्त की ऐसी फटी कि सात दिन स्कूल नहीं आया और जब आया तो गरिमा

से नज़रें छुपा के भाग जाता। मैं और छेड़ने के मूड में था पर मयूर ने मुझे इशारे से मना किया।

हमारी बकैती चल ही रही थी कि तभी श्रुति धम्म से आकर बैठ गई। उसे अचानक यूँ देख के मेरे मुँह से निकल गया—''लो अपने स्कूल की एक और हॉट लड़की आ गई।'' मेरे इस एक वाक्य का जवाब सबसे पहले श्रुति की घूरती आँखों ने दिया, फिर उसने ख़ुद। ''हॉट लड़की...लड़की नहीं हुई कॉफ़ी हो गई, है न?'' मैंने बात को हलके में उड़ाने की कोशिश में कह दिया—''ओह! आज फ़ेमिनिज़्म मोड ऑन है।'' मैंने इस जोक को मारकर सभी दोस्तों की तरफ़ देखा, पर किसी ने कोई भाव नहीं दिया। यक़ीन मानिए, दोस्त दोस्ती की कितनी ही क़समें खा लें, पर जब लड़की सामने हो तो साइड उसी की लेते हैं।

दोस्तों का मेरा साइड न लेना तो ठीक था, पर फेमिनिज़्म मोड वाली मेरी बात से श्रुति इतनी चिढ़ गई कि उसने उठकर मुझे चाँटा मारने की कोशिश की। मयूर ने उसे रोका—''अरे, इतना ओवर रिएक्ट क्यों कर...'' मयूर ने बात पूरी भी नहीं की थी कि श्रुति ज़ोर-ज़ोर से रोने लगी। आसपास के लोग मुड़ के देखने लगे। मयूर ने श्रुति के कन्धों पर बाँह डालकर उसे चुप कराने की कोशिश की। मैंने आसपास वालों को इशारे से समझाया कि सब ठीक है, तुम अपना काम करो; पर अपने यहाँ अपना काम करता कौन है? लोगों को तो फ्री एंटरटेनमेंट मिल रहा था।

श्रुति मयूर के कन्धे पर सिर रख के रो रही थी और मैं अपराधी-सा उसे देख रहा था। मेरी नज़र श्रुति के गाल पर पड़ी, काफ़ी सूजा हुआ और लाल था। ऐसा लग रहा था कि कहीं तगड़ी चोट लगी है। मैंने श्रुति से पूछा कि यह गाल पर क्या हुआ? इसका जवाब देने के बजाय वह रोती रही। मयूर ने उसका चेहरा अपने कन्धे से उठाया और घुमाकर देखा। ''कहीं गिर गई क्या तुम? यह तो चोट लगी दिख रही है?'' मयूर ने काफ़ी परेशान होकर कहा। मयूर के पूछने पर श्रुति और ज़ोर से रोने लगी।

कुछ देर समझाने-बुझाने, पानी पिलाने के बाद श्रुति जब शान्त हुई तो उसने सारा क़िस्सा सुनाया। उसकी बात सुनकर हम चारों के चेहरे ग़ुस्से से लाल थे। मयूर खड़ा हुआ और श्रुति का हाथ पकड़कर उसे उठाने लगा; बोला, ''चल देखते हैं।'' हम सब भी खड़े हो गए पर श्रुति अपनी सीट पर जमी रही। उसने हम सबको देखा और कहा—''मुझे पुलिस में रिपोर्ट करानी है।''

मैं बोला—''पुलिस-वुलिस कुछ नहीं। उसका जो होगा हम करेंगे। चल तू, उठ, ढूँढ़ते हैं उसे।''

"ढूँढ़ने की ज़रूरत नहीं। उनमें से एक का आई-कार्ड गिर गया था, वह है मेरे पास।"

"दिखा हमें आई-कार्ड," हम चारों के मुँह से एक साथ निकला, पर श्रुति वैसे ही भावविहीन बैठी रही। उसने हम चारों के चेहरों को देखा और फिर बोली—"नहीं, मुझे पुलिस में ही रिपोर्ट करानी है। अगर मेरे साथ चलोगे तो आई-कार्ड दूँगी, वर्ना नहीं।"

"क्या पुलिस-पुलिस लगा रखी है? मुझे दे आई-कार्ड, साले को फुटबॉल बनाता हूँ अभी।" दुष्यन्त भी पूरे ताव में था।

"मैं पुलिस स्टेशन गई थी, पर उन्होंने मेरी रिपोर्ट नहीं लिखी। तुम्हारी मदद चाहिए।" श्रुति ने कहा।

"क्या?" हमने फिर एक साथ कहा। "पर तू पुलिस स्टेशन क्यों गई? हम मर गए थे क्या?" अब प्रताप भी बोला।

"इसीलिए आई हूँ तुम लोगों के पास, लड़ना नहीं है, पुलिस में रिपोर्ट करनी है। तुम तो छात्र नेता हो मयूर, शायद पुलिस वाले तुम्हें देख के मेरी रिपोर्ट लिख लें।"

"छात्र नेता...हुँह," मयूर बोलकर ख़ुद पर ही हँस पड़ा। उसकी दुखती रग ग़लती से श्रुति ने छेड़ दी, पर वह शान्त होकर बोला—"अगर तुझे पुलिस रिपोर्ट ही करानी है तो यही सही, चल..."

"नहीं बे, उसे ढूँढ़ते हैं। हाथ तोड़ दूँगा उस के मैं।" दुष्यन्त बहुत ग़ुस्से में था। मयूर ने उसे हाथ दिखा के थमने का इशारा किया और लगभग आदेश देते हुए बोला—"चल, थाने चलते हैं। देखें, कौन नहीं लिखता रिपोर्ट।" हम लोग उठकर अपनी-अपनी स्कूटर-मोटरसाइकिल पर चल पड़े। मयूर श्रुति की लूना लेकर चला और उसे पीछे बिठा लिया।

उस दिन हुआ यूँ कि श्रुति अपने कुछ काम से यूनिवर्सिटी के एडमिन ब्लॉक में गई। वहाँ पर दो लड़के सामने से आते हुए उससे जानबूझकर टकरा गए और हँसने लगे। श्रुति ने ग़ुस्से में उन्हें टोका और कहा—"क्या कर रहा है ये?" इस पर उन दोनों में से एक लड़का आगे बढ़ा और उसने श्रुति को फिर चलते हुए टक्कर मारी और बोला—"यह कर रहा हूँ।" इतना कहने के बाद एक-दूसरे को हाई-फाइव देकर दोनों लड़के और जोर से हँसे, उसके बाद आगे बढ़ गए। श्रुति एकदम आगबबूला हो उठी। उसने पीछे से उस लड़के को कॉलर पकड़कर खींचा और कसकर एक थप्पड़ मारा। उसके बाद जो हुआ, उसकी उम्मीद बिलकुल न थी। उस लड़के ने पलटकर श्रुति को दो

चाँटे मारे और फिर धक्का देकर गिरा दिया। श्रुति ने हिम्मत नहीं हारी और उसने उठकर फिर से उन लड़कों को मारने की कोशिश की। फिर भी दो लड़कों से अकेली लड़की कहाँ तक लड़ती! इस सब झगड़े की आवाज़ से कुछ स्टाफ आ गए और दोनों लड़के श्रुति को फिर से धक्का देकर भागे। श्रुति ने उन्हें रोकने की कोशिश की, लेकिन रोक नहीं पाई। इस भागा-भागी और पकड़म-पकड़ाई में उनमें से एक लड़के का आईडी कार्ड गिर गया। श्रुति ने कार्ड उठाकर देखा—नाम लिखा था सुखबीर जाखड़, एम.ए. (हिस्ट्री) प्रीवियस।

"रिपोर्ट क्यों नहीं लिख रहे आप इसकी?" मयूर ने गांधी नगर थाने के सब-इंस्पेक्टर से पूछा। सब-इंस्पेक्टर ने मयूर को ऊपर से नीचे तक देखा और बोला—"अरे भारद्वाज साहब, बड़े दिनों बाद दिखे। नेता चुनाव जीत के गायब होते हैं, आप तो हारने के बाद भी गायब हो गए।" चुनाव हारने वाली बात का ज़िक्र जब भी होता था, मयूर एकदम चिड़चिड़ा हो जाता। श्रुति ने जब उसे छात्र नेता कहा तब वह शान्त रह गया, पर इस बार भड़क उठा और लगभग चीख़ते हुए कहा—"मैं जो पूछ रहा हूँ उसका जवाब दो। रिपोर्ट क्यों नहीं लिखी।"

लड़की के सामने यूनिवर्सिटी का लौंडा सब-इंस्पेक्टर पर चिल्लाए तो उसके ईगो को ठेस पहुँचनी ही थी। उसने मयूर को डपटते हुए कहा—"थानेदार लग रहा तू मेरे ऊपर जो तुझे जवाब दूँ? हें?" भले ही दो महीने से मयूर सक्रिय न हो, पर वह जाना-पहचाना छात्र नेता था। जब उसके साथ ऐसा बर्ताव किया जा रहा था तो श्रुति से तो इन्होंने क्या ही बर्ताव किया होगा। सब-इंस्पेक्टर को ऐसे मयूर को डपटते हुए देख श्रुति बोली—"मेरी तो बात भी पूरी नहीं सुनी थी इन्होंने और इससे भी ज़्यादा बदतमीजी से बात की थी।"

लड़की के सामने अपने को पड़ती डाँट ने मयूर के ईगो को भी ठेस पहुँचा दी। उसने दाँत पीसते हुए कहा—"बात तो इसका बाप भी सुनेगा। अभी बताता हूँ मैं इसे।"

"पाँच साल पहले मर गया मेरा बाप। वह न सुनेगा। तू अभी बाहर जा।" हम लोग इस सब-इंस्पेक्टर को जानते थे और यह भी हमें, पर अभी दोनों का ईगो टकरा रहा था। मयूर ने बाहर जाकर पीसीओ से शेखर भैया को फ़ोन किया। शेखर भैया ने अपने क्राइम रिपोर्टर को थाने भेजा।

"इन मामलों में होता कुछ नहीं है, मयूर। अन्त में कम्प्रोमाइज़ ही होता है। दोनों पार्टियाँ समझौता कर लेती हैं। कोई फ़ायदा नहीं घसीटने का।" रिपोर्टर ने सब-इंस्पेक्टर के सामने मयूर को समझाया।

''वैसे भी लड़की है, कहाँ तक रक्षा करोगे नेताजी? उन लौंडों का क्या है, लफंगे हैं, कहीं भी तंग करने पहुँच जाएँगे। फिर क्या करोगे? जाने दो इस बात को।'' मयूर ने सब-इंस्पेक्टर को जवाब देने के बजाय सिर्फ़ उसे घूरा। सब-इंस्पेक्टर ने उसे घूरते देख तुरन्त आगे कहा—''दोनों लड़कों को बुला के यहीं आपकी गर्लफ्रेंड के सामने जूतों से पीटता हूँ। ठीक है? फिर तो ख़ुश आप दोनों?''

''पहली बात—गर्लफ्रेंड नहीं है वह मेरी। दूसरी बात—आप उन्हें जूते से पीटो या चप्पल से, मुझे फ़र्क़ नहीं पड़ता। आप सिर्फ़ रिपोर्ट लिखो उसकी।'' मयूर ने फिर रिपोर्टर को देखकर कहा—''मुझे रिपोर्ट लिखवानी है भैया और कुछ नहीं सुनना।''

सब-इंस्पेक्टर ने कांस्टेबल को आवाज़ दी और कहा—''मैडम को एक पेपर दो कम्प्लेंट लिखने को।'' फिर मयूर को देख के बोला—''अब ख़ुश...पर अभी भी बता रहा हूँ कि होगा कुछ नहीं। कल को मैडम तो समझौता कर लेंगी और आप हमारा काम बढ़ाओगे। वैसे भी आपके राघवेन्द्र शर्मा के क़रीबी हैं दोनों।'' हमने इन लड़कों को न पहले देखा, न कभी सुना। इसलिए लगा कि पुलिस वाला ऐसे ही मयूर को दबाने के लिए राघवेन्द्र का नाम ले रहा है, पर राघवेन्द्र का नाम सुन मयूर और भड़क उठा। उसने श्रुति से काग़ज़ लिया और ख़ुद शिकायत लिखने लगा।

पुलिस वाला सही था। दोनों ही लड़के राघवेन्द्र के क़रीबी थे क्योंकि उसी दिन रात क़रीब 10 बजे मयूर के घर पर राघवेन्द्र पहुँचा। जब से जान-पहचान हुई थी तब से यह पहला मौक़ा था जब राघवेन्द्र मयूर के घर आया था। आके उसने मयूर को उलाहना दिया कि वह आजकल मिलता नहीं और ध्यान नहीं देता। पार्टी का इतना काम है और मयूर गायब है।

थोड़ी देर इधर-उधर की बात करने के बाद राघवेन्द्र मुद्दे पर आया—''सुना, आज गांधी नगर थाने गया था तू। सब ठीक है न?''

''आप यह पूछने आए हो! मैं तो इमोशनल हो रहा हूँ भाई साब।'' मयूर ने व्यंग्य किया।

राघवेन्द्र मयूर के व्यंग्य पर मुस्कुरा पड़ा और बोला—''वह दोनों लड़के अपने ही हैं। श्रुति को बोल, रिपोर्ट वापस ले लेगी। कान पकड़ के माफ़ी मँगवा दूँगा कल उनसे।''

मयूर ने राघवेन्द्र की आँखों में आँखें गड़ाकर कहा—''पहली बार आप मेरे घर आए...वह भी उन दोनों लड़कों के लिए...ऐसा उनमें क्या दिखा कि वह

दो महीने में आपके अपने हो गए और हम पराए ही रह गए।'' मयूर ने फिर टोंट मारा।

राघवेन्द्र थोड़ा चिढ़ गया, लेकिन बात खींचने को ठीक नहीं समझा। माहौल में थोड़ा अपनापन लाने के लिए उसने मयूर के पलंग पर रखे तकिए को खींचा और उसे अपनी कुहनी के नीचे ऐसे दबाकर आधा लेट गया जैसे अपने ही घर में हो। गहरी साँस लेकर बोला—''यार, सिकन्दर बेनीवाल भाई साब के इलाक़े के हैं; उन्होंने बोला है, मामला सेटल कराओ।''

''सिकन्दर बेनीवाल भाई साब! सही है रघु भैया।''

''देख, पिछले दो महीनों में मेरे साथ क्या हुआ, उसका तुझे अन्दाज़ा भी नहीं; पर आज वक़्त नहीं है इन सब बातों का। अभी सिर्फ़ इतना ही कि कल वह शिकायत वापस होनी चाहिए। सिर्फ़ इसलिए नहीं कि सिकन्दर बेनीवाल ने कहा है, बल्कि इसलिए भी क्योंकि दोनों लड़के अपने चुनाव में काम के होंगे।'' कहकर राघवेन्द्र उठने लगा।

''आपके काम के होंगे भाई साब, मेरे नहीं हैं। मेरे चुनाव में तो जो काम होगा था, वह आपने कर दिया।'' मयूर की आवाज़ तीखी हो चली थी।

''क्या मतलब है तेरा?'' राघवेन्द्र ने भी थोड़ी तल्ख़ आवाज़ में पूछा।

''रहने दो भाई साब। मैं एक जीता हुआ चुनाव क्यों हारा, यह आप भी जानते हो और मैं भी। अब मुँह मत खुलवाओ। जो ढका है उसे ढका ही रहने देते हैं। बेवजह बात बिगड़ेगी...रही बात इन दोनों लड़कों की तो शिकायत तो मैं वापस होने नहीं दूँगा।''

राघवेन्द्र दरवाज़े पर बाहर निकलने को खड़ा था। वह चुनाव की बात अनसुनी कर सीधे जिस काम के लिए आया था उस पर आया और बोला—''देख, लड़के बदमाश हैं। बेनीवाल जी से कनेक्शन है और ऊपर से दुर्गाराम जाट के लिए भी काम करते हैं। उनका तो कुछ बिगड़ेगा नहीं और तेरी इस जिद से बेवजह लड़की लपेटे में आ जाएगी और उसके चक्कर में तुम सबको नुकसान होगा। एक बार अगर बात बिगड़ी तो मैं सँभाल नहीं पाऊँगा।''

''मैं फ़ायदा-नुकसान देख के दोस्ती नहीं निभाता भाई साब। आप उन लोगों का साथ दो और मैं अपने दोस्त का दूँगा। रही आपके पास आने की तो अब आपकी ज़रूरत नहीं पड़ेगी। चुनावों में हम आपके बिना चल चुके काफ़ी... और इतना समझ गए हैं कि आपके बिना भी अपना मामला ख़ुद सलटाने का दम है हममें।'' इतना कहने के बाद मयूर भी उसी व्यंग्यात्मक अन्दाज़ में मुस्कुरा

के राघवेन्द्र को बोला—"भाई साब आप संघर्ष करो, अब जाखड़ और बेनीवाल आपके साथ हैं।" कह के मयूर ने हाथ बाहर की तरफ़ दिखाकर राघवेन्द्र को जाने का इशारा किया।

राघवेन्द्र खीज गया था। वह कुछ कहना चाह रहा था, पर कहा नहीं। बाहर निकल वह अपनी बुलेट पर बैठा, पर अपने ग़ुस्से को और काबू नहीं कर पाया। उसने गेट पर खड़े मयूर से कहा—"तू और तेरे दोस्तों की औकात दस पैसे की नहीं है। तुम्हें कोई जानता है या पूछता है तो मेरी वजह से। अपने आपको बड़ा तीसमार खाँ समझ रहा था न? क्या कह रहा था अभी कि "अब मुँह मत खुलवाओ, जो ढका है उसे ढका ही रहने देते हैं। बेवजह बात बिगड़ेगी..." ले, मैं बोल रहा हूँ खुल के...मैंने सुरेश को जिताने का ठेका लिया था और उस चूतिये को भी जितवा दिया, उसे ही क्यों, पूरे पैनल को जितवाया। हारा कौन? सिर्फ़ तू...क्योंकि मैंने तेरे सिर से अपना हाथ हटा लिया था।"

"आपने हाथ हटाया और मैं हार गया।" बोलकर मयूर हँसा—"भगवान हो क्या? आप सब बड़े-बड़े धुरंधरों ने मिलकर पीठ में छुरा घोंपा। अपने दम पर वोट लाया, री-काउंटिंग नहीं होने दी आप लोगों ने, वर्ना वह 60 वोट भी मेरे होते।"

आदमी को जब ग़ुस्सा आता है न तो कई बार वह ऐसी बात कह जाता है जो वह कहना नहीं चाहता। राघवेन्द्र से यह ग़लती हो चुकी थी। मयूर मन के सारे भ्रम दूर कर लेना चाहता था, इसलिए राघवेन्द्र को और उकसाने लगा। आगे बोला—"आपकी इतनी ही हैसियत होती न भाईसाहब, तो कम-से-कम 600 वोटों से तो हरवाते। आपकी वजह से अगर लोग मुझे जानते तो आपके महाराजा कॉलेज में मुझसे नहीं उलझते, वहाँ भी मैंने अपने दम पर लड़कों को सूता भी और वोट भी लिए, आपने क्या घंटा उखाड़ा।"

मयूर की तरकीब काम कर गई थी और राघवेन्द्र ग़ुस्से में अपने आपको सुपीरियर साबित करने में अपनी ही पोल खोल रहा था। वह आगे बोला—"जानता है चुनाव में महाराजा कॉलेज में उन लड़कों की हिम्मत कैसे हुई तुझे हाथ लगाने की? उन लड़कों को पता लग गया था कि राघवेन्द्र ने हाथ हटा लिया है इसके सिर पर से। सिर्फ़ मैं साथ नहीं था तो इतना हो गया तेरे साथ, अगर कुछ कह दूँ तो पता न लगे कहाँ गया तू।"

मयूर मन-ही-मन मनाया करता कि जो उसे राघवेन्द्र के बारे में बताया गया है, वह ग़लत हो; पर अब तो राघवेन्द्र ने ख़ुद स्वीकार कर लिया था। मयूर

का दो महीनों से दबा हुआ ग़ुस्सा अब आँसू बन के निकल पड़ा। जब इतना हो गया था तो मयूर अपना आख़िरी सन्देह भी साफ़ कर लेना चाहता था। उसने रुँधी हुई आवाज़ में पूछा—"और पूनम शर्मा ? आपको उसका भी पता था न ? या उसे भी आपने ही प्लांट किया था ?"

मयूर के इस सवाल पर राघवेन्द्र को अचानक अहसास हुआ कि वह कितनी बड़ी ग़लती कर चुका है, पर बोले हुए शब्द और निकले हुए तीर वापस नहीं आते। जो डैमेज होना था वह हो चुका था। राघवेन्द्र थोड़ा-सा हिचकिचाया पर अब बातों को सँभालने का समय रहा नहीं था। इसलिए वह बोला—"कल रिपोर्ट वापस ले लेना, वर्ना ठीक नहीं रहेगा। मैं कुछ नहीं कर पाऊँगा।" यह कह के उसने बुलेट स्टार्ट की और उसे मोड़ ही रहा था कि मयूर उसके सामने आकर खड़ा हो गया।

"भाई साब, मुझे सबने आपके बारे में कहा, पर मैंने माना नहीं। मैंने कहा, बड़े भाई हैं मेरे... ख़ैर..." इतना बोलकर मयूर ने अपनी आँखों में आए आँसुओं को दोनों हाथों से पोंछा और बुलेट के हैंडल पर हाथ रखकर राघवेन्द्र की आँखों में आँखें डालकर बोला—"जाने दो पुरानी बातें...अब तो आपका हाथ ख़ाली हो गया, जाओ रख लो उस जाखड़ के सिर पर। हमने रिपोर्ट लिखवा दी और अब तो वह किसी भी हाल में वापस होगी नहीं। जिसको जो उखाड़ना है उखाड़ ले।"

राघवेन्द्र ने मयूर को कहा—"देख मयूर, महाराजा कॉलेज का झगड़ा या पूनम शर्मा...मैंने तेरे ख़िलाफ़ कुछ प्लान नहीं किया...बस तेरे ख़िलाफ़ जो प्लान हो रहा था उसे मैंने देखकर भी अनदेखा कर दिया। रही बात रिपोर्ट की तो अगर तू सोचता है कि तेरी शिकायत पे रिपोर्ट दर्ज होगी तो भूल जा इस बात को। पुलिस थाने से मार के भगा देगी कल।"

"आपको पता है न मेरा बड़ा भाई कौन है ? देखता हूँ, पुलिस क्या करेगी।"

"तुझे यह पता है न कि तेरा बड़ा भाई भी हमारे पास ही आता है, जब उसका छोटा भाई मुसीबत में हो। सुन्दर पूनिया याद है न।" राघवेन्द्र ने बुलेट मोड़ी और चलते-चलते कहा—"पुरानी दोस्ती की ख़ातिर सिर्फ़ एक बात जता दूँ, मैंने सिर्फ़ तुझे अनदेखा किया था; पर तेरे ख़िलाफ़ प्लान बनाने वालों की मदद उन लोगों में से किसी ने की जो तेरे बग़ल में खड़े थे। दुनिया में विभीषणों की कमी नहीं, अपने विभीषण को ढूँढ़ लेना।" राघवेन्द्र ने बुलेट का थ्रोटल पूरा खोल दिया और डुग-डुग की तेज़ आवाज़ के साथ धूल उड़ाती बुलेट आँखों से ओझल हो गई।

12 सितम्बर, 1998; नॉमिनेशन के दिन रात 10 बजे

सुरेश विजय का घर

''घूमता है जाटों के साथ, वोट माँगता है जाटों से और चमचागिरी करता है राजपूतों की। रे पंडित, तेरा कोई दीन-ईमान है कि नहीं ?'' सिकन्दर ने राघवेन्द्र से पूछा।

''यूनिवर्सिटी में मेहनत करूँ मैं, टिकट दिलवाओ सुरेश को। मुझ पर झूठे मुक़दमे करवाओ ताकि मैं चुनाव ही न लड़ सकूँ। रे मंत्री जी, आपका कोई दीन-ईमान है कि नहीं ?'' राघवेन्द्र ने पलट के सिकन्दर से कहा।

राघवेन्द्र चुनाव लड़ा ही नहीं और उसने मयूर को टिकट दिलवा दिया था, इससे सिकन्दर और मुकेश का प्लान चौपट हो गया। सुरेश को जिताने के लिए अब ज़रूरी था कि राघवेन्द्र सुरेश का प्रचार करे ताकि ब्राह्मणों के कुछ वोट तो इधर आएँ। सिकन्दर ने राजेन्द्र चौधरी को ज़िम्मेदारी दी कि राघवेन्द्र को समझा-बुझाकर बातचीत के लिए लाये। राजेन्द्र बचपन का दोस्त था, इसलिए उसने राघवेन्द्र को मीटिंग के लिए राजी कर लिया। 12 सितम्बर को जिस दिन नॉमिनेशन भरे गए थे, उस दिन मयूर का नॉमिनेशन फ़ाइल करवाने के बाद राघवेन्द्र सिकन्दर के घर मीटिंग को पहुँचा। वहाँ पर अशोक विजयवर्गीय, दुर्गाराम और शिक्षामंत्री सिकन्दर बेनीवाल पहले से बैठे हुए थे।

सिकन्दर राघवेन्द्र की बात सुन ग़ुस्सा होने की जगह मुस्कुराया और सोफ़े पर पीछे टिकते हुए दोनों हाथ छाती पर बाँधते हुए उसने राघवेन्द्र से कहा—''मैं तो चाहता था कि तू चुनाव लड़े और शक्ति के ब्राह्मण वोट काटे। तेरे न लड़ने से मुझे क्या फ़ायदा ? फ़ायदा तो उसे है जो शक्ति के पाले में है। वैसे एक बात बता, यह मयूर को उपाध्यक्ष पद पर लड़वाने का आइडिया तेरा था या राज्येश का ?''

राघवेन्द्र जवाब देने की जगह सिकन्दर के इस सवाल पर थोड़ा हैरान हो उसे देखता रहा। राजेन्द्र ने जवाब दिया—''राज्येश सिंह का आइडिया था।''

''राजनीति में आप जितने ज़मीन के ऊपर दिखते हैं उससे कई गुना ज़मीन के नीचे होने चाहिए। राज्येश सिंह हमसे ज़्यादा ज़मीन के अन्दर है...जो उस गहराई को नाप ले वह सिकन्दर बनता है। आज तुझे गहराई नापना सिखाता हूँ। यह टेप सुन...''

दुर्गाराम ने एक कैसेट म्यूज़िक सिस्टम में डाल दी। कैसेट में आईजी पुलिस और राज्येश के बीच की वह बातचीत रिकॉर्ड थी जिसमें राज्येश ने राघवेन्द्र

के ख़िलाफ़ मुक़दमा करने को कहा था। राघवेन्द्र को ऐसा लग रहा था जैसे वह कहीं खड़ा है और पैर के नीचे से कारपेट बड़ी तेज़ी से खींच लिया गया है। उसने सपने में भी नहीं सोचा था कि राज्येश सिंह राठौड़ उसके साथ इतना बड़ा खेल खेलेगा।

राघवेन्द्र का चेहरा सफ़ेद पड़ गया, उसने राजेन्द्र को देखा। राजेन्द्र ने राघवेन्द्र का हाथ दबाया और सिर हिलाकर इशारे में कहा कि यह सच है। ''तू तो मुख्यमंत्री का क़रीबी है, बे। बिना रिपोर्ट के थाने में तुझे पीटें...उन पुलिस वालों को अपनी नौकरी की चिन्ता नहीं है क्या ? वह इतनी हिम्मत तो तभी कर सकते हैं जब उन्हें यह करने को या तो मुख्यमंत्री ख़ुद कहें या उनसे भी बड़ा कोई। अब अपने राठौड़ साहब से बड़ा कौन है यहाँ ?'' राघवेन्द्र सिर झुकाए सुन रहा था। सिकन्दर मनोवैज्ञानिक दबाव बनाए हुए था। आगे बोला—''वैसे उनकी भी ग़लती नहीं है। राजपूत सभा का समर्थन शक्ति को है। अब पहले अपनी जाति के वोट समेटेंगे या तेरा ख़याल रखेंगे।''

''मैं बात करूँगा राठौड़ साहब से...वह मेरे साथ ऐसा नहीं कर सकते।''

''क्या मिलेगा बात करके ? एक और धोखा। दुर्गाराम ने उसे मुख्यमंत्री बनने में मदद की पर उसने क्या किया उसके साथ ? तू क़दम-क़दम पर साथ रहा, और तुझे थाने में इतनी बुरी तरह पिटवाया। इस कौम की फितरत है अपने फ़ायदे के लिए धोखा देना। वक़्त बातें करने का नहीं, बदला लेने का है। उसने तुझे शक्ति की ख़ातिर धोखा दिया, पर मैं तुझे धोखा देने को नहीं कहूँगा। सिर्फ़ इतना कहूँगा कि अपनी पार्टी की मदद कर, सुरेश की कर...और अपनी भी।''

बात हो ही रही थी कि अशोक विजयवर्गीय ने नोटों की कई गड्डियाँ राघवेन्द्र के सामने रख दीं। राघवेन्द्र यह देख चौंक उठा। सिकन्दर उठा और राघवेन्द्र के बग़ल में बैठ गया और उसकी तरफ़ घूमकर बोला—''राजनीति में वही चलता है जो आगे की सोचता है। तू भी आगे की सोच। यह तेरे अगले साल चुनाव लड़ने के लिए हैं, पर तू अगले साल चुनाव तभी लड़ेगा जब इस साल सुरेश जीतेगा। तुझे अब पार्टी का साथ देना है और सुरेश को जिताना है। यह पाँच लाख हैं। जब सुरेश जीत जाएगा तो तुझे तैयारी के लिए इतने ही और दूँगा। तेरे चुनाव-प्रचार में कोई कमी नहीं रहनी चाहिए अगली बार। मैं मुकेश को बोलूँगा कि कास के हर पोस्टर पर हर कार्यक्रम में तेरा नाम हो। अगला पूरा साल कास तेरा प्रचार करेगा।''

सामने इतने नोट देखकर राघवेन्द्र की आँखें चमक उठीं। वह नोट उठाने ही लगा कि सिकन्दर ने उसे रोका—''एक और बात, कल से तू सिर्फ़ सुरेश का प्रचार करेगा। उस मयूर के साथ नहीं दिखना चाहिए।''

"पर वह मयूर तो..."

"क्या मयूर तो...वह तेरा कैंडिडेट नहीं है, वह राज्येश सिंह का कैंडिडेट है। राज्येश ने बहुत सोच के उसे खड़ा करवाया है तेरे से। ब्राह्मण है न वह भी? राज्येश भविष्य में तेरे को काटने के लिए तेरे ही आदमी को बड़ा बना रहा है। लड़का पॉपुलर है, जीत जाएगा तो अगले साल तेरे लिए मुश्किल करेगा। यूनिवर्सिटी में दो बड़े ब्राह्मण चेहरे एक साथ नहीं होने चाहिएँ।"

"लेकिन..."

"लेकिन-वेकिन कुछ नहीं, तेरा ध्यान सिर्फ़ सुरेश पर रहे। एक डमी कैंडिडेट है जो सिर्फ़ उसके वोट काटेगी। मुकेश ने इन्तज़ाम कर रखा है। तू बस अपनी आँखें मूँद ले उसकी तरफ़ से, बाक़ी हम पर छोड़। यह पैसे उठा और चुनाव-प्रचार पर ध्यान दे। याद रखना, सुरेश जीता तो इतने ही और मिलेंगे और पार्टी में पद अलग से।"

राघवेन्द्र को इस सौदे में कोई नुकसान नहीं दिख रहा था। राज्येश के धोखे का बदला वह सुरेश को जिताकर ले सकता था। राज्येश कह रहा था कि दो लाख भी नहीं हो पाएगा, पर यहाँ चुनाव लड़ने को दस लाख मिल रहा है और अगले साल का टिकट भी पक्का। एक बार को उसे मयूर का ख़याल आया, पर उसने नोटों की गड्डी देखी और मयूर को दिमाग़ से निकाल दिया।

राघवेन्द्र ने शर्ट के ऊपर के बटन खोले और नोटों की गड्डियों को शर्ट के अन्दर खिसका दिया। नोट रख बटन बन्द कर राघवेन्द्र ने झुककर सिकन्दर के पैर छुए और बोला—"सुरेश को कोई माई का लाल नहीं हरा सकता मेरे रहते।" सिकन्दर ने राघवेन्द्र को कन्धे से पकड़कर उठाया और गले लगा लिया और बोला—"अपने लोगों के बीच तेरा स्वागत है।"

राघवेन्द्र निकल गया। सिकन्दर दुर्गाराम और अशोक को देखकर मुस्कुराया और बोला—"एक क़िला और फतह होने वाला है।"

***

"मयूर, तू अपनी लड़ाई ख़ुद लड़। उसमें श्रुति को इस्तेमाल मत कर।" मेरे यह कहने पर मयूर भड़क उठा और मुझ पर चिल्लाते हुए बोला—"इस्तेमाल करूँगा मैं उसे? अबे, दोस्त है वह मेरी। अगर किसी ने उसकी तरफ़ आँख उठाई तो आँख निकाल लूँगा। समझ गया...तेरी फटती है तो तू निकल।"

श्रुति की शिकायत पर पुलिस ने रिपोर्ट अभी तक दर्ज नहीं की थी, बल्कि पूछताछ के नाम पर उसे और उसके पापा को डराकर ही गई कि इस सबसे लड़की ही मुसीबत में पड़ेगी। श्रुति के पापा शिकायत वापस लेने को थे पर जब मयूर को पता चला तो उसने पहले श्रुति को समझाया और फिर उसके पापा को कि उसके रहते डरने की ज़रूरत नहीं, वह सब सँभाल लेगा। लड़की के बाप को ऐसी बातों से सान्त्वना मिलती है भला जो अब मिलती। वैसे भी मयूर था ही क्या, श्रुति का क्लासमेट। भाई मीडिया में था तो क्या, गुंडों से भिड़ने तो नहीं जाता। श्रुति के पापा नहीं माने। श्रुति ज़रूर मयूर की बातों में आ गई थी और अड़ गई कि पीछे नहीं हटेगी। मयूर ने कहा कि इस धमकी का बदला उन लड़कों के ख़िलाफ़ एक्शन ही है।

मयूर कह तो रहा था कि वह यह सब श्रुति के लिए कर रहा है, पर मैं यह पूरी तरह मानने को तैयार नहीं था। श्रुति से दोस्ती की ख़ातिर वह यह क़दम उठा सकता था, लेकिन इस वक़्त उन लड़कों को सज़ा दिलवा के उसे राघवेन्द्र के सामने अपनी ताक़त की नुमाइश करनी थी। आगे जो हुआ, उसने मेरे शक को यक़ीन में बदल दिया।

मैंने इस मसले को और बढ़ाने से रोकने की आख़िरी कोशिश की—''मयूर, श्रुति कॉलेज अकेली जाती है। किसी ने कुछ नुकसान किया तो क्या कर लेगा तू? बॉडीगार्ड बना फिरेगा क्या उसका पूरे टाइम? अपनी पॉलिटिक्स अपनी जगह रख और श्रुति को केस वापस लेने को बोल।'' मयूर कुछ तो जादू-टोना जानता था, जिसकी वजह से श्रुति और दुष्यन्त उसकी हाँ में हाँ मिलाते। मेरी बात का जवाब श्रुति ने दिया—''सुन अरुण गुप्ता, मुझे अकेले जाने में डर नहीं लगता। तुझे लगता है तो तू मेरे साथ कॉलेज चल लिया करना।'' श्रुति का जवाब सुन के ऐसा लगा जैसे किसी ने मेरी मर्दानगी पर आरी चलाकर उसे चीर दिया है।

मैंने भड़ककर श्रुति से पूछा—''यह मयूर करेगा क्या? फिर से शेखर भैया को बोलकर पुलिस पर प्रेशर बनाएगा? देखा नहीं, अभी तक रिपोर्ट दर्ज नहीं हुई है, जबकि पत्रकार था तुम्हारे साथ। रिपोर्ट भी लिख गई तो आगे क्या होगा?''

''वही करूँगा जो अपने हाथ में है। अब शेखर भैया नहीं, यह लड़ाई हम लड़ेंगे।'' मुझे बोल के मयूर ने दुष्यन्त से पूछा—''यार अपन कितने लड़के इकट्ठे कर सकते हैं?''

''पन्द्रह-बीस तो हो जाएँगे।''

''राघवेन्द्र तो खड़े-खड़े तीस-पैंतीस ले आता है। कम-से-कम पचास तो होने

चाहिए, तब बात बनेगी...'' थोड़ी देर सोचकर मयूर बोला—''यार, यह अपने स्कूल के जो बाक़ी लड़के-लड़कियाँ थे साइंस और कॉमर्स सेक्शन वाले...उन्हें किसी तरह से इकट्ठा कर सकते हैं क्या? और कल 12 बजे से पहले...''

''कोशिश करते हैं। सबके घर फ़ोन करते हैं। देख क्या होता है।''

''श्रुति, तू भी देख जितनी लड़कियों के नम्बर हैं। तेरी और क्लासमेट हों तो उन्हें भी बुला कल।''

हम सबने बैठकर अपने स्कूल के दोस्तों के फ़ोन नम्बर ढूँढ़ने शुरू किए। जिनके नम्बर डायरी में थे उनके निकाले, जिनके पापा का नाम पता था उनका नम्बर टेलीफ़ोन डायरेक्टरी में ढूँढ़ा, जो डायरेक्टरी में नहीं मिला उनके घर का पता बता कर उनके नम्बर बीएसएनएल वालों की सर्विस 197 पर फ़ोन करके निकाला। 160 नम्बर निकल चुके थे। मयूर को अच्छे से याद था कि किस-किस से हमारे ग्रुप में किस-किस की ठीक बात होती थी, उस हिसाब से उसने सबको नम्बर बाँटे गए और कहा कि अभी से फ़ोन करना शुरू करो और कल सुबह 10:30 बजे सबको जवाहर कला केन्द्र बुलाओ।

इन 160 लोगों में बारह-तेरह को छोड़ दो तो बाक़ियों से तो हमने स्कूल से निकलने के बाद बात ही नहीं की थी, इसलिए मुझे उम्मीद नहीं थी कि कोई आएगा। 10:30 बजे जब हम जवाहर कला केन्द्र पहुँचे तो क़रीब पच्चीस लोग आ चुके थे और उनमें ज़्यादातर लड़कियाँ थीं जिन्हें श्रुति ने बुलाया था। मैंने मयूर से कहा—''लड़के नहीं आएँगे, इन लड़कियों के साथ रैली निकालेगा क्या?'' मयूर चुप रहा।

11:15 बजते-बजते लड़के भी बढ़ने लगे और हमारे पैंसठ पुराने बैचमेट आ चुके थे। कुछ इसलिए आए कि इसी बहाने बाक़ियों से मिल लेंगे, कुछ श्रुति की ख़ातिर तो कुछ इसलिए भी कि मयूर ने बुलाया है। भले ही हारा हुआ हो पर मयूर यूनिवर्सिटी का नेता तो बन ही चुका था। जाने कब किसको यूनिवर्सिटी में काम पड़ जाए, इसलिए ऐसे मौक़ों पर शक्ल दिखानी ठीक रहती है। भीड़ बढ़ती देख मयूर ने मुझे देखा और मुस्कुरा के आँख मारी। वह सबसे हाथ मिलाने लगा।

दुष्यन्त ने अपने कुछ स्पोर्ट्स के दोस्तों को भी बुलाया था, वह भी आ गए थे। 11:30 बजे तक लगभग नब्बे लड़के-लड़कियाँ इकट्ठे हो गए। मयूर ने इकट्ठा लोगों को पूरी घटना बताई और आगे का प्लान समझाया।

शेखर भैया का साथी पत्रकार जो हमारे साथ पुलिस थाने गया था, वह कुछ और अख़बार के पत्रकारों को लेकर आ गया था। उसके आने के बाद हम सब

गांधी नगर थाने पहुँचे और उसके सामने का रास्ता ब्लॉक कर नारेबाज़ी शुरू की। पुलिस ज़बरदस्ती नहीं कर सकती थी, क्योंकि एक तो मीडिया साथ थी, ऊपर से मयूर ने सबसे आगे लड़कियों को खड़ा कर दिया था। मामला और गर्म हो उससे पहले एसपी मौक़े पर पहुँचे और हमारे सामने ही थाना इंचार्ज को तुरन्त रिपोर्ट फ़ाइल कर उन लड़कों को गिरफ़्तार करने के लिए कहा। उसे लगा कि मामला इतने से ख़त्म हो जाएगा, पर नहीं...मयूर भीड़ को लेकर कुलपति के दफ़्तर पर पहुँचा और उन लड़कों को सस्पेंड करने की माँग को लेकर प्रदर्शन शुरू किया।

कुलपति ने चार लोगों को अन्दर आकर बात करने को कहा। यूनिवर्सिटी में जब यह ख़बर फैली कि लड़कियाँ प्रोटेस्ट कर रही हैं तो कई लोग आँखें सेंकने के लिए भी पहुँच गए, लेकिन उससे कोई नुकसान नहीं था क्योंकि वह हमारी भीड़ का ही हिस्सा लग रहे थे। ख़बर छात्रसंघ कार्यालय तक पहुँच गई थी। छात्रसंघ अध्यक्ष सुरेश विजय और राघवेन्द्र भी वहाँ पहुँच गए। राघवेन्द्र आश्चर्य से इस नई भीड़ को देख रहा था। अब तक के प्रदर्शनों में दिखने वाले चेहरों को सब छात्र नेता पहचानते थे।

जब मयूर कुलपति के ऑफ़िस से बात करके बाहर निकला तो तमाशबीनों को मिलाकर क़रीब 150 लोग वहाँ पर मौजूद थे। कुलपति के दफ़्तर के गेट के बाहर सीढ़ियों पर मयूर खड़ा हुआ और भीड़ को देखा। राघवेन्द्र और मयूर की नज़रें टकराई, मयूर मुस्कुराया, नज़रें राघवेन्द्र से हटाकर भीड़ की तरफ़ घुमाई और कहा—''लड़के सस्पेंड हो रहे हैं। आदेश टाइप हो रहा है।'' कहकर मयूर ने दो उँगलियों से 'V' बनाया। लड़कों ने ताली और सीटी बजानी शुरू कर दी।

इस नई भीड़ को मयूर के साथ देख राघवेन्द्र ने पलटी मारी। वह सुरेश के साथ आगे बढ़ा और सीढ़ियों पर मयूर के बग़ल में जाकर खड़ा हो गया। उसने मयूर के कन्धे पर हाथ रखा और बोलना शुरू किया—''मैं और कास यूनिवर्सिटी में ऐसी घटनाओं के ख़िलाफ़ हैं। हमारे सहयोग से हमारे कार्यकर्ता मयूर ने पहले भी इन घटनाओं का विरोध किया और आज भी हमने इन्हें...'' राघवेन्द्र के आगे बोलने से पहले ही मयूर ने उसका हाथ अपने कन्धे से झटक कर हटाया और उसे मुँह पर उँगली रखकर चुप होने का इशारा किया। राघवेन्द्र सकपका गया। मयूर भीड़ की तरफ़ मुड़ा और बोला—''यही राघवेन्द्र शर्मा परसों रात मुझे धमकाने पहुँचे थे कि अगर लड़कों के ख़िलाफ़ कुछ किया तो ठीक नहीं होगा। यह गुंड़ों का साथ देते हैं और लड़कियों के घरवालों को धमकाते हैं और पब्लिक के सामने खड़े होकर ज्ञान पेलने आ जाते हैं। क्या हमें ऐसे लोगों को

अपने बीच में खड़े होने देना चाहिए?'' भीड़ का जवाब आया—''नहीं''।

इसके बाद मयूर फिर राघवेन्द्र की तरफ़ मुड़ा और बोला—''शर्मा जी, यह दोगलापंथी कहीं और करना। चलिए, जाइए।'' यह कह के उसने राघवेन्द्र का कन्धा पकड़ा और उसे नीचे की सीढ़ियों की तरफ़ धकेल दिया। मयूर का धक्का देना राघवेन्द्र को भड़का गया और उसने मयूर की कॉलर पकड़ ली। यह देख के दुष्यन्त ने राघवेन्द्र को पीछे से पकड़ के खींचा। सुरेश तो वैसे ही डरपोक था, वह साइड से कूदकर निकल भागा। हमारे स्कूल के लड़के भी भड़क उठे और सबने राघवेन्द्र को पकड़कर नीचे खींच लिया। पुलिस उसे छुड़ाने दौड़ी और मयूर भी। मयूर ने भीड़ को हटने का इशारा किया, तब तक पुलिस राघवेन्द्र को भीड़ से छुड़ाकर एक घेरे में ले चुकी थी।

मयूर पुलिस के घेरे में छुपे राघवेन्द्र को बोला—''मेरे दम की बात कर रहा था न। यह मेरा दम है। क्या कह रहा था कि दस पैसे की औक़ात नहीं मेरी? औक़ात तेरी नहीं कि तू मेरे साथ चले। मेरी ग़लती थी कि तुझ पर भरोसा किया। चल, आगे बढ़।'' राघवेन्द्र ग़ुस्से से तमतमा उठा था, पर कुछ कर नहीं सकता था। उसे बिलकुल उम्मीद नहीं थी कि उसके उस भीड़ से पिटने की नौबत आ जाएगी, जिसका नेता मयूर है!

मयूर राघवेन्द्र को छोड़ फिर से कुलपति के दफ़्तर की सीढ़ियों पर आकर खड़ा हुआ और भाषण दुबारा शुरू किया—''दोस्तो, हमारी यूनिवर्सिटी बदनाम हो रही है। रेप हुआ था यहाँ, लड़कियों से गुंडे मारपीट करते हैं और ऐसा इसलिए होता है क्योंकि उन गुंडों की कुछ छात्र नेता हर तरह से मदद करते हैं। हमें सिर्फ़ ऐसे गुंडों को यूनिवर्सिटी से नहीं हटाना, बल्कि ऐसे छात्र नेताओं को भी हटाना है। अब से मेरी लड़ाई ऐसे गुंडे छात्र नेताओं के ख़िलाफ़ होगी। अगर आप सब मेरे साथ हैं तो अगले साल मैं इन दोगले छात्र नेताओं के ख़िलाफ़ छात्रसंघ चुनाव में अध्यक्ष पद के लिए खड़ा होना चाहूँगा।''

''अबे, वह यह क्या कह रहा है!'' मैंने दुष्यन्त से पूछा तो उसके चेहरे पर भी वही भाव थे। अध्यक्ष का चुनाव लड़ने की बात तो कहीं से उसके प्लान में थी ही नहीं। हम दोनों ने एक-दूसरे को देखा, न उसे मेरे चेहरे पर जवाब मिला न मुझे उसके चेहरे पर। इसलिए जवाब पाने को हमने दुबारा मयूर की तरफ़ देखा। मयूर ने भीड़ से पूछा—''क्या आप सब मेरे साथ हो?''

भीड़ में तीन-चौथाई तो हमारे स्कूल के ही दोस्त थे। जो बाहर से आए थे, वह भी माहौल में बहकर भीड़ का हिस्सा बन गए थे। श्रुति ने सबसे पहले कहा—''आई सपोर्ट, मयूर'' मयूर ने किसी और के जवाब का इन्तज़ार किए बिना

कहा—"फिर कमर कस लो, अगले साल इन गुंडों को यूनिवर्सिटी से भगाना है।" लोगों ने फिर से तालियाँ बजानी शुरू कर दीं। दुष्यन्त भले ही समझ नहीं पा रहा था कि क्या हो रहा है, पर मयूर कह चुका था कि वह चुनाव लड़ेगा तो दुष्यन्त उसी पल मानसिक रूप से इसके लिए तैयार हो गया और उसने नारा लगाया—"मयूर, तुम संघर्ष करो..." पीछे से सबने साथ दिया—"हम तुम्हारे साथ हैं।" कुछ देर यह नारेबाज़ी चली। मयूर ने अपने दोनों हाथ जोड़कर ऊपर उठाए और सबको 'नमस्ते' बोलकर नीचे उतरा।

राघवेन्द्र ने भी सब देखा-सुना और मयूर को हाथ से 'ऑल द बेस्ट' का इशारा करके चला गया। उसकी ऑल द बेस्ट में 'देख लूँगा तुझे' का भाव छुपा हुआ था। मयूर नीचे आकर हमारे स्कूल के दोस्तों से मिलने लगा। उन्हें धन्यवाद बोला और कहा कि अब आते रहो। बहुत काम है। अपने को जीतना है। दोस्तों से मिल ऐसे रहा था, जैसे वह कोई मंत्री हो।

मैं सही था। मयूर को किसी गुंडागर्दी से मतलब नहीं था। उसे सिर्फ़ राघवेन्द्र से बदला लेना था। श्रुति दोस्त थी और शुरू में उसका साथ दोस्ती के लिए दिया गया, लेकिन अब मयूर सिर्फ़ और सिर्फ़ राजनीति सोच रहा था और उसने श्रुति का राघवेन्द्र से अपनी दुश्मनी निकालने के लिए भरपूर इस्तेमाल किया था।

जब यह सब ख़त्म हुआ, भीड़ वापस गई और हम वापस इकट्ठे बैठे तो दुष्यन्त ने मयूर से पूछा—"बकचोदी तो कर ली तूने, पर यह चुनाव लड़ेंगे कैसे ? पैसा कहाँ से आएगा ?"

"जनता अपने को जानती है। बस, पीछे भीड़ चाहिए। यह जो लड़के आए थे न आज, अब इन्हें जोड़कर रखो। रही बात पैसे की तो अभी शुरू में तो राज्येश सिंह देगा, बाद की बाद में देखेंगे।"

"राज्येश सिंह तेरा ससुर लग रहा है जो तुझे पैसे देगा।" मैंने मयूर से पूछा। मयूर ने मुस्कुरा के मेरे गाल खींचे और बोला—"बड़े लोगों की बातें हैं, तू रहने दे।"

"और राज्येश तक पहुँचेगा कैसे ?" प्रताप का सवाल आया।

मयूर हमारी सोच से काफ़ी आगे चल रहा था और उसने सब कुछ प्लान कर लिया था, बोला—"सीएम जानता है मुझे। यह नम्बर है राजावत साहब का जो सीएम का सेक्रेटरी है। यह मीटिंग करवाएगा। कल बात कर चुका हूँ।" मयूर के चेहरे पर कुटिल मुस्कान थी।

***

"आज यहाँ क्यों लाये?"

"तुम ही तो कहती थी, बाहर सब मुझे पहचानते हैं, इसलिए अब रेस्टोरेंट में नहीं मिलेंगे।"

"और यहाँ..."

"यहाँ हम दोनों के अलावा है ही कौन?"

"तुम्हारा वह दोस्त क्या सोचेगा जिसका रूम..."

"यही कि भाई भाभी के साथ है।"

"शट अप..."

पूजा को लगता था कि मयूर को अब ज़्यादा लोग जानते हैं और रेस्टोरेंट में उसके साथ दिखने से लोग उसे नोटिस करेंगे। पूजा किसी भी तरह से लोगों की नज़र में नहीं आना चाहती थी। मयूर के हिसाब से आमंत्रण अच्छी जगह थी क्योंकि जो आता अपने कोने में व्यस्त रहता। अब बिना लोगों को दिखे मिलने की एक ही जगह थी—घर। एक दोस्त संजय कमरा किराये पर लेकर रहता था। अपने घर मिला नहीं जा सकता था, मयूर ने संजय से कुछ देर को उसका कमरा माँगा और पूजा को वहाँ ले गया। कमरे पर कोई-न-कोई आता ही रहता है, मयूर-पूजा डिस्टर्ब न हों इसलिए संजय ने बाहर से कमरे में ताला लगा दिया और बोला कि दो घंटे में आएगा।

"तो तुम अब अध्यक्ष का चुनाव लड़ोगे..." पूजा की बात का मयूर ने जवाब नहीं दिया और अपने मुँह पर उँगली रखे रहा। मयूर के इस शरारत का जवाब पूजा ने उसे दो घूँसे मारकर दिया। मयूर ने फिर भी उँगली नहीं हटाई। पूजा समझ गई। उसने मयूर के मुँह से उसकी उँगली हटाई और उसके होंठों पर हल्का-सा किस किया। मयूर ने पूजा की आँखों में देखा और मुस्कुराया। पूजा ने उसके गाल खींच लिये।

दोनों बेड पर बैठे हुए थे। मयूर खिसका और पूजा की गोद में सिर रख के लेट गया और बोला—"सिर्फ़ चुनाव नहीं लड़ना, राघवेन्द्र का नाम यूनिवर्सिटी से मिटा देना है। जीतूँ या हारूँ, पर राघवेन्द्र को छठी का दूध ज़रूर याद दिला दूँगा।"

"तुम और तुम्हारा राघवेन्द्र...हम यहाँ क्या उसकी बातें करने आए हैं?" कहते

हुए पूजा ने थोड़ा ग़ुस्से से गर्दन को हिलाया। गर्दन हिलाने से उसके घुँघराले बालों के निचले सिरे ने मयूर के चेहरे पर एक ओर से दूसरी ओर का सफ़र किया। "नहीं, हम यह करने आए हैं," मयूर ने पूजा को बालों से ही नीचे अपनी ओर खींच किस करने की कोशिश की, पर पूजा ने उसकी कोशिश नाकाम कर दी और हँसने लगी।

मयूर पूजा की गोद से उठा और उसके चेहरे को पकड़ उसे किस करने आगे को झुका। पूजा भी पूरी तरह से उसे खिजाने के मूड में थी। उसने नो-नो करते हुए अपना सिर छुड़ाने की कोशिश की और पीछे को खिसकी। मयूर ने एक हाथ उसकी कमर में डाला और उसे आगे अपनी तरफ़ खींचा। पूजा ने दोनों हाथों से मयूर को दूर करने की कोशिश की तो मयूर ने दूसरे हाथ से उसके कन्धे को पीछे धकेला और ख़ुद पूजा के ऊपर झुक गया। पूजा बेड पर अपनी कुहनियों के सहारे अधलेटी टिकी थी। मयूर ने पूजा की कमर के नीचे से हाथ हटाकर उसकी एक कुहनी को खींचा। पूजा बेड पर चित गिर पड़ी। मयूर ने उसके दोनों हाथों को अपने हाथों से दबा दिया और उसके होंठों के क़रीब होंठ ले जाकर बोला—"अब कहो।"

पूजा ने मयूर को धकेलने की फिर कोशिश की और बोली—"आज तुम्हें किस नहीं करने दूँगी..." और कह के मयूर को जीभ चिढ़ाते हुए मुँह घुमा लिया।

"अच्छा जी! ऐसा...अब देखो" मयूर ने बेड से लटकती हुई पूजा की टाँगों को उठाकर बेड पर रखा और फुर्ती से उसकी जाँघों को अपनी जाँघों से दबाते हुए उसके ऊपर लेट गया। दोनों हाथों से उसके चेहरे को पकड़ उसके होंठों में अपने होंठ भी सटा दिए। पूजा कभी पैर फेंके तो कभी चेहरा घुमाने की कोशिश करे, पर मयूर उसके हर वार को नाकाम कर जाए। थोड़ी देर ऐसे ही खेलते दोनों थक गए और मयूर उसके ऊपर से हटकर साइड में लेट गया। वह पूजा के चेहरे पर उँगली फिराने लगा और उँगली बीच-बीच में उसके होंठों पर ले जाता और पूजा उसकी उँगली काटने की कोशिश करती, वह जल्दी से अपनी उँगली उठा लेता।

पूजा मिडी पहनकर आई थी और इस गुत्थम-गुत्था में उसकी मिडी घुटनों से ऊपर खिसक चुकी थी। मयूर ने अपने पैर के अँगूठे को पूजा की टाँगों पर घुमाना शुरू किया और जाँघों तक ले आया। पूजा ने दूसरे पैर से मयूर की टाँग पर मारा। "अरे, तोड़ दिया पैर...अबे, तुमने अभी तक बूट्स पहने हुए हैं। बेड पर बूट्स नहीं पहनते। लाओ, खोल दूँ..." कहकर मयूर उठा और उसने पूजा के पैरों से बूट्स खोलकर नीचे रखे और फिर धीरे-धीरे उसकी टाँगों पर हाथों की उँगलियाँ फिरानी शुरू की। वह सिहर उठी और उसने मयूर को कॉलर से

पकड़कर अपने पास खींचकर लिटा दिया। वह उठी, मयूर के ऊपर झुकी और उसकी दोनों टाँगो के बीच अपनी जाँघ डाल उसे किस करना शुरू किया। मयूर को आमंत्रण की पहली किस याद आ गई। वह किस कर रही थी और वह उसकी जाँघों को हाथों से सहला रहा था। वह उसके ऊपर बैठ गई और उसके शर्ट के बटन खोल उसकी छाती को उँगलियों से सहलाते-सहलाते यकायक उत्तेजित हो उसकी छाती को नाख़ूनों से खरोंचने लगी। मयूर के भी हाथ पूजा के कपड़ों के पार उसकी त्वचा पर तैर रहे थे। थोड़ी देर में दोनों बिना कपड़ों के थे और एक-दूसरे में समाए हुए थे।

मयूर पहली बार जिस्म के तिलिस्म से दो-चार हुआ था और अब निढाल हो पूजा के बग़ल में लेट लम्बी-लम्बी साँसें ले रहा था। पूजा भी उसके कन्धे पर सिर रखे हुए आँखें बन्द किए लेटी थी। मयूर ने पूजा के बालों में उँगलियाँ फिराते हुए कहा, "डेढ़ घंटा हो गया है, संजय आता ही होगा;" "ओह नो..." कहकर पूजा ने एक हल्का सा मुक्का मयूर की छाती पर मारा और बोली—"थोड़ा टाइम है न, ऐसे ही लेटे रहो थोड़ी देर मेरे साथ..." कहकर पूजा ने अपनी बाँहें मयूर के गले में डाल उसे कस के पकड़ लिया और उसके गाल पर किस किया।

कुछ देर बाद दोनों उठे और अपने कपड़े पहन बाल वग़ैरह सँवारे। बिस्तर को ठीक किया और कमरे का मुआयना किया कि कहीं उन्होंने ऐसा कोई निशान तो नहीं छोड़ा जिससे संजय को पता लगे, पीछे क्या-क्या हुआ! दोनों के बीच आज जो हुआ, पहली बार हुआ। एकदम यूँ आमने-सामने बैठ जाने पर दोनों ही एक-दूसरे को देख शरमा गए और लजा के एक-दूसरे से आँखें चुरा लीं। दोनों अपनी-अपनी पोजीशन लेकर कुर्सी और बेड पर ऐसे बैठ गए, जैसे एक-दूसरे से तीन फीट की दूरी बनाए रखने की क़सम खाई हो।

एक-दूसरे को देखते और मुस्कुराते आधा घंटा और गुज़र गया। पूजा ने घड़ी देखी और थोड़ी बेचैनी से बोली—"जाने का टाइम हो रहा है। अब और देर नहीं कर सकती।" मयूर ने उसे ढाढ़स बँधाते हुए कहा कि संजय आ ही रहा होगा। एक घंटा और गुज़र गया, पर संजय नहीं आया। इधर शाम ढल रही थी और उधर पूजा के चेहरे पर ग़ुस्सा और परेशानी बढ़ रही थी। उसने ग़ुस्से में दरवाज़े पर लातें मारनी शुरू कर दीं। मयूर ने उसे रोका तो उस पर भी बरस पड़ी और बोली—"मैं अगर अगले बीस मिनट में घर नहीं पहुँची तो बहुत बड़ा प्रॉब्लम हो जाएगा। मेरे घरवाले मुझे ढूँढ़ने निकल पड़ेंगे। तुम नहीं जानते क्या हो जाएगा।" कहकर पूजा बैठ गई और रोने लगी।

मयूर भी परेशान था, पर उसके हाथ में था ही क्या! पन्द्रह मिनट और गुज़रने

के बाद पूजा तो ऐसे बर्ताव करने लगी जैसे उसे पागलपन का दौरा चढ़ा हो। मयूर ने उसे सँभाला और बाहर निकलने का उपाय देखने लगा। दरवाज़े के ऊपर लकड़ी का एक रौशनदान था, चौड़ाई लगभग चार फ़ीट और ऊँचाई डेढ़ फ़ीट। मयूर कुर्सी पर चढ़ा और उसने जैसे-तैसे खींच के उस रौशनदान में लगे लकड़ी के पल्ले को निकाला और पूजा से कहा कि वह इसमें से निकल जाए। पूजा और इन्तज़ार नहीं कर सकती थी। उसने मयूर के कन्धे पर पैर रखा और रोशनदान में से बाहर निकलने लगी।

जैसे-तैसे वह रोशनदान में से लटककर बाहर होने लगी कि एक कील में उसकी मिडी फँस गई...और मिडी एक तरफ़ से फट गई ! पूजा हड़बड़ी में बाहर की तरफ कूदने लगी और रौशनदान से ही सिर के बल गिर पड़ी। उसके कपड़े थोड़े और फट गए, सिर में चोट आई और हाथ-पाँव में खरोंचें। मयूर अन्दर ही था और वह पूजा के गिरने की आवाज़ सुनकर कुर्सी पर चढ़ा और रौशनदान से झाँककर देखा। मयूर ने पूछा—"ठीक हो ?" पूजा कपड़े सँभालते उठी, मयूर को रौशनदान में देखा और 'गेट लॉस्ट' बोलकर लँगड़ाती हुई भाग गई। मयूर अन्दर ग़ुस्से में उबल रहा था...अब संजय का वापस आते ही पिटना निश्चित था।

20 जनवरी, 1999

समझ-बूझ, रणनीति और धूर्तता के अलावा राजनीति में किसी के ऊपर चढ़ने या गिरने में क़िस्मत और टाइमिंग दोनों का बहुत बड़ा योगदान होता है। मयूर की भी क़िस्मत काम कर रही थी। जिस लड़की के रेप केस से मयूर प्रसिद्ध हुआ था, उसी लड़की को पिछली रात किसी ने मारुति वैन में किडनैप करके फिर बलात्कार किया और बाद में सड़क पर फेंक दिया।

पिछले साल नुक्कड़ नाटक, कुछ दिनों पहले श्रुति वाला मामला—इस सबने मयूर की लड़कियों की अस्मिता और सुरक्षा के लिए बहुत जागरूक छात्र नेता की छवि बनाई थी। ऐसे में इस रेप केस का सामने आना उसके लिए वरदान था। इसी लड़की से हुए पिछले रेप केस के बाद मयूर अपने नाटक के ज़रिये सुर्खियों में आया था और आज फिर वही लड़की उसे दुबारा छात्र राजनीति में लाइम लाइट में लाने वाली थी।

ख़बर से राज्य और यूनिवर्सिटी दोनों की राजनीति गरमा उठी। विपक्ष का हर नेता इस बलात्कार से बहुत बुरी तरह दुखी था। इतना दुखी कि सबने एक-एक पेज के प्रेस नोट बनाकर अख़बारों को भेजे। महिला संगठनों ने महिला

सुरक्षा का सबसे ख़राब और इस सरकार के कार्यकाल को बता दिया था। सत्ता पक्ष के प्रवक्ता ने कुढ़कर इन महिला संगठनों से पूछ डाला कि पिछली सरकार में जब बलात्कार हुए, तब कहाँ थे?

इन सबसे अलग मयूर ने सारे अख़बारों में जाकर अपना एक बयान छपवाया और साथ ही यह भी पक्का किया कि किसी और छात्र नेता का बयान न छपे।

वह अपनी छवि चमकाने में कोई कसर नहीं छोड़ना चाहता था। यूनिवर्सिटी में सारे छात्र संगठन भी प्रदर्शन में जुट गए थे, वहीं इन सबसे अलग मयूर डीजीपी के घर पर प्रदर्शन करने पहुँच गया। पुलिस ने वहाँ से भगाया तो गृह मंत्री श्याम जोशी के घर पर उसने हंगामा मचा दिया। पुलिस हर तरफ़ से दबाव में थी। एक तरफ़ उन पर दोषियों को जल्द से जल्द ढूँढ़ने का दबाव था तो दूसरी तरफ़ इन आन्दोलनों को सँभालने का। पुलिस ने मयूर और सब दोस्तों को श्याम जोशी के घर के बाहर गिरफ़्तार किया और गाड़ी में बिठाकर क़रीब 40 किलोमीटर दूर चन्दवाजी में छोड़ दिया और सिर्फ़ इतना ही नहीं, सबकी जेब से बटुए और पैसे निकाल लिये ताकि कोई बस पकड़ के न आ जाए।

जैसे-तैसे हम लोग ट्रकों में जुगाड़ करके रात 10 बजे वापस जयपुर पहुँचे। हमारी मोटरसाइकिल जनता स्टोर पर ही खड़ी थी। हम वहाँ पहुँचे। गांधी नगर थाने के दो कांस्टेबल मार्केट में गश्त पर थे। उन्होंने हमें देखा। एक थाने की तरफ़ चला गया। हम ऑमलेट खाने का प्लान कर ही रहे थे कि पुलिस की जीप आकर रुकी। इंस्पेक्टर के साथ चार कांस्टेबल और एक सब-इंस्पेक्टर उतरे। उन्होंने मयूर का हाथ कलाई से पकड़ा और कहा—"साला, यहाँ ऑमलेट खा रहा है और हम पता नहीं इसे कहाँ-कहाँ ढूँढ़ आए! चल, गाड़ी में बैठ।"

मयूर हँसा और बोला—"आप लोग थोड़ा जल्दी आ गए हो। आज वाला हो गया। अब कल तुम्हारा थाना घेरूँगा, तब अरेस्ट करना।" सब-इंस्पेक्टर वही था जिससे श्रुति के केस के लिए मयूर झगड़ा था। उसे मयूर से बदला लेना था या अपने साहब को इम्प्रेस करना था पता नहीं, पर उसने रोबीली आवाज़ में मयूर को धमकाते हुए बोला—"घेरूँगा तो मैं अब तुझे। चल..."

थोड़े विरोध और धक्का-मुक्की के बाद मयूर को गिरफ़्तार कर लिया गया। मयूर को गिरफ़्तार होते हुए लड़कों ने देखा और अगले दिन उस पर यूनिवर्सिटी में कुछ कहानियाँ चलतीं उससे पहले ही मामला ख़त्म हो गया। देर रात लड़की ने अपने बयान में कहा कि उसके साथ कोई बलात्कार नहीं हुआ, उसने बलात्कार की झूठी रिपोर्ट लिखवाई थी। मयूर को पुलिस ने इस खुलासे के बाद सुबह 3 बजे छोड़ दिया। मामला ख़त्म हो गया था, और मयूर के हाथ

से एक मसला निकल चुका था और वह कुछ नया सोचने में लग गया।

अचानक इस तरह से इतनी बड़ी ख़बर का ग़लत निकलना लोगों के गले नहीं उतर रहा था। कुछ लोगों का कहना था कि सरकार ने इज़्ज़त बचाने को मामला दबाया; तो कोई कहता था कि किडनैपर पहुँच वाले थे। मीडिया में इस पर कोई फॉलो अप ख़बर ही नहीं हो पाई क्योंकि अगली दोपहर एक और बड़ी ख़बर आ गई थी। सुखपाल सिंह, जिसने दुर्गाराम पर हमला किया था, पुलिस ने उसे एनकाउंटर में मार गिराया और मीडिया उधर व्यस्त हो गई।

इस ख़बर का यूनिवर्सिटी से तो कोई लेना-देना नहीं था, पर राज्य की राजनीति में हलचल मचने लगी थी। अब राज्य में कुछ होगा तो यूनिवर्सिटी में भी असर दिखेगा। मयूर ने इस हलचल में से भी अपने लिए एक मौक़ा खोज निकाला।

***

पुलिस को सुखपाल सिंह की भनक मिली और उसने उसे चारों ओर से घेरकर एनकाउंटर में मार डाला। पुलिस एनकाउंटर की ख़ुशी मनाती उससे पहले दुर्गाराम और उसकी पत्नी निशा सिंह चौधरी ने प्रेस को बयान देकर कहा कि यह एनकाउंटर फ़र्ज़ी है। पुलिस ने जानबूझकर सुखपाल को मार दिया ताकि असली दोषी मुख्यमंत्री राज्येश सिंह का नाम बाहर न आए।

राज्येश सिंह का नाम घसीटे जाने से न सिर्फ़ मीडिया, बल्कि राजपूत समाज में ही राज्येश के राजनीतिक विरोधियों की भी नज़र इस मामले पर लग गई। सिकन्दर ने गृह मंत्री श्याम जोशी से प्रेस के ज़रिये निवेदन किया कि वह इस एनकाउंटर की निष्पक्ष जाँच करवाएँ और दोषी पुलिस वालों पर कार्यवाही करें। यह पहला मौक़ा था जब राजपूत सभा सिकन्दर की बात से सहमत हुई।

राजपूत सभा ने इस एनकाउंटर को जातिगत मसला बना दिया और एनकाउंटर को फ़र्ज़ी बताते हुए इसके ख़िलाफ़ मोर्चा खोल दिया। उनका कहना था कि सुखपाल सिंह एक राजपूत था और ग़रीब लोगों में उसकी पैठ से कुर्सी पर बैठे लोग डरते हैं, इसलिए उसे उड़ा दिया गया। कुर्सी पर बैठे लोगों से तात्पर्य यहाँ राज्येश से था। एक गैंगस्टर के एनकाउंटर का मामला अब जातिगत राजनीति का हो चला था। सिकन्दर अब नेपथ्य में चला गया और सामने कई राजपूत संगठन आने लगे। राजपूत सभा और भवानी सेना वग़ैरह वाले मुख्यमंत्री को दबे स्वर में कहने लगे कि उन्होंने ही सुखपाल का मुँह बन्द करवाने के

एनकाउंटर कराया है। सुखपाल धीरे-धीरे गैंगस्टर की जगह राजपूत समाज का चेहरा बन रहा था।

राज्येश ने कई सालों तक एकछत्र राजपूत नेता के रूप में राज किया। बहुत से राजपूत नेता उभरने की कोशिश कर रहे थे, जिन्हें या तो वह दबा देता या वह ख़ुद ही उसके आभामंडल के दबाव में खुल के सामने आने की हिम्मत नहीं करते। सुखपाल की मौत एक बड़ा मौक़ा था राज्येश के ख़िलाफ़ माहौल बनाने का। जातिगत मसला बनने से अब आम राजपूत भी इस मामले से जुड़ने लगा और तीसरे दिन इस एनकाउंटर के ख़िलाफ़ पहला बड़ा प्रदर्शन हुआ। अगले चार दिनों तक राज्य के अलग-अलग हिस्सों में राजपूतों ने गैंगस्टर की मौत को राजपूत स्वाभिमान से जोड़कर प्रदर्शन किए जिनमें कई प्रदर्शन हिंसक भी रहे। ख़बरें थीं कि अलग-अलग रियासतों के पूर्व महाराजा भी पीछे से इस आन्दोलन को समर्थन दे रहे हैं क्योंकि उनमें से कई राज्येश से नाराज़ होने लगे थे।

मयूर ने प्रताप के ज़रिये शक्ति सिंह ढूँडा से मीटिंग की। मयूर ने शक्ति से पूछा—''जब सारे राजपूत इस एनकाउंटर के ख़िलाफ़ आन्दोलन कर रहे हैं तो तू क्यों नहीं कर रहा?''

शक्ति को यह सवाल बड़ा बेतुका लगा। उसने पूछा—''तुझे इससे क्या लेना-देना? तू अपना काम कर, मैं अपना कर रहा!'' मयूर मुस्कुराया और बोला—''सारा राजपूत समाज अभी उसे हीरो बनाने में लगा है, तू भी लग जा। सबकी नज़र में आएगा और चुनाव में फ़ायदा भी मिलेगा।''

''अबे पंडित, तुझे मेरे फ़ायदे-नुकसान की बड़ी चिन्ता होने लगी...चुनाव तो अब तू भी लड़ रहा है, क्या गेम खेल रहा है मेरे साथ?''

''तेरे साथ नहीं, तेरा साथ लेके खेलूँगा। तेरा-मेरा दुश्मन एक...राघवेन्द्र शर्मा। उसने मुझे धोखा दिया। उसकी वजह से मैं भी हारा और तू भी हारा। मैं चाहता हूँ कि हम दोनों उसे मैदान से बाहर कर दें। राघवेन्द्र को ब्राह्मण और जाट वोट मिल रहे हैं। मैं उसके यह दोनों वोट काट सकता हूँ, पर इस काम के लिए तेरी मदद चाहिए।''

''कैसे?''

''तेरी पिटाई करके...'' सुनते ही शक्ति के समर्थक भड़क उठे और मयूर को धमकाया—''जबान खींच लेंगे, बना के लिए कुछ बोला तो।''

''जब दो भावी अध्यक्ष बात कर रहे हों तो बीच में बोलना नहीं चाहिए। बैठ

जा...'' मयूर ने उन लड़कों को धमकाया और शक्ति से आगे बोला—''देख शक्ति, जाट तुझे रोकने के लिए किसी भी ऐसे को वोट देंगे जो उन्हें तेरी टक्कर का लगे। वह राघवेन्द्र को तेरी टक्कर का समझते हैं, पर राघवेन्द्र और तू आमने-सामने आए ही नहीं। हम आपस में भिड़ेंगे और जाटों को मुझमें वह आदमी दिखेगा जो तुझे रोक सकता है। कैम्पस वाले जाट राघवेन्द्र के साथी हैं, पर इसके बाद जाटों के वोट बंटेंगे और कॉलेज के जाट मुझे ही वोट देंगे। ब्राह्मण वोट तो मैं कुछ न कुछ काटूँगा ही। तेरा जो वोट बैंक है वह वैसे के वैसे है। साथ ही मेरे प्लान में तू राजपूतों की नज़र में और चढ़ जाएगा। तो बता, है फ़ायदा ?''

शक्ति सिंह ने थोड़ी देर सोचा और कहा—''ठीक है, पर प्लान क्या है ?'' मयूर की आँखें चमक उठीं और उसने शक्ति को सारा प्लान समझा दिया। शक्ति पूरी तरह कन्विंस नहीं था, क्योंकि उसके पिटने की ख़बर से उसकी छवि ख़राब हो सकती थी, लेकिन इसमें यह पक्का था कि मयूर राघवेन्द्र की टक्कर में खड़ा हो जाता और उसके वोट काटता। शक्ति मान गया। जब चलने लगे तो मयूर ने उसे कहा—''लड़ाई में थोड़ा-बहुत ख़ून भी निकलना चाहिए, साथ ही यह इन्तज़ाम भी करना होगा कि पुलिस टाइम पर वहाँ रहे, जिससे झगड़ा रुके और हम दोनों गिरफ़्तार हो जाए। तू कल यूनिवर्सिटी बन्द कराने का ऐलान कर दे और राजस्थान कॉलेज में मैं तुझे रोकूँगा।''

मयूर इस मीटिंग के बाद विवेकानन्द हॉस्टल पहुँचा और अपने दोस्तों को बुलाकर कहा—''कल शक्ति यूनिवर्सिटी बन्द करवाने वाला है। अपना कॉलेज बन्द नहीं होना चाहिए। मैं उसे रोकूँगा। तुम लोगों का साथ चाहिए।''

विवेकानन्द के लड़के लड़ने को यूँ ही तैयार रहते थे और शक्ति से बदला लेने का मौक़ा देख लगभग आधा हॉस्टल मयूर के समर्थन को तैयार हो गया। चूँकि सामना शक्ति से था, इसलिए मयूर ने लड़कों को हॉकी स्टिक, रॉड और डंडे इकट्ठे करने को कहा। कॉलेज में लड़कों को कहाँ-कहाँ खड़े होना है और कहाँ बैठना है यह सब बताया गया, ताकि शक्ति पर हर तरफ़ से हमला हो सके। हमें पता था कि 100 नम्बर पर कब फ़ोन करना था।

अगले दिन प्लान के हिसाब से शक्ति कॉलेज पहुँचा और उसके साथियों ने राजपूत एकता ज़िन्दाबाद, राजपूत सेना ज़िन्दाबाद टाइप के नारे लगाते हुए लॉन में बैठे हुए लड़कों को उठाकर भगाना शुरू किया और शक्ति ख़ुद कॉलेज का चैनल गेट बन्द करने बढ़ा। यहाँ पर मयूर, दुष्यन्त और दस-बारह लड़के उसे रोकने के लिए खड़े थे। चैनल गेट को सिर्फ़ इतना खोला हुआ था कि एक आदमी अन्दर आ सके। शक्ति ने मयूर को हटने को कहा, पर वह नहीं हटा।

इस पर शक्ति ने ग़ुस्सा होकर मयूर को कॉलर से पकड़कर उठाया और पीछे फेंक दिया। शक्ति काफ़ी लम्बा था, पतला था पर मयूर के मुक़ाबले तो मज़बूत था और इन दिनों में उसने सेहत भी बनाई थी। शक्ति उसे धक्का देकर अन्दर घुसा ही था कि प्लान के मुताबिक चार लड़कों ने शक्ति के साथ वालों को बाहर की ओर धकेला और उनसे उलझ गए। दुष्यन्त ने चैनल गेट बन्द कर उस पर ताला मार दिया।

अब चैनल गेट के अन्दर शक्ति था और हमारे सात लोग। बाहर हंगामा मचा और दोनों तरफ़ के लड़के एक-दूसरे से भिड़ गए। रॉड, हॉकी-स्टिक चलने लगी। अन्दर शक्ति, मयूर, दुष्यन्त वग़ैरह उलझे पड़े थे। कुछ राजपूत लड़के तलवार निकाल लाये तो एक ने हवाई फायर किया और ताला तोड़ने आगे बढ़ा। प्लान के हिसाब से मैं प्रिंसिपल के कमरे में 100 नम्बर पर फ़ोन करने को दौड़ा लेकिन उससे पहले पुलिस पहुँच चुकी थी और उसने लाठीचार्ज शुरू कर दिया। प्रदर्शन की वजह से काफ़ी जिप्सियाँ आसपास तैनात थीं, वह सारी मौक़े पर बुला ली गईं और लड़कों को गिरफ़्तार किया गया।

मयूर और शक्ति भी गिरफ़्तार हुए। मीडिया वाले आ चुके थे। अपने पत्रकार भी थे। शक्ति और मयूर ने एक-दूसरे को आँख मारी और पुलिस वालों से घिरे हुए पोज़ देकर फ़ोटो खिंचवाई। जब चलने लगे तो मयूर ने अपने पत्रकार मित्र को बुलाकर कान में कहा—"कल अख़बार में यह लिखा होना चाहिए कि परशुराम वाहिनी के अध्यक्ष मयूर भारद्वाज ने राजपूत नेता शक्ति सिंह को पीटा।" ख़बर ऐसी तो नहीं आई लेकिन 'परशुराम वाहिनी और राजपूत छात्र सभा में ख़ूनी भिडन्त' हेडलाइन बनी। शक्ति और मयूर दोनों की पुलिस के साथ पोज़ देकर खिंचाई फ़ोटो अख़बारों में आई, लेकिन शेखर भैया वाले अख़बार में सिर्फ़ मयूर की फ़ोटो छपी।

राघवेन्द्र के वोट बैंक में सेंध लगाने का मयूर का पहला टारगेट पूरा हो चुका था। उसने राघवेन्द्र के दोनों अहम वोट बैंक ब्राह्मण और जाट पर अपनी साख जमा ली थी। जिस शक्ति के डर से कोई बोलने से कतराता था, उस शक्ति को मयूर पीट चुका था। जाटों ने भी इस ख़बर के बाद विवेकानन्द हॉस्टल में जय परशुराम के नारे लगाए। इस घटना से कट्टर ब्राह्मण छात्र ऐसे ख़ुश हो रहे थे, जैसे उस ज़माने में परशुराम के फरसे की धार उन्होंने ही तेज़ करके दी हो।

कोर्ट ने मयूर और शक्ति को छह महीने के लिए पाबन्द करके छोड़ दिया था। इस सबके बाद मयूर का आत्मविश्वास बहुत बढ़ गया और छूटने के बाद बाहर आकर शक्ति को बोला—"चलो बेटा, अब अध्यक्ष बनने की तैयारी शुरू करें।

या तो तू या मैं, कोई और नहीं।'' शक्ति मुस्कुराया और बोला—''राघवेन्द्र को हलके में मत लेना। सिकन्दर जाटों के वोट उधर डलवाने की कोशिश करेगा, तू फोकस बनाए रख जाट और पंडितों को तोड़ने पर...ताकि अगले साल मैं जीतूँ।'' कहकर शक्ति आँख मारकर निकल गया।

2 जून, 1999; बुधवार

शहर के सभी अख़बारों की हेडलाइन थी—'राजस्थान यूनिवर्सिटी में एडमिशन स्कैम।' फॉर्म्स में हेराफेरी करके, नकली मार्कशीट लगाकर तो कभी फ़र्ज़ी स्पोर्ट्स सर्टिफिकेट, कास्ट सर्टिफिकेट वग़ैरह लगाकर, यूनिवर्सिटी में अंडरग्रेजुएट, पोस्टग्रेजुएट, एलएलबी—हर स्तर पर फ़र्ज़ी एडमिशन किए गए और यह काम 2 सेशन से लगातार हो रहा था। यूनिवर्सिटी से लेकर विधानसभा तक, दफ़्तरों से लेकर हर उस घर तक इस एडमिशन घोटाले की चर्चा थी, जहाँ कोई युवा था। जिनके बच्चे ग्रेस मार्क्स से पास हुए थे वह भी कह रहे थे कि यह स्कैम न हुआ होता तो उनके बच्चे भी अच्छे कॉलेज में होते।

मयूर ख़बर पढ़कर बेचैन हो उठा। इसलिए नहीं कि यूनिवर्सिटी में ऐसा घोटाला हुआ, बल्कि इसलिए कि हमारी परीक्षाएँ ख़त्म होने में दो दिन और बाक़ी थे और इस बीच में राघवेन्द्र धरना-प्रदर्शन शुरू कर देगा और उससे आगे निकल जाएगा। पिछले पाँच-छह महीनों में मयूर ने अपना ख़ुद का ग्राउंड तैयार कर लिया था और उसे अब शक्ति और राघवेन्द्र के बराबर की टक्कर का तो नहीं पर आसपास में माना जा रहा था।

मयूर अपनी तैयारी को और धार देता, उससे पहले परीक्षाएँ आ गईं। चुनाव लड़ने के लिए कैम्पस में एडमिशन ज़रूरी था और उसके लिए चाहिए थे—मार्क्स! हमने छात्र राजनीति से दो महीने का पूरा ब्रेक लिया और पढ़ाई पर ध्यान लगाया। दुष्यन्त कमज़ोर था पढ़ने में, इसलिए मयूर ने उसे भी पढ़ाना शुरू कर दिया था। परीक्षा के बाद फिर से ख़बरों में आने के लिए मयूर को जो मौक़ा चाहिए था वह अपने आप सामने आ गया था, पर दो दिन कैसे भी इन्तज़ार करना ही था...क्योंकि घर पर हम सबको धमकी मिली हुई थी कि परीक्षाओं से पहले कोई कांड किया तो घर से निकाल देंगे।

अगले दिन राघवेन्द्र ने कास के कार्यकर्ताओं के साथ कुलपति का इस्तीफ़ा माँगते हुए आन्दोलन शुरू कर दिया था। शक्ति सिंह ने भी कई ऐसे लड़कों को लेकर प्रदर्शन किया जिनका एडमिशन नहीं हुआ था। इन दो दिनों में आन्दोलन थोड़ा हल्का इसलिए भी रहा, क्योंकि कोई भी छात्र नेता परीक्षा दे

रहे छात्रों को डिस्टर्ब करके नाराज़ करने का ख़तरा नहीं ले सकता था।

5 जून, शनिवार को परीक्षा ख़त्म होते ही मयूर ने सबसे पहला प्रदर्शन अपने ही कॉलेज में किया। उस समय फ़र्स्ट ईयर के एडमिशन फॉर्म भरे जा रहे थे। मयूर ने अपने राजस्थान कॉलेज के एडमिशन ऑफ़िस पर ताला मारकर एडमिशन प्रक्रिया रुकवा दी और प्रिंसिपल का घेराव कर फॉर्मों की पूरी जाँच की माँग करने लगा।

उसकी देखा-देखी अगले सोमवार को राघवेन्द्र ने भी महाराजा कॉलेज में प्रक्रिया रुकवा दी। शक्ति सिंह ने कॉमर्स कॉलेज में कर्मचारियों से हाथा-पाई कर ली। ग़ुस्से में कर्मचारियों ने हड़ताल करके एडमिशन बन्द कर दिए। बुधवार होते-होते यूनिवर्सिटी में एडमिशन प्रक्रिया ठप्प हो गई।

एडमिशन घोटाले के जाँच शुरू होने के साथ सब इल्जाम एक-दूसरे पर डालने लगे। पहला इल्जाम कर्मचारियों पर आया जो फॉर्म लेते हैं। उन्होंने उन प्रोफ़ेसरों पर इल्जाम लगाया जो सारे फॉर्म जाँच कर फ़ाइनल लिस्ट पर साइन करते हैं। आपस में दोनों ग्रुप बयानबाज़ी में भी उलझ गए।

शिक्षामंत्री सिकन्दर बेनीवाल और राज्येश दोनों ही इस घोटाले पर गिद्ध की तरह नज़र गड़ाए हुए थे। सिकन्दर कुलपति को जवाबदेह बनाने की तैयारी कर रहा था तो राज्येश सिकन्दर के मंत्रालय को घेरने की सोच रहा था। लड़के एडमिशन बन्द करवाकर नारेबाज़ी कर रहे थे। जिस तरह से सब कुछ हो रहा था किसी को कुछ भी आगे बढ़ता नहीं दिख रहा था। मयूर, राघवेन्द्र, शक्ति—तीनों ही नहीं समझ पा रहे थे कि अगला क़दम क्या लें कि उन्हें फ़ायदा हो, यही स्थिति सिकन्दर और राज्येश की भी थी।

राघवेन्द्र इसे एक बड़े मौक़े में बदलना चाहता था। राघवेन्द्र की प्रतिष्ठा दाँव पर थी। मयूर के मैदान में होने से सबसे ज़्यादा नुकसान राघवेन्द्र को ही हो रहा था। उसे कुछ ऐसा करना था कि इस आन्दोलन की दिशा बदल जाए और सारा आन्दोलन उसी के इर्द-गिर्द घूमे।

जनता स्टोर की गॉसिप से पता चला कि राघवेन्द्र कुछ बहुत बड़ा प्लान कर रहा है। प्लान सीक्रेट है और सिर्फ़ एक-दो लोगों को पता है, पर इतना बड़ा ज़रूर है कि कुलपति की छुट्‌टी ज़रूर हो जाएगी। राघवेन्द्र मीडिया में भी छाया रहेगा। यह सुन के मयूर बोला—"एक काम करते हैं, राघवेन्द्र को सीक्रेट प्लान बनाने देते हैं। जब वह ग्राउंड पर उतरेगा तो देखेंगे कर क्या रहा है। उसके बाद उसका प्लान हाईजैक कर लेंगे वैसे ही जैसे गवर्नर हाउस पर सुरेश का किया था। हम भी वहीं प्रदर्शन करेंगे। वह वाइस-चांसलर के ख़िलाफ़ नारा लगाएगा

तो अपन मंत्री के ख़िलाफ़ लगाएँगे। उनके बड़े प्लान को अपन छोटा कर देंगे।''

अगले दिन पुलिस ने यूनिवर्सिटी को ऐसा घेरा था कि कहीं भी प्रदर्शन करना मुश्किल था। राघवेन्द्र ने प्रदर्शन की जगह बदलकर गांधी सर्किल कर दी। गांधी सर्किल के बीच में गांधी जी की मूर्ति लगी हुई है जो 2 अक्टूबर और 31 जनवरी को साफ़ की जाती है। चौराहे के एक तरफ़ पोद्दार स्कूल है, जिसके लड़के उस समय इतने बदमाश थे कि इस स्कूल को मिनी यूनिवर्सिटी कहा जाता था। इसके ठीक सामने वाले कोने पर पोद्दार मैनेजमेंट इंस्टिट्यूट है, जहाँ बच्चे व्हाइट कॉलर जॉब के लिए तैयार होते हैं। इस इंस्टिट्यूट के बग़ल की सड़क के कोने पर यूनिवर्सिटी गेस्ट हाउस है, जहाँ बड़े पद वाले लोग मुफ्त में रहने आते हैं। गेस्ट हाउस के सामने सड़क के पार कनोडिया गर्ल्स कॉलेज है, जिसके बाहर विवेकानन्द वाले लड़कों से लेकर मजनुओं की लाइन खड़ी रहती है।

कुछ करने से पहले ही पुलिस ने डंडे मारकर सबको वहाँ से भगा दिया। मयूर ने किसी के ज़रिये राघवेन्द्र को ख़बर करवाई कि जनता स्टोर पर चलते हैं, वहाँ करते हैं जो भी करना है। बग़ल में ही थाना है। इसलिए पुलिस सोचेगी ही नहीं कि हम वहाँ जाएँगे। हम गए तो कुछ कर नहीं पाएगी, क्योंकि थाने की सारी पुलिस तो यूनिवर्सिटी में लगी है। राघवेन्द्र को आइडिया पसन्द आया और वह कार्यकर्ताओं के साथ जनता स्टोर पहुँचा। हम उसके स्वागत को पहले से खड़े थे। मयूर ने कुछ मीडिया वालों को भनक दे दी कि जनता स्टोर पर कुछ होने वाला है। वह भी वहाँ पहुँच गए थे।

सुरेश ने कुलपति मुर्दाबाद से नारेबाज़ी की शुरुआत की जिसे राघवेन्द्र ने 'कुलपति इस्तीफ़ा दो, इस्तीफ़ा दो...'' के नारे से आगे बढ़ाया। जैसे ही राघवेन्द्र ने नारेबाज़ी शुरू की मयूर ने भी शिक्षामंत्री इस्तीफ़ा दो के नारे लगाने शुरू कर दिए। कास के 35-40 कार्यकर्ता थे तो हमारे साथ भी इतने ही इकट्ठे थे। दोनों तरफ़ से नारेबाज़ी की होड़ शुरू हो गई। अब नारे लगाने पर कम और इस बात पर ज़्यादा ज़ोर था कि कौन सा ग्रुप अपने नारों से दूसरे की आवाज़ दबा सकता है। लेकिन बाहर से देखने वाले को यह फ़र्क़ पता नहीं लगता, बाहर से ऐसा लग रहा था कि एक ही ग्रुप कुलपति और शिक्षामंत्री दोनों के इस्तीफ़े माँग रहा है। यह देखकर राघवेन्द्र भड़क उठा पर कुछ कर नहीं सकता था क्योंकि मीडिया वाले थे और वैसे भी उसका प्लान बड़ा था। कुछ ऐसे कमीने भी थे जो दोनों तरफ़ से नारेबाज़ी कर रहे थे। इन लोगों की वजह से नारेबाज़ी में मज़ा और बढ़ गया था। ऐसे लोग आजकल भी दिखते हैं जो तिरंगा और दुरंगा—दोनों पार्टियों की रैली सुपर हिट बनाते हैं। सुना है कि यमराज ऐसे लोगों को सज़ा देने के लिए कोई नया हथियार ईजाद कर रहे हैं।

लड़कों में इस बीच थोड़ी-बहुत धक्का-मुक्की भी हुई और हम लोग सड़क के बीचोबीच आ गए। दोनों तरफ़ से नारेबाज़ी चल रही थी, पत्रकार फ़ोटो खींचने में व्यस्त थे। दिया तले अँधेरा वाली कहावत चरितार्थ हो रही थी। थाने के ठीक बग़ल के मार्केट में प्रदर्शन और पुलिस वहाँ थी ही नहीं, क्योंकि सारा दस्ता यूनिवर्सिटी में था। अचानक राघवेन्द्र वाली तरफ़ से कोलाहल बढ़ा, पर यह नारेबाज़ी नहीं थी। आवाज़ें जो सुनाई पड़ रही थीं वह मिली-जुली थीं—'अबे रुक जा, क्या कर रहा है', 'पकड़ो इसे', 'डरना मत', 'माचिस जला'...हवा में धीरे-धीरे पेट्रोल की गन्ध फैलने लगी थी। मयूर चौंका और बोला यह हो क्या रहा है ? हम सब लोग कास के कार्यकर्ताओं की तरफ़ दौड़े। लड़कों ने एक गोला सा बना लिया था और उनके बीच में खड़ा था पेट्रोल से नहाया हुआ निशान्त पारीक।

निशान्त फ़र्स्ट इयर का लड़का था। फेयरनेस क्रीम लगाकर यामी गौतम जितनी गोरी दिखती है, उससे भी ज़्यादा गोरा, ठीक-ठाक कद-काठी का, होंठ इतने गुलाबी कि लड़कियाँ शरमा जाएँ! बहुत ही क्यूट लड़का था; जुगल हंसराज को देखा है आपने, कुछ-कुछ उसके जैसा। राघवेन्द्र का दूर का रिश्तेदार था। उससे मिलने पर बहुत पॉजिटिव फीलिंग आती थी। जब मयूर चुनाव लड़ रहा था, तब पहली बार हम उससे मिले थे। निशान्त भी आगे कॉलेज अध्यक्ष का चुनाव लड़ने की इच्छा रखता था और मयूर को कहता कि मैं भी आपकी तरह ऐसा कुछ हंगामेदार करूँगा कि एक झटके में नाम हो जाए और फिर चुनाव जीत जाऊँगा। निशान्त जैसा था, हमारे ग्रुप का हिस्सा बनने के लायक था, पर चुनाव के बाद राघवेन्द्र से हमारी दोस्ती टूट गई और इस तरह निशान्त हमारे ग्रुप का हिस्सा बनते-बनते रह गया।

निशान्त पूरा भीगा हुआ था पेट्रोल में! उसके बालों से भी पेट्रोल टपक रहा था। नीचे एक कनस्तर गिरा हुआ था। उसके हाथ में एक और कनस्तर था और देखते-देखते उसने वह भी अपने ऊपर उंडेल लिया। निशान्त के शरीर के अलावा नीचे उसके चारों तरफ़ पेट्रोल फैल गया था। कोई उसे रुकने को कह रहा था तो कोई कह रहा था कि डरना मत। मयूर राघवेन्द्र के पास दौड़ा गया और बोला, "भैया, रोको उसे, क्या कर रहा है वह।" राघवेन्द्र मयूर को अनसुना कर लड़कों और मीडिया को भाषण देता हुआ बोला—"आज वाइस-चांसलर के किए घपले से यह स्थिति आ चुकी है कि एक युवा अपनी जान देने को तैयार है। हमें इस कुलपति का इस्तीफ़ा अभी चाहिए।" यह कह के उसने "कुलपति इस्तीफ़ा दो" के नारे फिर लगाए। राघवेन्द्र बाँह उठाकर नारे लगा रहा था, मयूर ने उसकी बाँह को पकड़ के नीचे किया और चिल्लाया—"क्या

कर रहे हो ? रोको उसे, नहीं तो मैं जाता हूँ।'' राघवेन्द्र ने मयूर को गले से पकड़ा और थोड़ा-सा पीछे करके बहुत ज़ोर से धक्का मारा और चुटकी बजा के उसे उँगली दिखाते हुए बोला—''तू अपना काम कर, मुझे अपना करने दे।''

राघवेन्द्र मुड़ा और निशान्त को माचिस जलाने का इशारा किया...निशान्त काँप रहा था। उसके हाथ में माचिस थी, पर जब उसे राघवेन्द्र ने माचिस जलाने का इशारा किया तो उसने राघवेन्द्र को बड़ी कातर निगाहों से देखा; जैसे पूछ रहा हो—सच में जलाऊँ ? राघवेन्द्र ने तुरन्त नारा लगाया—निशान्त पारीक ज़िन्दाबाद, ज़िन्दाबाद...निशान्त ने माचिस जलाने की कोशिश की, पर माचिस जली नहीं, उसने दुबारा कोशिश की। उसे ऐसा करते देख मयूर बोला—''अपने को ही रोकना पड़ेगा इसे, चलो... ''—बोल के मयूर निशान्त की ओर बढ़ा और पीछे-पीछे दुष्यन्त। मयूर मुश्किल से चार क़दम बढ़ा था कि माचिस जल गई। मयूर ठिठका और चिल्लाया—''निशान्त...नहीं...रुक जा...'' मयूर उसे रोकने दौड़ा पर अपने ही पैरों में उलझ के गिर गया। दुष्यन्त ने उसे उठाया, वह फिर आगे बढ़ता तब तक निशान्त के हाथ की तीली जलकर उँगली तक पहुँच चुकी थी। निशान्त के हाथ से तीली छूटी और उसकी शर्ट से टकराती ज़मीन पर गिरी।

निशान्त की शर्ट में आग लग गई और साथ ही नीचे फैले पेट्रोल में। मयूर के एक क़दम भी आगे बढ़ाने से पहले ही निशान्त धू-धू करके जल पड़ा। शोरगुल मचना शुरू हो गया, लड़के इधर-उधर भागने लगे, कोई मिट्टी फेंक रहा था तो कोई सिर्फ़ 'उसे बचाओ, उसे बचाओ' चिल्ला रहा था। हम तीनों ने उसके क़रीब जाने की कोशिश की, पर आग की तपिश इतनी ज़्यादा थी कि हम झेल नहीं सके। आसपास कहीं पानी भी नहीं था। मयूर ने निशान्त के पास जाने की फिर कोशिश की, पर दुष्यन्त ने उसे पीछे से पकड़कर रोक लिया। मयूर के बाँहों पर बाल जल गए थे। राघवेन्द्र के चेहरे पर हवाइयाँ उड़ने लगीं। मयूर उसकी तरफ़ ग़ुस्से से बढ़ा। उसने मयूर को अपनी तरफ़ आते देखा तो वहाँ से भाग खड़ा हुआ।

पुलिस आ चुकी थी। उन्होंने भी कोशिश की, पर निशान्त काफ़ी जल चुका था। कुछ देर में सायरन बजाती एम्बुलेंस आई और सायरन बजाती हुई ही निशान्त को लेकर सवाई मानसिंह हॉस्पिटल चली गई। इस घटना के बाद पुलिस ने जहाँ पाँच-छह से ज़्यादा लड़कों को इकट्ठा देखा वहीं डंडे मारे। देर रात ख़बर आई कि सबकी दुआएँ बेअसर रहीं...डॉक्टरों की तमाम कोशिश के बाद भी उसे नहीं बचाया जा सका। निशान्त 90 प्रतिशत जल गया था। उस 90 प्रतिशत जले मृत शरीर पर 150 प्रतिशत राजनीति की तैयारियाँ हो चुकी थीं।

***

''मुझे पैसों की ज़रूरत है, चुनाव लड़ना है। आप मेरे लिए अभी दो लाख का इन्तज़ाम करवा दीजिए।''

''और मैं आपके लिए पैसों का इन्तज़ाम क्यों करूँ भला?''

''क्योंकि कल सुबह सिकन्दर बेनीवाल प्रेस कॉन्फ्रेंस कर रहा है...मुझे भी पता है और आपको भी कि वह क्या बोलेगा। मेरे पास दो तरीक़े हैं निशान्त की मौत पर हल्ला बोलने के लिए—एक में सिर्फ़ मेरा फ़ायदा, दूसरे में हम दोनों का...ज़ाहिर-सी बात है, आप दूसरे तरीक़े पर...''

''आपको यह ग़लतफ़हमी कैसे हो गई कि मुझे आपके तरीक़ों की ज़रूरत है!''

''क्योंकि इस वक़्त मैं ही हूँ जो यूनिवर्सिटी में बहुत कुछ आपके हिसाब से कर सकता हूँ।''

निशान्त की मौत की ख़बर के बाद सिकन्दर बेनीवाल ने अगले दिन प्रेस कॉन्फ्रेंस बुलाई थी। मयूर को जैसे ही पता लगा, उसने राजावत से बात कर राज्येश सिंह राठौड़ से अर्जेन्ट मीटिंग कराने की बात की। राज्येश सिंह का रुख ऐसा था, जैसे उसे कोई फ़र्क़ नहीं पड़ता। फ़र्क़ उसे पड़ रहा था, और यह मयूर को भी पता था वर्ना मयूर जैसे छोटे से छात्र नेता से उसे मिलने की कोई ज़रूरत नहीं थी।

''देखो बेटा, काम करना है तो साथ मिलकर करो; जैसे राघवेन्द्र ने किया। यह दो-तीन लाख क्या है, कुछ नहीं...बड़े फ़ायदे की सोचो।''

''सर, मैं बहुत छोटा आदमी हूँ, इसलिए सिर्फ़ छोटे-छोटे फ़ायदे देखता हूँ। आज साथ मिलकर करते हैं, फिर आगे का आगे देखेंगे। यदि आप दो लाख दे सकें तो कल पूरी प्रेस कॉन्फ्रेंस बिगाड़ दूँगा। नहीं देंगे तो भी राघवेन्द्र से अपनी लड़ाई तो लड़ ही रहा हूँ। आप देख लीजिए, यदि मेरा तरीक़ा पसन्द हो तो...''

''काफ़ी जल्दी सीख रहे हो राजनीति।''

''राजनीति में पहला आशीर्वाद आपका ही लिया था, तब से चीजें समझ में आने लगी हैं।'' मयूर की बात सुन राज्येश मुस्कुराया, और कहा—''ठीक है, आपको जो चाहिए मिल जाएगा पर करेंगे क्या?''

''वह मुझ पर छोड़ दीजिए...बस एक चीज़ का ध्यान रखिएगा कि कल अगर मैं गिरफ़्तार हो जाऊँ तो पुलिस वाले मेरे साथ नरमी से पेश आएँ, वैसा कुछ

मत करिएगा जो राघवेन्द्र के साथ किया था।'' कहकर मयूर हाथ जोड़ते हुए उठा। राज्येश को यह खेल मज़ेदार लग रहा था।

***

अगले दिन सुबह से राघवेन्द्र सिकन्दर के ही घर पर था। उस दिन वह सिकन्दर के बँगले से मीडिया के उन सभी लोगों को फ़ोन करके बुला रहा था जिनके बारे में उसे लगता था कि वे सिकन्दर के लिए अच्छे विचार रखते हैं। सुरेश के जीतने के बाद राघवेन्द्र सिकन्दर का ख़ास हो गया था। उसके साथ उसकी रैलियों में जाता। उसके विधानसभा क्षेत्र में भी वह न सिर्फ़ सिकन्दर के साथ घूमता, बल्कि उसने सिकन्दर का बहुत-सा काम सँभाल लिया था। उसकी सिकन्दर के घर में अच्छी पैठ हो गई थी और अक्सर वह बँगले से काम करता। सिकन्दर राघवेन्द्र पर काफ़ी भरोसा करने लगा था।

सुबह 11 बजे सिकन्दर के बँगले पर एक हॉल में मीडिया वालों की भीड़ लगी हुई थी। मयूर भी हम सब को लेकर पहुँचा। हॉल में दोनों तरफ़ कुर्सियाँ लगी थीं और बीच में पैसेज था। मयूर एक तरफ़ बैठा और हम सभी दूसरी तरफ़, लेकिन अलग-अलग बैठे।

सिकन्दर बेनीवाल प्रेस कॉन्फ्रेंस में बहुत ही उदास चेहरे के साथ पहुँचा, जैसे उसके घर में कोई मर गया हो। सिकन्दर सबको नमस्कार करके बैठा और अख़बार उठाकर सबको दिखाया। अख़बार पर निशान्त के आत्मदाह और मौत की ख़बर पूरे आठ कॉलम में थी। सिकन्दर यह ख़बर दिखाकर कुछ बोलना चाहता था पर रुक गया और उसने अख़बार टेबल पर रख अपना सिर पकड़ लिया। कुछ देर तक वह कुछ नहीं बोला और मीडिया वाले दम साधे उसे देखते रहे। जब उसने चेहरा उठाया तो हमने पहली बार अपनी ज़िन्दगी में मगरमच्छ के आँसू देखे। वह बोला—''इस मासूम बच्चे की मौत का ज़िम्मेदार कौन है? हम लोग हैं...'' इतना कह के सिकन्दर का गला रुँध गया और उसने फिर से अपना सिर झुकाकर हाथों में पकड़ लिया।

मयूर ने हमारी तरफ़ देखा और हमने भी डरो। एक अभिनेता में भविष्य का नेता हो न हो, पर एक नेता में भविष्य का अभिनेता अवश्य होता है। सिकन्दर ने फिर अपना सिर उठाया, पानी पिया, गला साफ़ करके दृढ़ आवाज़ में बोला—''कुलपति की तानाशाही और धाँधलियों की शिकायत आती रही, पर मैंने उन्हें अनसुना कर कुलपति को मौक़े दिए...लेकिन उन्होंने क्या किया...'' सिकन्दर

ने फिर अख़बार उठाया और निशान्त की तस्वीर दिखाकर कहा—"उन्होंने इस बच्चे की जान ले ली।" सिकन्दर का अभिनय लाजवाब था। अगर राजनीतिक कारण न होते तो मयूर थिएटर छोड़ उसी को गुरु बना लेता।

दुष्यन्त से उसका यह नाटक सहा नहीं जा रहा था। वह उठने लगा कि मयूर ने इशारा करके उसे बिठा दिया। सिकन्दर बेनीवाल आगे बोला—"मैंने राज्यपाल महोदय को तुरन्त प्रभाव से कुलपति को बर्खास्त करने की सिफ़ारिश भेज दी है और इस प्रेस कॉन्फ्रेंस के बाद मैं उनसे मिलकर इस विषय पर चर्चा करूँगा। पहले रेप केस और अब यह घटना...इस बच्चे की जान यूँ बेजा नहीं जाने दूँगा मैं...अकर्मण्यता की सज़ा ज़रूर मिलेगी।"

"इसकी मौत का ज़िम्मेदार तू है, तू...और तेरे यह चमचे..." मयूर के इशारे पर दुष्यन्त अपनी सीट से खड़ा होकर चिल्लाया। उसके बोलते ही मयूर ने पिछली लाइन में बैठे प्रताप को इशारा किया, वह भी खड़ा हुआ और चिल्लाया—"तुम हो निशान्त के हत्यारे...अपनी ग़लती दूसरे के सिर डालने से तुम ज़िम्मेदारी से बच नहीं सकते।" प्रताप के बोलते ही दुष्यन्त चिल्लाया—"शिक्षामंत्री मुर्दाबाद..." हमारे साथ पाँच और लड़के जो अलग-अलग बैठे थे, उन्होंने आवाज़ में आवाज़ मिलाई सब बोले—मुर्दाबाद!! सारे मीडिया वाले दुष्यन्त की तरफ़ घूम गए। राघवेन्द्र समझ गया कि यह मयूर की हरकत है। उसकी आँखें हमारे आगे-पीछे मयूर को ढूँढ़ने लगीं, पर मयूर दूसरी तरफ़ बैठा था। राघवेन्द्र ने गार्ड्स को इशारा किया कि इन लड़कों को घेरो और ख़ुद भी हमारी तरफ़ बढ़ा।

सिकन्दर यह सब देखकर उठा, वहाँ से चलने को हुआ। सबका ध्यान अब हमारी तरफ़ था। सिकन्दर को उठते देख मयूर कुर्सी से उछला और दौड़ता हुआ सिकन्दर की टेबल पर चढ़ गया। सिकन्दर कुछ समझता उससे पहले मयूर ने इंक की शीशी सिकन्दर के सिर पर उड़ेल दी। इंक सिकन्दर के सिर से होती उसके सफ़ेद कुरते तक जा पहुँची। सिकन्दर कुछ प्रतिक्रिया दे, उसके पहले मयूर ने पॉलिश की डिब्बी निकाल जितना हो सका उतना पॉलिश सिकन्दर के मुँह पर लेप दिया और नारे लगाने लगा—"सिकन्दर बेनीवाल हत्यारा है..." उसके पीछे हमने भी नारे लगाए। मीडिया के सारे कैमरों का मुँह अब हमारी तरफ़ से मयूर की तरफ़ हो गया। सिकन्दर भागना चाहता था पर मयूर ने उसे इतनी देर तो रोक ही लिया कि उन दोनों की तस्वीरें खिंच जाएँ। राघवेन्द्र और सभी गार्ड्स हमें छोड़ मयूर की तरफ़ भागे...मयूर ने हमें निकलने का इशारा किया, वहाँ से हम बाहर को भागे, लेकिन दुष्यन्त वहीं रुक गया।

मयूर को चारों तरफ़ से घेर लिया गया और राघवेन्द्र ने उसे दो-तीन लातें मारीं।

मयूर चिल्लाया—''इसने मारा है निशान्त को। मंत्री के इशारे पर इसने जला दिया उसे। एक ब्राह्मण की हत्या की है तुम लोगों ने! ब्रह्महत्या का पाप लगेगा। तुम लोग एक ब्राह्मण को मारकर ऐसे आराम से नहीं निकल सकते।'' पुलिस और दुष्यन्त ने मयूर को राघवेन्द्र से छुड़ाया। अख़बार वाले राघवेन्द्र की मयूर को लातें मारते हुए फ़ोटो खींचने लगे तो वह उनसे उलझ पड़ा।

मयूर इस कारनामे के बाद एक बार फिर मीडिया की लाइमलाइट में आ गया। एक अख़बार में राघवेन्द्र की उसे लात मारते हुए फ़ोटो भी छप गई, जिससे मयूर की उस बात को बल मिला कि राघवेन्द्र ने जानबूझकर निशान्त को जलाया। देखते-देखते कुछ ब्राह्मण संगठनों ने परशुराम वाहिनी और मयूर को समर्थन देने की घोषणा कर दी।

मयूर और दुष्यन्त को दो दिन जेल में रहना पड़ा।

***

इस तरह के आन्दोलनों में कोई मरता है तो उसका नाम राजनीतिक गिद्धों का भोजन बन जाता है। निशान्त की मौत भी ऐसी ही एक मौत थी, जिसमें सारे गिद्ध अपना हिस्सा लेने पहुँच गए थे। निशान्त की मौत पर रोटी सेंकने को तवा चढ़ाया राघवेन्द्र ने, पर रोटियाँ सेंक गया मयूर; न सिर्फ़ अपनी सेंक गया, बल्कि राघवेन्द्र की जला गया। उसने राघवेन्द्र के ब्राह्मण वोट बैंक में भारी सेंध लगा दी थी और अब टक्कर का खिलाड़ी था।

उधर सिकन्दर बेनीवाल का प्लान धरा रह गया और राज्येश बाज़ी मार ले गया। जिस समय मयूर सिकन्दर पर इंक डाल रहा था, उस समय राज्येश सिंह सिकन्दर को शिक्षामंत्री के पद से हटाकर कृषि मंत्री बनाने का प्रेस स्टेटमेंट बनवा रहा था। प्रेस स्टेटमेंट में उसने कहा—''शिक्षामंत्री के चेहरे पर पोती गई कालिख सिर्फ़ उनके चेहरे पर नहीं, बल्कि उनकी कार्यशैली और सरकार पर भी पोती गई है।'' जो लड़ाई अब तक खुले में सामने नहीं आई थी, वह अब सामने आ गई। किसी भी मुख्यमंत्री की तरफ़ से अपने ही मंत्री के लिए ऐसा बयान पहले कभी नहीं आया था। सिकन्दर को शिक्षामंत्री पद से हटने से ज़्यादा यह बयान चुभ गया।

सिकन्दर इस अपमान को न सहन कर सकता था और न ऐसे हालात में था कि अलग सरकार बनाता। उसके पास अब दो ही रास्ते थे, या तो चुपचाप कृषि

मंत्री बन जाए या खुलकर लड़े। सिकन्दर ने तय किया कि अब जब लड़ाई खुल ही गई है तो सामने से लड़ेगा और जब तक मौक़ा नहीं मिलता, पार्टी में रह के लड़ेगा।

सिकन्दर ने कृषि मंत्री का पद लेने से मना कर दिया और कहा कि वह बिना किसी मंत्री पद के जनता की सेवा करेगा। सिकन्दर ने भी प्रेस में बयान दिया— ''अगर मुझ पर इंक डालने से सरकार पर कालिख पुत जाती है तो मुख्यमंत्री जी पर राज्य के प्रतिष्ठित लोगों ने ज़मीन पर क़ब्ज़े के आरोप लगाए हैं। उनकी इस हरकत से तो पूरे राज्य पर कालिख पुत गई है। मुझ पर सीधा कोई आरोप नहीं बनता, तब भी मैं शिक्षामंत्री पद से हटाया गया हूँ। मुख्यमंत्री जी पर सीधे-सीधे घोटाले का आरोप है, उन्हें तो राजनीति से ही हट जाना चाहिए। अगर मेरी वजह से सरकार की छवि ख़राब हुई है तो मैं इसके सुधरने तक कोई भी मंत्री पद नहीं लूँगा। मैं सत्ता-लोलुप नहीं हूँ कि मंत्री पद के पीछे भागूँ, इसलिए मुख्यमंत्री जी की चिन्ता को समझते हुए मैं कृषि मंत्री का पद भी ग्रहण नहीं कर रहा। अब मुख्यमंत्री जी को भी चाहिए कि वे अपने ऊपर लगे इल्जाम और उससे पार्टी की ख़राब हुई छवि को सुधारने के लिए सत्ता का मोह छोड़कर पद से इस्तीफ़ा दे दें। उम्मीद करता हूँ कि वे सरकार की छवि के लिए इतना तो करेंगे। अगर वह ऐसा नहीं करते तो मैं पार्टी में रहते हुए तब तक सत्याग्रह करूँगा, जब तक मुख्यमंत्री इस्तीफ़ा नहीं देते।''

राज्येश और सिकन्दर की लड़ाई अब कुत्ते-बिल्ली वाली हो चली थी। राज्येश ने सिकन्दर के सवालों पर मीडिया को कोई जवाब नहीं दिया, पर अपने चहेते मंत्रियों को सिकन्दर पर इल्जाम लगाने के काम पर लगा दिया। सिकन्दर बेनीवाल ने भी कसर नहीं छोड़ी और हर हफ़्ते एक ज़िले में जाके 'भ्रष्टाचार मिटाओ' रैली करने लगा। जब रैली नहीं होती तो वह मुख्यमंत्री के घर के बाहर धरना देने बैठ जाता। पार्टी में घमासान मच गया था। केन्द्रीय नेतृत्व से लोग राज्य में आए, पर राज्येश की बातें सुन बिना कुछ किए वापस चले गए। सिकन्दर ने हिम्मत नहीं हारी और अपनी लड़ाई जारी रखी। साथ में कई और निर्दलीय विधायकों को मिलाकर तीसरा मोर्चा बनाने की तैयारी भी करने लगा। पार्टी के लिए सिकन्दर गले की हड्डी बन रहा था, पर जाट वोटों को ध्यान में रखते हुए उसे पार्टी एकदम से हटाना नहीं चाहती थी। ऐसा करने पर राज्येश को भ्रष्टाचार के आरोप के बावजूद न हटाना पार्टी को भारी पड़ सकता था। दोनों पक्ष एक-दूसरे के ख़िलाफ़ लगे हुए थे और पार्टी के कई नेता, विपक्ष और पार्टी का केन्द्रीय नेतृत्व परिस्थितियों पर नज़र बनाए हुए था।

25 सितम्बर, 1999, छात्रसंघ चुनाव की तारीख़ तय हो गई। कुल 16 प्रत्याशियों ने अध्यक्ष पद के लिए फॉर्म भरे। प्रत्याशियों की लिस्ट देखते ही मयूर का माथा ठनका, एक प्रत्याशी का नाम था मयंक भारद्वाज। इस बार का डमी कैंडिडेट राघवेन्द्र ने बड़ा सोच-समझ के खड़ा किया था। छात्रसंघ चुनाव में बैलट नम्बर होता है और नाम के हिसाब से मयंक भारद्वाज का नाम मयूर भारद्वाज से ठीक ऊपर आना था और एक जैसे नाम होने से मयूर के बहुत से वोट कटने थे। मयूर इस बार कोई ग़लती नहीं करना चाहता था। मयंक को ढूँढ़ा गया तो पता चला कि वह अपने गाँव चला गया है और अब चुनाव के बाद ही आएगा। अब पक्का था कि उसने वोट काटने के लिए नॉमिनेशन भरा था। मयूर ने उसके गाँव जाकर उसे प्यार से समझाया, वह नहीं माना। मयूर ने उसे धमकाया तो वह उलटा ही मयूर पर चढ़ बैठा। उसी के गाँव में उससे उलझना मयूर के लिए सम्भव नहीं था। मयूर ने वापस आकर प्रशान्त दीक्षित से जेल में सम्पर्क किया और दो दिन बाद ही मयंक ने अपना नाम वापस ले लिया।

सारी उठापटक और नाम वापस लेने के बाद कुल 7 प्रत्याशी बचे, लेकिन मुक़ाबला त्रिकोणीय था। शक्ति सिंह राजपूती शान के नाम पर वोट माँग रहा था तो राघवेन्द्र निशान्त पारीक को अपना भाई बताते हुए वोट माँग रहा था। मयूर अपनी सोशल इमेज पर खेल रहा था, साथ ही उसने ब्राह्मणवाद को हथियार बनाया। उसका चुनाव-प्रचार सिर्फ़ राघवेन्द्र के ख़िलाफ़ था और हर जगह उसने निशान्त की मौत और उसमें राघवेन्द्र के रोल की बात की। राघवेन्द्र को निशान्त पारीक का हत्यारा बताना शुरू किया। वह एक क़िस्सागो की तरह लोगों को निशान्त के जलने की आँखोदेखी घटना बताता और बताता कि कैसे राघवेन्द्र ने निशान्त को धोखे से जला दिया। एक तो मयूर की सोशल इमेज, ऊपर से उसका क़िस्सा सुनाने का तरीक़ा इतना सही था कि अधिकतर लोग राघवेन्द्र को निशान्त का हत्यारा मानने लगे।

मुक़ाबला मज़ेदार हो गया था, क्योंकि तीनों के हाथ में मुद्दों के अलावा एक-न-एक मज़बूत वोट बैंक था। शक्ति सिंह ढूँडा को राजपूतों के और अपने गढ़ कॉमर्स कॉलेज से एकतरफ़ा वोट मिलने थे। यही स्थिति महाराजा कॉलेज में पूर्व अध्यक्ष होने के नाते राघवेन्द्र की थी तो वहीं मयूर का भी वर्चस्व राजस्थान कॉलेज में था। राघवेन्द्र की जाटों से दोस्ती के नाते मयूर ने ब्राह्मण वोटों पर ध्यान दिया और उन्हें काफ़ी तोड़ लिया। विवेकानन्द हॉस्टल का समर्थन उसके साथ था, जिससे कुछ जाट वोट भी उसकी तरफ़ आने वाले थे।

इन तीनों कॉलेजों में तीनों प्रत्याशियों की मज़बूती ने इनके बीच मुक़ाबला कड़ा कर रखा था। अब ऐसे में फ़ैसला होना था तीन जगहों—यूनिवर्सिटी के पी.जी.

डिपार्टमेंट, लॉ कॉलेज और महारानी कॉलेज के वोटों से। राघवेन्द्र यूनिवर्सिटी का पुराना चावल था, इसलिए वह लॉ और पी.जी. से मयूर के मुक़ाबले बहुत मज़बूत था, लेकिन मयूर ने निशान्त के मरने को इतना उछाला कि राघवेन्द्र को अब अपनी ज़मीन पर नुकसान हो रहा था।

एंटी-जाट लॉबी जो अब तक शक्ति को वोट दे रही थी, उनमें से कई, ख़ासकर ब्राह्मण और बनिये, मयूर की तरफ़ झुकने लगे। जाटों को भी राघवेन्द्र की जगह मयूर शक्ति की टक्कर का दिखने लगा था। हवा थी कि जाट वोट भी अन्दर ही अन्दर मयूर की तरफ़ खिसक सकते हैं। मयूर कुल मिलाकर सबसे मज़बूत प्रत्याशी बन के उभरा था। महारानी कॉलेज के वोट वैसे भी उसे ही मिलने थे। लड़के निशान्त की मौत का दोषी राघवेन्द्र को मानने लगे थे, और इसका असर इतना था कि महाराजा कॉलेज के भी फ़र्स्ट और सेकंड ईयर के लड़कों के वोट मयूर की ओर खिसक रहे थे।

मयूर जातिवाद के खेल को समझ चुका था, इसलिए उसने ब्राह्मणवाद पर फोकस रखा। 'जय परशुराम' का उसका नारा न सिर्फ़ ब्राह्मण, बल्कि एंटी-राजपूत लॉबी जिनमें जाट भी थे, उन्हें साध रहा था। मयूर का 'जय परशुराम' व्यर्थ नहीं गया, क्योंकि तीन ब्राह्मण संगठनों ने उसे समर्थन देने की घोषणा कर दी। हालाँकि इन ब्राह्मण संगठनों को यूनिवर्सिटी में पूछता कोई टके के भाव नहीं था, पर अख़बार में एक प्रेस नोट तो बन ही जाता है। राघवेन्द्र पिछड़ रहा था। मयूर को जीतता देख अब कैम्पस वाले भी मयूर की तरफ़ झुकने लगे। शक्ति और उससे भी ज़्यादा राघवेन्द्र बेचैन हो उठा अपनी खोई ज़मीन वापस पाने को।

22 सितम्बर, 1999

रात जब हम चुनाव-प्रचार ख़त्म करके वापस जा रहे थे तो यूनिवर्सिटी के बाहर एक बड़ा होर्डिंग लग रहा था। मयूर होर्डिंग देखने को रुक गया। होर्डिंग पर बड़े-बड़े अक्षरों में सवाल पूछा गया था कि क्यों रुक गई बलात्कार- पीड़िता से दुबारा बलात्कार के दोषी मयूर भारद्वाज के ख़िलाफ़ जाँच ? इसके नीचे पुलिस रिपोर्ट की आधी-अधूरी फ़ोटो कॉपी थी जिसमें दोषी का नाम मयूर भारद्वाज था। होर्डिंग लगाने वाले को उतारकर हमने पीटा और पूछा कि यह लगाने के लिए किसने दिया, पर उसे कुछ नहीं पता था। मयूर ने अपने पूरे ग्रुप को विवेकानन्द हॉस्टल पहुँचने को कहा। हम लोग हॉस्टल पहुँचे तो वहाँ पर बड़े-बड़े पोस्टर लगे हुए थे जिसमें मयूर को बलात्कारी बताया गया था। पूरे ग्रुप

को रात भर कैम्पस में घूमकर पोस्टर ढूँढ़ने और फाड़ने को कहा गया। 2 बजे रात तक सारे पोस्टर फाड़कर हम लोग जब इकट्ठे हुए तो मयूर ने मुझे, दुष्यन्त और प्रताप को एक साइड में ले जाकर पूछा—''यह ख़बर बाहर कैसे निकली? केस चला नहीं, अख़बारों में छपा नहीं, सिर्फ़ हम चारों को पता था कि मुझे उस रेप के लिए अरेस्ट किया गया था; फिर किसने लीक की यह खबर?''

मैं बोला—''मयूर, जनता स्टोर से अरेस्ट हुआ था तू, बहुतों ने देखा। इसके अलावा पूरे थाने के स्टाफ को केस पता था। वह सब-इंस्पेक्टर, जिससे तूने श्रुति के लिए लड़ाई की थी, वह राघवेन्द्र का दोस्त है। हो सकता है, उसने लीक किया हो।'' सुनकर मयूर मुझे घूरता रहा, फिर बोला—''राघवेन्द्र की लॉटरी लग चुकी है, वह इतने में नहीं मानेगा। कल और पोस्टर लगवाएगा, अलर्ट रहो जहाँ पोस्टर दिखे, फाड़ो; कोई लगाता दिखे, उस फोड़ो। सिर्फ़ दो दिन और हैं, मुझे कोई लफड़ा नहीं चाहिए। मैं नहीं जीता न... '' मयूर अपने आपको संयत रख के बोलने की कोशिश कर रहा था, लेकिन उसके हाथ काँप रहे थे।

20 जनवरी, 1999; रात 10 बजे, दुबारा रेप केस वाले दिन

उसी लड़की से जब दुबारा रेप की ख़बर आई थी तो मयूर ने फिर से आन्दोलन छेड़ा। पुलिस वाले हम सबको गिरफ़्तार करके जयपुर से दूर चन्दवाजी में छोड़ आए थे। जैसे-तैसे हम वापस लौटे और जनता स्टोर पर अपनी मोटरसाइकिल पर बैठे बात कर रहे थे कि पुलिस की जीप आकर रुकी। 50 मीटर दूर है थाना, वहाँ से आने के लिए जीप की क्या ज़रूरत थी, मैं आज तक नहीं समझ पाया। जो पुलिस आई,उनमें सब-इंस्पेक्टर वही था, जिससे मयूर श्रुति के लिए उलझा था। आज भी बात उसी से उलझी।

मयूर ने तब ताव में पूछा कि बात क्या है, तो वह सब-इंस्पेक्टर बोला—''साला, रात में रेप करता है और दिन में नारे लगाता है, चल।'' कहके उसने मयूर को जब जीप की तरफ़ धकेला, मयूर ग़ुस्सा गया और उसने भी सब-इंस्पेक्टर को धक्का मारा उससे अपना हाथ झटके से छुड़ाते हुए यह भी बोला—''धक्का किसको दे रहा है, बहन...दूर हट।'' मयूर ग़ुस्सैल था, पर पुलिस वाले को गाली दे इतना बेवकूफ नहीं। वहाँ उसने गाली जानकर दी। जनता स्टोर जगह ही ऐसी है जहाँ से यूनिवर्सिटी की राजनीति की सारी कहानियाँ मिर्च-मसाले के साथ फैलती हैं। मयूर को दिखाना था कि वह बाक़ियों की तरह ही इतना बड़ा नेता है कि पुलिस वाले को गाली देकर धमका सकता है।

''गाली बक रहा है, मादर...मारो साले को,'' सब-इंस्पेक्टर की आवाज़ पर

सारे कांस्टेबल मयूर पर टूट पड़े। दाँव उलटा पड़ा। गुत्थमगुत्था देख इंस्पेक्टर बीच में पड़ा और उसने सबको डाँटते हुए कहा—''ऐ, बन्द करो यह सब!'' इंस्पेक्टर की आवाज़ में उसकी कुर्सी जैसा ही रोब था। सब रुक गए और अलग-अलग हो गए। मयूर ने आश्चर्य से इंस्पेक्टर को देखा और पूछा—''सर, क्या है यह सब?''

''मयूर...तुम्हारे ख़िलाफ़ रेप का इल्जाम है। लड़के इकट्ठे हो रहे हैं, यहाँ पर अगर लड़कों ने सुन लिया तो कल कितनी बदनामी होगी, पता है न! हंगामा मत करो और चुपचाप चलो।''

''सर, कैसी बात कर रहे हो...मैं और रेप! कोई ग़लतफ़हमी हुई है आपको।'' इस एक वाक्य में मयूर की आवाज़ में खीज, ग़ुस्सा और आश्चर्य सब मिले हुए थे। मयूर ने दुष्यन्त को कन्धे से पकड़ा और बोला—''यार समझा इनको...'' फिर वापस इंस्पेक्टर को देखकर निर्णायक स्वर में बोला—''सर, कोई फँसाने की कोशिश कर रहा है मुझे।'' इंस्पेक्टर के चेहरे पर कोई भाव न आता देख मयूर ने थोड़ा-सा कमज़ोर पड़ते हुए एक और कोशिश की—''आपका यह सब-इंस्पेक्टर ही होगा मुझे फँसाने वाला, उस राघवेन्द्र से भी मिला हुआ है ये।''

''मयूर, उस लड़की ने तेरा नाम लिया है। उसने कहा है कि तू था उसके साथ। अभी चल बेटा वर्ना दिक़्क़त हो जाएगी।'' यह कहकर इंस्पेक्टर ने उसका हाथ पकड़ा और जीप में ले जाकर बिठा दिया। मयूर को अब तक लग रहा था कि शायद कुछ ग़लतफ़हमी हो गई है, पर जब उसे जीप में बिठा दिया गया तब वह समझ गया कि जितना वह समझ रहा था, मामला उससे ज़्यादा गम्भीर है।

हम सब रात को 11:30 बजे शेखर भैया के साथ पुलिस थाने पर थे। पुलिस मयूर से पूछताछ कर रही थी और मिलने देने को तैयार नहीं थी। शेखर भैया ने किसी से फ़ोन करवाया तो 12:30 बजे जाकर इंस्पेक्टर ने उन्हें मयूर से मिलने जाने दिया। मयूर के भैया 15 मिनट बाद बाहर आए। उनके चेहरे पर हमेशा दिखने वाली दृढ़ता गायब थी, दिख रही थी तो माथे पर चिन्ता की लकीरें। उन्होंने इंस्पेक्टर से कुछ बात की, जिस पर वह कभी 'हाँ' में सिर हिलाए तो कभी 'न' में। शेखर भैया ने हमसे पूछा—''यह पूजा मयूर की गर्लफ्रेंड कब से है?''

''अब यह पूजा कहाँ से आ गई सब में?'' दुष्यन्त ने पूछा। शेखर भैया बोले—''वही तो जड़ है पूरे मामले की। पूजा और मयूर के बारे में तुम्हें जो भी पता है, मुझे वह सब कुछ बिना कुछ छुपाए बताओ...और फटाफट, टाइम नहीं है।''

हम लोगों ने पूजा के मिलने वाले दिन से लेकर मयूर के साथ संजय के कमरे तक उसके जाने तक का जो कुछ भी पता था, सब बता दिया। शेखर भैया सुनते रहे। जब सब सुन लिया तो सिर पर हाथ फेरते हुए कुछ सोचने लगे। अचानक एक लम्बी साँस लेकर उन्होंने हम लोगों से घर जाने को कहा और सख़्त हिदायत दी कि इस बारे में मुँह मत खोलना कहीं भी। दुष्यन्त नहीं माना और बोला कि जब तक मयूर नहीं छूटता, वह यहीं रुकेगा। वह रुका तो मुझे और प्रताप को भी रुकना पड़ा।

शेखर भैया ने फिर से किसी को फ़ोन किया। उनके फ़ोन करने के दो मिनट बाद ही इंस्पेक्टर के पास एक फ़ोन आया। ज़रूर किसी बड़े आदमी का था, वैसे भी शेखर भैया ने फ़ोन किया तो बड़ा आदमी ही होगा। इंस्पेक्टर की न सिर्फ़ आवाज़ मुस्तैद थी, बल्कि वह ख़ुद भी इतना मुस्तैद था कि फ़ोन पर बात करते हुए सावधान की मुद्रा में खड़ा था। फ़ोन रखकर इंस्पेक्टर ने शरीर ढीला किया और शेखर भैया से बोला—"देखो, शेखर सा'ब, हमें तो मयूर की बात सच्ची लगती है, पर क्या है कि ऐसे गम्भीर मामले में फ़ैसला तो मैं ले नहीं सकता न, अब साहब लोगों ने कह दिया तो ठीक है। अपन भी तो नौकरी कर रहे हैं। देखो..." इंस्पेक्टर की बात पूरी भी नहीं हुई थी कि एसपी की गाड़ी थाने में पहुँची। इंस्पेक्टर ने मुस्तैदी से सलाम ठोंका। सारा थाना एकदम हरकत में आ गया और सलाम ठुकने लगे।

एसपी ने हम लोगों को ऊपर से नीचे तक देखा। फिर शेखर भैया से हाथ मिलाया और उन्हें लेकर अन्दर चला गया। "हम दोनों पार्टियों को अभी आमने-सामने बिठा देते हैं। एक टीम गई है शिकायतकर्ता को ले आने। मेरी तरफ़ से मीडिया को आज कोई सूचना नहीं जाएगी, पर कल तक यह ख़बर लीक हो सकती है। इसलिए तुम्हें सँभालना पड़ेगा। अगर लड़की ने मान लिया कि मयूर सच कह रहा है तो सुबह बिना मयूर के नाम के स्टेटमेंट निकाल दूँगा और मामला कोर्ट में ख़त्म कर देंगे।"

"पर आपको क्या लगता है? मयूर सही बोल रहा है? मेरा छोटा भाई है, किसी का सिर फोड़ दे यह तो मान लूँगा, पर यह कभी नहीं मान सकता कि रेप करेगा। वैसे भी वह लड़की कल तक किडनैप होने की बात कर रही थी और अब मयूर का नाम ले रही है। मयूर छात्र नेता बन गया है। कहीं उसे फँसाने का प्लान तो नहीं?"

"देखो केस में तगड़ा झोल है। किडनैप तो हुई ही नहीं लड़की। हमने सब एंगल जाँचे हैं। जब कड़ाई से पूछताछ की तो बोली, किडनैपिंग नहीं हुई। मयूर ने दोस्त के कमरे पर ले जाकर उससे रेप किया। अब सब कुछ उसके बयान पर

निर्भर है। नहीं तो जैसा प्रेशर बन गया है, हम कुछ कर नहीं पाएँगे।'' शेखर भैया ने हामी में सिर हिलाया तभी इंस्पेक्टर ने आकर बताया कि दूसरी पार्टी आ चुकी है।

पुलिस की जीप के पीछे-पीछे एक कार थाने में घुसी और उसमें से एक बूढ़ा आदमी निकला। कांस्टेबल ने फुसफुसाकर कहा लड़की का बाप है। उसके साथ एक लड़की मुँह ढँके हुए बाहर निकली। उसकी आँखें हम लोगों से मिलीं और उसने झट आँखें झुका लीं वह इंस्पेक्टर के दिखाए रास्ते की तरफ़ चल पड़ी। हम लोग भी पीछे-पीछे चल पड़े। पूजा और उसके पिता को उस कमरे में ले जाया गया, जहाँ एसपी और शेखर भैया बैठे थे। हम भी कमरे में घुसे तो एसपी ने घूरा और हम सहम के बाहर ही रुक गए।

सब-इंस्पेक्टर दूसरी तरफ़ से मयूर को लेकर आया। मयूर के चेहरे पर परेशानी और डर दोनों भाव थे। उसने हमारी तरफ़ देखा तो मुस्कुराने की कोशिश की, पर मुस्कुरा नहीं पाया। कमरे के दरवाज़े पर पहुँच उसने पूजा को देखा और तुरन्त नज़रें फेर लीं। शेखर भैया उठे उसके कन्धे पर हाथ रख अन्दर ले गए। सामने एसपी बैठा था। शेखर भैया ने मयूर का सिर सहलाया। एसपी ने भी मुस्कुराकर मयूर को देखा, जैसे सान्त्वना देने की कोशिश कर रहा हो। इस सबके बावजूद मयूर के चेहरे पर परेशानी के भाव कुछ कम नहीं हुए। एसपी ने पूजा से कहा—''मयूर की कहानी कुछ और ही कहती है। वह तुम्हारी कहानी से मेल नहीं खाती। अगर तुमने और भी कुछ झूठ बोला है तो अभी बता दो, वर्ना पुलिस जाँच में तो सब निकाल ही लेगी।'' पूजा कुछ नहीं बोली, मयूर को देखती रही।

पूजा के पिता ने मद्धिम आवाज़ में कहा—''एसपी साहब, इतनी रात को आप हमें दबाव बनाकर मामला ख़त्म करने लाए हैं? मेरी बेटी पहले से ही बहुत सदमे में है। आप इस तरह...'' उसके पिता ने बात पूरी नहीं की... अपने दाएँ हाथ से अपना माथा पकड़ा फिर उनका हाथ माथे से आँखों पर आया और नम आँखों को पोंछा। एसपी कोई जवाब दें, उससे पहले ही मयूर बोला—''मैं थोड़ी देर पूजा से अकेले में बात कर लूँ?'' पूजा के पिता ने पलटकर ग़ुस्से में मयूर को देखा। मयूर ने उनके कन्धे पर हाथ रखते हुए कहा—''अंकल, प्लीज़...'' पता नहीं, पूजा के पिता को भी अन्दर से कहीं शक था कि पूजा कुछ छुपा रही है या मान चुके थे कि यहाँ उनकी कोई नहीं सुनेगा, उन्होंने कोई जवाब नहीं दिया और उठकर बाहर चले आए। पहली बार इतने क़रीब से उन्हें देखा। जितने बूढ़े गाड़ी से उतरते वक़्त लगे, उतने बूढ़े थे नहीं। उम्र ज़्यादा-से-ज़्यादा 54-55 साल, पर शरीर ढीला पड़ा हुआ था,

चेहरा इस तरह उतरा हुआ था कि उम्र दस बरस ज़्यादा ही लग रही थी।

जब वह बाहर चले आए तो एसपी ने आँखों के इशारे से इंस्पेक्टर से पूछा, उसने भी इशारे में हामी जताई। एसपी ने सब-इंस्पेक्टर से मयूर की अच्छे से तलाशी लेने को कहा और एक महिला कांस्टेबल से पूजा की। तलाशी के बाद उसने मयूर से कहा—"दस मिनट..." और सबको बाहर चलने को कहा। उसने बाहर आकर दरवाज़ा भिड़ा दिया। बरामदे में एक सिगरेट सुलगाई और ख़ुद से बोला—"इंट्रेस्टिंग..." जाने क्यों वह मुस्कुरा रहा था!

हम सब बाहर इन्तज़ार कर रहे थे। शेखर भैया दीवार के सहारे खड़े, पीछे सिर टिकाए, आँखें मूँदे हुए थे। पूजा के पिता बेंच पर सिर झुकाए बैठे हुए थे। प्रताप उनके बग़ल में अपना सिर दोनों हाथ में टिकाए ऊँघ रहा था। दुष्यन्त दोनों हाथ बाँधे शेखर भैया के बग़ल में खड़ा था। इंस्पेक्टर को एसपी ने सिगरेट ऑफर की। इंस्पेक्टर ने 'न' में सिर हिलाते हुए भी सिगरेट ले ली। एसपी ने लाइटर जलाया तो इंस्पेक्टर सिगरेट जला के वापस अलर्ट खड़ा हो गया। एसपी ने उसे रिलैक्स होने को कहा। इंस्पेक्टर थोड़ा ढीला हुआ, पर अभी भी शरीर कुछ तना हुआ ही था। पुलिस में अफ़सरी का रोब सिर्फ़ जनता पर नहीं, उनकी रैंक में भी ज़बरदस्त चलता है। सब-इंस्पेक्टर और बाक़ी कांस्टेबल भी अपने हाथ पीछे बाँधे खड़े थे।

ठीक 9 मिनट के बाद मयूर ने दरवाज़ा खोला और बाहर आया। आँखें लाल थीं, रोया भी था, क्योंकि आँसू की लकीर उसके गाल पर अभी पूरी सूखी नहीं थी। प्रताप और पूजा के पिता खड़े हो गए। एसपी ने बची सिगरेट फेंक दी। वो, शेखर भैया और दुष्यन्त तीनों मयूर की तरफ़ बढ़े। मैंने दरवाज़े से अन्दर झाँका तो पूजा वहीं खड़ी थी जहाँ उसे छोड़ा गया था और रो रही थी। मयूर ने शेखर भैया को देखा और फिर पूजा के पापा को, और बोला—"वह डर गई थी, इसलिए झूठ बोली। अब सच बोलने को तैयार है।" यह बोल के मयूर शेखर भैया से लिपटकर सिसकने लगा। एसपी ने इशारा किया और सब-इंस्पेक्टर उसे वापस लॉक-अप में ले गया। एसपी ने शेखर भैया को बाहर ही रहने को कहा और पूजा से अकेले में बात करने गया।

क़रीब आधे घंटे बाद वह बाहर निकला और मुस्कुराते हुए शेखर भैया के कन्धे पर हाथ रखा और बोला—"योर ब्रदर इज़ इनोसेंट। शी एक्सेप्टेड दैट शी लाइड। स्टेटमेंट लिखवा देता हूँ, फिर निकालते हैं मयूर को। केस क्लोज़्ड। आई एम लीविंग नाउ, कुछ हो तो फ़ोन करना।" शेखर भैया ने एसपी का हाथ अपने दोनों हाथों में पकड़ा और बोले—"...बहुत धन्यवाद! आपके बिना हो नहीं

पाता। अब मयूर का नाम बाहर नहीं जाना चाहिए।'' एसपी ने भी अपना दूसरा हाथ शेखर भैया के हाथ पर रखा और कहा—''डोंट वरी'' और अपने स्टाफ को लगभग धमकाते हुए बोला—''यहाँ से बाहर कुछ नहीं जाना चाहिए। मीडिया में क्या जाएगा, यह आईजी साहब देखेंगे।''

पूजा वही लड़की थी, जिसके साथ हॉस्टल में रेप केस हुआ था। हमारे यहाँ रेप के मामलों में जो अपराधी होता है, उसे सज़ा मिलेगी कि नहीं; कोई नहीं कह सकता। लेकिन जिसके साथ यह दुर्घटना हुई हो, उसे दोतरफ़ा सजा मिलती है। पहली बलात्कार से मिला मन और तन का घाव, दूसरी समाज से मिला तिरस्कार और घृणा जो उसे मानसिक रूप से कमज़ोर करता है। उसके साथ अपने घर के लोग भी ऐसे बर्ताव करने लगते हैं, जैसे ग़लती अपराधी ने नहीं, लड़की ने ही की हो। पूजा के साथ भी यही हुआ। रेप के बाद वह काफ़ी समय तक घर में ही रही। उसके घरवालों ने उसके कहीं भी आने-जाने पर पाबन्दी लगा दी थी। अड़ोस-पड़ोस में भी भनक लग ही गई थी, इसलिए लोगों ने पूजा के यहाँ आना छोड़ दिया और पूजा के घरवालों ने किसी और के यहाँ। कोई आता भी तो जिस तरह से सहानुभूति जताता, उससे पूजा के घाव हरे हो जाते।

पूजा डिप्रेशन में जाने लगी थी, पर ऐसे में एक एनजीओ उसकी मदद को आगे आया। उन्होंने पूजा को अपने यहाँ काम करने को कहा। पूजा के घर वाले उसे बाहर भेजने को बिलकुल तैयार नहीं थे पर एनजीओ वालों ने उन्हें मना लिया। नौकरी शुरू करने के दो महीने तक हर रोज़ शाम 5 बजे उसके पिता या माँ उसे लेने उसके एनजीओ के बाहर वैसे ही आ खड़े होते, जैसे नर्सरी के बच्चों को लेने उनके पेरेंट्स आते हैं। नौकरी पर पूजा का दिन ठीक गुज़रता, पर यह पहरेदारी उसे वापस बँधा हुआ-सा महसूस कराती। एनजीओ वालों ने उसके घरवालों से बात की और बड़ी मुश्किल से माने, इस शर्त के साथ कि किसी भी हालत में पूजा घर पर 6 बजे तक पहुँच जाएगी। कभी उसे 10 मिनट की भी देरी हुई तो उसके घरवाले उसे ढूँढ़ने निकल पड़े।

पूजा घर से बाहर तो निकलने लगी, पर उसकी दुनिया अभी भी एक दायरे में थी। ऑफ़िस,एकदम फिक्स टाइम पर घर और उसके बाद अपने कमरे में! पूजा के ऑफ़िस वाले कभी-कभी दिन में उसे मीटिंग के लिए बाहर ले जाने लगे। धीरे-धीरे पूजा अकेले भी जाने लगी और उसका आत्मविश्वास वापस लौटने लगा। वह वापस हँसने-बोलने लगी थी, पर अभी भी कुछ कमी थी। पुराने दोस्त छूट गए थे और ऑफ़िस के नये दोस्तों से वह एक सीमा से ज़्यादा बात नहीं कर पातीं थी, क्योंकि उनकी आँखों में भी उसे दया दिखती। इस सबके बाद ऊपर उसे घर जाकर गम्भीरता का लबादा ओढ़ना होता।

एक दिन अपने ऑफ़िस वालों के साथ पूजा जवाहर कला केन्द्र में थी और मयूर भी। पूजा के ऑफ़िस की एक लड़की ने मयूर को पहचाना और पूजा को उसके नुक्कड़ नाटक के बारे में बताया। उस दिन वापस ऑफ़िस जाने के बाद भी मयूर की चर्चा हुई और काफ़ी लोगों ने उसकी तारीफ़ की। किसी ने कहा कि अक्सर अपने दोस्तों और गर्लफ्रेंड के साथ जवाहर कला केन्द्र में दिखता है। पूजा ने घर आकर पुराने अख़बार खोजे तो मयूर की तस्वीर और ख़बरें दिखीं। एक दिन पूजा अकेली जवाहर कला केन्द्र आई। क़िस्मत से या बदक़िस्मती से हम सब भी वहीं थे। वह मयूर से बात करना चाहती थी, पर कोई वजह नहीं थी। ऐसे में उसने हमारा बिल चुका दिया।

पूजा हमेशा से रहस्यमयी रही। वही फ़ोन करती और मिलने का जो समय देती उसी में मयूर को मिलना होता। अगर वह समय को इधर-उधर करना चाहे तो वह यह कहकर मना कर देती कि उसके पास इतना ही समय है। वह आना चाहता है तो आए। मयूर भी दीवाना-सा पहुँच जाता। अपने बारे में उसने कभी ज़्यादा नहीं बताया और मयूर को भी उसके क़रीब जाने में मज़ा आने लगा था तो उसने भी बहुत नहीं कुरेदा। वैसे कुरेदने को उसे बहुत मौक़े मिले भी नहीं। थाने की इस मुलाक़ात को मिलाकर मयूर पूजा से मुश्किल से दस-ग्यारह बार मिला होगा।

उस दिन जब यह दोनों संजय के कमरे में फँस गए तो पूजा के घरवाले उसके आने में देर की वजह से उसके ऑफ़िस पहुँच गए। वहाँ से उन्हें पता चला कि वह दिन में ही निकल चुकी है। उसके घर और ऑफ़िस दोनों जगह हड़कम्प मच गया। पूजा रोशनदान से निकलते समय गिर पड़ी थी। उसे चोटें आईं थीं, हाथ छिल गया था और कपड़े भी फट गए थे। जब वह ऐसी हालत में घर पहुँची तो वहाँ उसके ऑफ़िस के लोग भी मौजूद थे और पुलिस को फ़ोन कर चुके थे। पूजा को ऐसी हालत में देख उसकी मम्मी रोने लगी और ऑफ़िस वाले भी घबरा गए। पूजा यह सब देख बुरी तरह से डर गई और काँपने लगी। उसकी चोट और फटे कपड़े देख किसी ने पूछा—"कुछ ग़लत तो नहीं हुआ तुम्हारे साथ?" बस, यहीं से पूजा को लगा कि वह ऐसी ही कहानी सुनाकर बच सकती है। उसने अपने किडनैप होने और वैन में रेप की झूठी कहानी गढ़ दी। तब तक पुलिस भी पहुँच चुकी थी और अब मामला उसके हाथ से निकल चुका था। अगले दिन यह केस राज्य का मुद्दा बन गया।

पुलिस ने जाँच शुरू की तो मेडिकल में ज़बरदस्ती का कोई एंगल नहीं मिला और न ही मिला वैन का सुराग। यहाँ से पुलिस को शक हुआ और उन्होंने कड़ाई से पूछताछ की तो पूजा ने कह दिया कि उसे मयूर ले गया था और उसे डराकर

रेप किया। पुलिस को मामला तुरन्त ख़त्म करने को बकरा चाहिए था और वह मिल चुका था। इसलिए उन्होंने और कुछ जाँचने से पहले मयूर को उठा लिया। यह तो शेखर भैया की पहुँच थी कि मयूर को अपनी सफ़ाई देने का मौक़ा मिला, अगर कोई आम आदमी होता तो...

पूजा का नया बयान पुलिस ने ले लिया था। मयूर की गिरफ़्तारी तक भी पुलिस की डायरी में दर्ज नहीं हुई थी, इसलिए उसे बिना ज़मानत छोड़ा जा सकता था। इंस्पेक्टर ने कहा कि पूजा का पुराने बयान में मयूर का नाम था इसलिए उसे एक बार शायद कोर्ट जाने की ज़रूरत पड़ेगी। वैसे मैं कोशिश करूँगा कि उसके बयान के आधार पर ही मामला ख़त्म करवा दूँ। यह सब होते-होते अँधेरा छँटने लगा था। इधर सूरज की पहली किरण निकली और उधर मयूर लॉक-अप से बाहर आया। बाहर आते ही वह हम सबसे कस के गले मिला। रात भर कोई नहीं सोया था। सबकी आँखें लाल थीं और सब उबासियाँ ले रहे थे।

थोड़ी देर पहले मयूर जिस हालत में था मुझे लगा कि मयूर सदमे में रहेगा और कुछ दिन अब घर से नहीं निकलेगा; पर नहीं, उसके ऊपर चुनाव लड़ने का नशा चढ़ा हुआ था। उसे अब चारों तरफ़ कुछ और नहीं सूझ रहा था। जब हम चलने लगे तो वह बोला—"सुनो, आज का दिन तो ख़राब हो गया। आज तो सब लोग सो जाओ। चुनाव में टाइम कम है अब। कल से पूरी ताक़त से लगना होगा." हम लोग यह सुन मयूर को घूरने लगे और शेखर भैया ने उसके सिर पर एक चपत मारी। मयूर ने अपना सिर सहलाया और आँख मारते हुए हमें बाय बोला।

23 सितम्बर, 1999

मयूर सही था, राघवेन्द्र उतने में नहीं रुका। सुबह-सुबह शहर के हर अख़बार से रंगीन, चमकदार पन्नों पर 4 फोल्ड में छपा एक पैम्फ़लेट निकला। यह पैम्फ़लेट ऊपर से इतना सुन्दर डिज़ाइन किया हुआ था कि लोग फेंकने के बजाय एक बार उसे खोलकर ज़रूर देखें। पैम्फ़लेट के अन्दर मयूर की फ़ोटो के साथ पूजा का वह पुराना बयान लगाया गया था जिसमें उसने मयूर का नाम लिया था।

मयूर के माथे पर चिन्ता की लकीरें तो आईं, पर उसने हिम्मत बाँधकर सबको चुनाव-प्रचार के लिए चलने को कहा। हमारे जाने के बाद चारों कॉलेजों और कैम्पस के बाहर वही होर्डिंग फिर लग गया था जो हमने फाड़ा था।

मयूर पर अगला हमला फिर उसके दूसरे गढ़ महारानी कॉलेज में हुआ। कास

की महिला कार्यकर्ताओं ने गले में मयूर का पोस्टर टाँग रखा था और उसके चेहरे पर पेन से बड़ा-बड़ा लिखा था—रेपिस्ट। वहाँ पहुँचते ही उन लड़कियों ने मयूर को घेर लिया और उसे गालियाँ देने लगीं। मयूर ने समझाने की कोशिश की और अपना पक्ष रखना चाहा, पर इन महिला कार्यकर्ताओं ने नारेबाज़ी के बाद मयूर पर सैंडल फेंकना शुरू किया और पब्लिक भेड़चाल में शुरू हो गई। मयूर को वहाँ से भागना पड़ा।

महाराजा कॉलेज में घुसते ही वहाँ पर कुछ लड़कों ने बलात्कारी कहकर मयूर पर हमला कर दिया। मयूर लड़ने के लिए मानसिक रूप से तैयार नहीं था और वहाँ से भी निकला। कॉलेज के गेट के पास राघवेन्द्र था, उसने मयूर को ऊपर से नीचे तक देखा और हँसने लगा। मयूर एकदम भड़ककर राघवेन्द्र पर लपका पर उस पर झपटने से पहले ही उसके समर्थकों ने मयूर को पकड़कर ज़मीन पर पटक दिया। राघवेन्द्र ने उसे छुड़वा दिया और बोला—यह मेरी ताक़त है। तब भी थी, आज भी है और आगे भी रहेगी।''

मयूर की आँखों के आगे अँधेरा छाने लगा। चुनाव-प्रचार का आख़िरी दिन... और सब ख़त्म हो रहा था! वह विवेकानन्द से निकलकर बाहर फुटपाथ पर बैठ गया। दुष्यन्त ने उसे सँभालने की कोशिश की और बोला—''चिन्ता मत कर, सब सही हो जाएगा। अपन भी कल पूरी रिपोर्ट का पैम्फ़लेट छपवाकर पूरे शहर में बँटवा देते हैं।'' मयूर ने दुष्यन्त को देखा और बोला—''पता है छह लाख पैम्फ़लेट छपवाने और बँटवाने की क़ीमत? ऊपर से होर्डिंग, पोस्टर...इतने पैसे क्या तेरा बाप देगा?'' जब से मैं मयूर को जानता हूँ, पहली बार मयूर ने दुष्यन्त से ऐसे बात की थी। दुष्यन्त सकपकाकर चुप हो गया। कोई और उससे ऐसे बोला होता तो उसने अब तक उसका जबड़ा तोड़ दिया होता, पर यह मयूर था।

मयूर को तुरन्त ग़लती का अहसास हुआ और उसने दुष्यन्त से माफ़ी माँगी। बोला—''अब यह सिर्फ़ हार-जीत नहीं, मेरी इज़्ज़त का मामला है। राघवेन्द्र ने मुझे धोखा दिया। उस मासूम निशान्त को मार दिया। आख़िरी टाइम में मुझे ऐसे बदनाम किया कि मैं कहीं मुँह नहीं दिखा सकता...और मैं सूतियों की तरह यहाँ बैठ के अपने दोस्तों को ही गाली दे रहा हूँ! नहीं भाई, मुझे राघवेन्द्र को सज़ा देनी होगी। यह आदमी इस धरती पर रहने लायक नहीं है। उसे मरना होगा और और 24 घंटे के अन्दर! उसका वक़्त पूरा हो गया। मैं प्रशान्त दीक्षित से बात करता हूँ।''

''पागल है क्या? कैसी बातें कर रहा है? कुछ और करेंगे जीतने के लिए।'' दुष्यन्त ने मयूर को डाँटा। ''श्श्श्श...'' मयूर ने मुँह पर उँगली रख दुष्यन्त को

चुप कराया और एक बार फिर उत्तेजित होकर बोला—"उतना ही बोल, जितना तेरे बस की हो...तुम लोगों की औक़ात होती कुछ करने की तो पहले ही जीत गया होता मैं। चुनाव-प्रचार की स्ट्रेटेजी भी मैं ही बनाऊँ, हर किसी से मिलने भी मैं ही जाऊँ...तुम लोग थे किसी काम के? मैं जो सोच रहा हूँ, वही सही है। राघवेन्द्र अगले 24 घण्टों में मरेगा। जाओ तुम लोग, अभी घर जाओ मैं इसका इन्तज़ाम करके आता हूँ। शाम को घर पे फ़ोन करूँगा, फिर मिलना मुझे। सोचेंगे, इस पैम्फ़लेट वॉर का क्या करना है।"

मयूर निकल गया और मेरे चेहरे पर हवाइयाँ उड़ने लगीं। मयूर ने ठान लिया तो रोका नहीं जा सकता था उसे। मैंने घर पहुँचते ही राघवेन्द्र को फ़ोन किया और सारी बात बता दी।

23 सितम्बर, 1999; रात 10 बजे

हमने अपने चुनाव का कार्यालय जनता स्टोर से थोड़ा आगे ही एक घर में बनाया था, ताकि जनता स्टोर पर हो रही गहमागहमी और ख़बरों पर नज़र भी रहे और हम ख़ुद उससे दूर रहें। "सब इन्तज़ाम हो गया है। हमारा दुश्मन कल हमारे रास्ते से हट जाएगा।" मयूर ने रात 11 बजे मुझे और दुष्यन्त को चुनाव कार्यालय पर बुलाकर कहा। मैंने और दुष्यन्त ने एक-दूसरे को देखा, हम कुछ कहते, उससे पहले मयूर लगभग आदेश देते हुए हमसे बोला—"जितना बताना था, बता दिया। कोई मुझसे इस बारे में और कोई बात नहीं करेगा।" दुष्यन्त ने एक लम्बी साँस भरी और बोला—"जो तुझे ठीक लगे... मैं हमेशा तेरे साथ हूँ। अच्छा, पैम्फ़लेट का क्या जुगाड़ हुआ?"

"पैम्फ़लेट की ज़रूरत नहीं, प्यारे! कल अख़बार ख़ुद ही हमारी सफ़ाई छापेंगे। वैसे मैंने होर्डिंग लगाने को एक को बोला है।" मयूर ने मुस्कुराते हुए कहा। मुझे मयूर को देखकर डर लग रहा था। जाने वह क्या करके आया था और उसने क्या सोचा था, कुछ नहीं समझ में आ रहा था! मैं अगले दो दिनों के बारे में सोचकर ही काँप रहा था। मेरे मन में सवाल उठ रहा था कि अगर सच में राघवेन्द्र मारा गया और पुलिस को सचाई पता लगी तो मयूर के साथ क्या मैं भी गिरफ़्तार हो जाऊँगा? फिर अन्दर से आवाज़ आई कि नहीं, कुछ नहीं होगा। मैंने भी तो राघवेन्द्र को बता दिया है। वह भी कुछ इन्तज़ाम कर रहा होगा। अब मेरे मन में यह सवाल उठा कि राघवेन्द्र क्या कर रहा होगा? वह जो काम कर रहा होगा, उससे क्या होगा? मैं यह सब सोचकर और सिहर उठा।

क़रीब पौने बारह बजे हम घर निकलने को हुए। मयूर मुझसे बोला कि मैं उसे

घर छोड़ आऊँ। दुष्यन्त ने कहा वह मयूर को अकेले नहीं जाने देगा। वह भी साथ चलेगा। मयूर ने कहा कि "मैं अकेला कहाँ हूँ? यह बनिया जाएगा न मेरे साथ।" मयूर ने दुष्यन्त को टालते हुए कहा कि तू यहीं ऑफ़िस में रुक जा। एक बार रात को चक्कर मार के देख लेना कि अपने होर्डिंग ठीक लगे हैं कि नहीं। "तू मेरे बिना नहीं जाएगा। समझ गया। मैं तुझे छोड़ के आऊँगा और फिर होर्डिंग देख लूँगा।" कह के दुष्यन्त कार की ड्राइवर सीट पर बैठ गया। मयूर ने जाके दुष्यन्त के दोनों गाल खींचे और मुस्कुराकर बोला—"ठीक है, चल; पर बनिये को चलाने दे कार। वैसे भी चुनावों में कुछ किया नहीं इसने।"

"मैं कार नहीं चला रहा...और मुझे भूख लगी है। चल के देखें, अगर संजय ऑमलेट वाला हो तो।" इतने टेंशन में लोगों की भूख उड़ जाती है और मुझे लगने लगी थी। मयूर ने मुझे घूरा, पर कुछ बोला नहीं। चुपचाप कार में बैठ गया। हम जनता स्टोर पहुँचे, संजय से ज़बरदस्ती दुकान खुलवाई और ऑमलेट खा के निकले। ऑमलेट ख़त्म होते-होते 12 बज चुके थे और अंग्रेज़ी हिसाब से 24 सितम्बर शुरू हो चुका था। अब हमारे पास सिर्फ़ एक दिन था चुनाव से पहले और यह दिन क्या-क्या ले के आने वाला था, मैं उसका हिसाब लगाते-लगाते कार के विंडो ग्लास ऊपर चढ़ा आराम से पिछली सीट पर लेट गया।

सोडियम लाइट से चमकती सड़क पर हमारी कार फर्राटे मार रही थी। हम जवाहर कला केन्द्र पार कर थोड़ा सा आगे बढ़े ही थे कि दुष्यन्त बोला, यह कौन आ रहा है सामने? मैंने सीट से उठकर देखा तो स्मृति वन की झाड़ियों से एक लम्बा आदमी दुष्यन्त की आँखों पर टॉर्च की लाइट मारते हुए उसे कार रोकने के लिए हाथ दिखा रहा है। मयूर ने कहा—"शायद पुलिस है चेकिंग पे..." दुष्यन्त ने गाड़ी धीमी कर दी थी। 'अकेला पुलिस वाला...' —मैंने सोचा; तब तक एक आदमी पीछे से और निकला। मुझे कुछ ठीक नहीं लगा और दिमाग़ में कौंधा कि कहीं राघवेन्द्र के लोग तो नहीं! मैंने दुष्यन्त से कहा—"कुछ गड़बड़ है, कार मत रोक।" दुष्यन्त के कुछ करने से पहले ही उस लम्बे आदमी ने पिस्तौल निकाली और कार पर चला दी। काँच टूटा और छिटककर मयूर और दुष्यन्त को लगा। मैं चिल्लाया—"गाड़ी बैक कर।" हड़बड़ी में दुष्यन्त से गियर थोड़ी देर से लगा और जब तक गाड़ी बैक की, तब तक उस आदमी ने एक गोली और चला दी। दुबारा गोली चलते ही दुष्यन्त ने जाने-अनजाने ज़ोर से ब्रेक मार दिए। वह आदमी आगे बढ़ा, मैं नीचे झुककर छुप गया।

दुष्यन्त ने मयूर की गर्दन पकड़कर उसे नीचे झुका दिया और बोला—"मैं बाहर निकल रहा हूँ। वह जैसे ही मेरी तरफ़ आए, तू उधर से भाग निकलना।" मयूर

कुछ कहे, उससे पहले दुष्यन्त बाहर निकल गया और भागने लगा। एक गोली की आवाज़ फिर से आई और कुछ ही पल बाद दुष्यन्त के गिरने की। जैसा दुष्यन्त ने कहा था, वह लम्बा आदमी उसी की तरफ़ बढ़ा। उसको गिरते देख मयूर की दबी-सी चीख़ निकली—नो...मयूर ने अपनी तरफ़ का दरवाज़ा खोला और बाहर निकलकर भागा। मयूर को भागते देख दूसरे आदमी ने मयूर पर गोली चलाई। गोली मयूर के कन्धे पर लगी...

जवाहर कला केन्द्र और स्मृति वन के बीच एक छोटा-सा हनुमान मन्दिर है। मन्दिर के बाद क़रीब 200 मीटर तक बाईं तरफ़ एक गहरी खाई है और फिर स्मृति वन। मयूर अपना कन्धा पकड़े उलटा हनुमान मन्दिर की तरफ़ भागने लगा, लेकिन उस आदमी ने फिर गोली चला दी। इस सड़क से रोज़ गुज़रने वाले मयूर ने पिस्तौल की गोली को दूसरी बार ख़ुद को छूने का मौक़ा नहीं दिया और उस खाई में लुढ़का क्या, एक तरह से कूद पड़ा। वह आदमी भी खाई की तरफ़ दौड़ा। अँधेरे में कुछ दिखा नहीं, पर उसने बची हुई गोलियाँ खाई में इधर-उधर चला दीं।

मेरा पूरा शरीर थरथरा रहा था। एम्बेसडर कार में अगली सीट भी बेंचनुमा होती थी। इसलिए उसके पीछे छुपना आसान था। मैं सीट से लुढ़ककर कार के फ्लोर पर लेट गया और अपने ऊपर पोस्टर और बैनर गिराकर ख़ुद को छुपा लिया। मुझे महसूस हुआ कि उन दोनों ने कार में झाँककर देखा। मैं कुछ देर तक वैसे ही पड़ा रहा बिना हिले-डुले...जब मुझे भरोसा हो गया कि कोई नहीं है तो मैं बाहर निकला। कार के बग़ल में दुष्यन्त पड़ा हुआ था। चारों तरफ़ ख़ून फैला हुआ था, सोडियम लाइट का प्रतिबिम्ब उस ख़ून में दिख रहा था। मैं दुष्यन्त को हिलाने के लिए झुका, पर उस ख़ून में अपने चेहरे की परछाईं देख डर गया। मैं पलटा और दौड़कर खाई की तरफ़ गया...मयूर को आवाज़ लगाई, पर कोई जवाब नहीं आया...।

जिस जगह यह सब हुआ, वहाँ एक तरफ़ खाई थी तो दूसरी तरफ़ बी.एस. एन.एल. का दफ़्तर जो इस समय बन्द था। मैंने असहाय भाव से इधर-उधर देखा। हनुमान मन्दिर के अन्दर से कोई छुपकर झाँक रहा था। मन्दिर का पुजारी था। मैंने उसे आवाज़ दी तो वह सहमकर अन्दर भागने लगा। मैंने अन्दर जाकर उसे बाहर आने को कहा। आखिरकार उसने अपनी मोटरसाइकिल निकाली और पास में ही बजाज नगर थाने से पुलिस बुलाने चला गया। सात-आठ मिनट में ही पुजारी के पीछे मोटरसाइकिल पर दो सिपाही बैठे आए। उनमें से एक ने दुष्यन्त के गाल थपथपाए, नब्ज देखी और दूसरे से बोला—"गयो..."

"क्या मतलब?" मैंने पूछा।

''मर गया...'' सिपाही ने बड़ी बेरुखी से जवाब दिया। मुझे यक़ीन नहीं हुआ, मैंने उस सिपाही को हिलाया और कहा—''तू डॉक्टर है क्या? जल्दी से हॉस्पिटल ले चल इसे। पता है, कौन है ये...दुष्यन्त...मयूर भारद्वाज का सबसे ख़ास दोस्त!''

''किसी का भी दोस्त हो, राम नाम सत हो गयो। एम्बुलेंस बुलाओ।'' नब्ज़ देख रहे सिपाही ने कहा, पर दूसरा मेरी बात सुन चौंका और पूछा—''यूनिवर्सिटी वाला मयूर भारद्वाज?'' मैंने हाँ में सिर हिलाया और उसे उँगली के इशारे से खाई की तरफ़ दिखाकर कहा—''मयूर उसमें गिरा पड़ा है।'' मेरी बात सुन सिपाही एकदम चुस्त हुआ और वायरलेस पर मयूर और दुष्यन्त के बारे में ख़बर की। तीन मिनट के भीतर ही इंस्पेक्टर आ चुका था। उसने आव देखा न ताव और ख़ुद दुष्यन्त को उठाकर जीप में डालने लगा। बाक़ी सिपाही भी उसकी मदद को बढ़े, पर उसी पहले वाले सिपाही ने कहा—''गाड़ी ख़राब करबा को फ़ायदो कोनी साब, मर गयो, एम्बुलेंस ही आबा देओ।'' इंस्पेक्टर ने भी साँस चेक करके देखा और कांस्टेबल की तरफ़ देख हाँ में सिर हिलाया। कुछ देर में एम्बुलेंस पहुँच गई। डॉक्टर ने आकर नब्ज़ देखी और उसने कन्फर्म किया कि दुष्यन्त मर चुका है। डॉक्टर के कहने के बाद मेरी उम्मीद पूरी तरह टूट गई। मेरा सिर घूमना शुरू हो गया और मैं बेहोश होके गिर पड़ा।

दुष्यन्त के साथ मुझे भी एम्बुलेंस में डाला गया और हॉस्पिटल ले आए। उधर पुलिस ने बड़ी लाइटें मँगाईं, काफ़ी फ़ोर्स आ गई थी और उस अँधेरे में मयूर को खोजना शुरू किया गया। लाइटें काफ़ी नहीं पड़ रही थीं वहाँ के लिए, मगर क़िस्मत से एक घंटे की मेहनत से मयूर भी मिल गया। उस खाई में नीचे रेत ही रेत है। इसलिए मयूर को खरोंचों के अलावा कोई बहुत चोट नहीं लगी थी, लेकिन उसके कन्धे में गोली लगी थी और ज़्यादा ख़ून बह जाने से वह बेहोश भी था। पुलिस उसे भी हॉस्पिटल ले आई। एक ही हॉस्पिटल में तीन दोस्त—एक मर चुका था, एक घायल था और मैं बिना किसी चोट के बेहोश था।

जब आँख खुली तो सामने दीवार पर घड़ी के काँटे सुबह के 4 बजा रहे थे। हॉस्पिटल के किसी वार्ड में सारे बेड ख़ाली करवाकर मुझे और मयूर को लिटा रखा था। मयूर के चेहरे पर खरोंचें थीं जो शायद झाड़ियों से लगी थीं। शर्ट उतारकर कन्धे से हाथ तक पट्टियाँ बाँधी हुई थीं। हॉल में आठ-दस पुलिस वाले थे। ख़ुद डीजीपी वहाँ पर मौजूद थे। बीच-बीच में वायरलेस की आवाज़ें आ रही थीं। हॉल के बाहर भी अच्छी-ख़ासी पुलिस फ़ोर्स थी। हॉस्पिटल पुलिस की बैरक बन गया था।

आसपास से कहीं एक तरफ़ से रोने की आवाज़ आ रही थी। नज़र घुमाकर

देखा तो हॉल के एक कोने में दुष्यन्त के मम्मी, पापा बेंच पर बैठे एक-दूसरे को पकड़े रो रहे थे। शेखर भैया उन्हें दिलासा देने की कोशिश कर रहे थे और बीच-बीच में पुलिस वालों से कुछ पूछताछ भी कर रहे थे। मेरे यहाँ से कोई नहीं दिख रहा था। शायद उन्हें खबर नही मिली होगी। राघवेन्द्र उस समय हॉस्पिटल में था और पुलिस वालों के आगे-पीछे घूम रहा था। उसने मुझे देखा, पर नज़रें मिलते ही उसने नज़रें चुरा लीं।

मैंने मयूर को हराने के लिए राघवेन्द्र का साथ दिया था...उसे रेप केस का सीक्रेट बताया था। मयूर मुझे नापसन्द था, पर इतना नहीं कि मैं उसकी मौत चाहता। राघवेन्द्र को मैंने होने वाले हमले के बारे में सिर्फ़ इसलिए बताया, ताकि वह अपनी जान बचा सके। उसने इन सारी मदद के बदले में मेरे सबसे क़रीबी दोस्त को मरवा दिया। मैं उठकर राघवेन्द्र का गला दबा देना चाहता था, पर शरीर दिमाग़ का साथ नहीं दे रहा था। फिर भी मैं कोशिश करके उसे मारने उठा, लेकिन मुझे चक्कर आने लगे। मैंने बेड का कोना पकड़ ख़ुद को सँभाला कि उल्टी आ गई। डॉक्टरों ने मुझे सँभाला और मैं एक बार फिर बेहोश होकर गिर पड़ा।

24 सितम्बर, 1999; 8 बजे सुबह

आँख खुली तो देखा मयूर जग चुका था और बेड पर आधा उठा लेटा हुआ था। उसे उसके मम्मी-पापा के अलावा कुछ दोस्त घेरे हुए थे। दुष्यन्त के पेरेंट्स हॉल में उसी जगह पर वैसे ही बैठे हुए थे...एकदम शान्त! शायद रोने के लिए और आँसू नहीं बचे थे। दुष्यन्त की बॉडी अभी तक दी नहीं गई थी। शेखर भैया उनके साथ ही थे। पुलिस या डॉक्टर उनसे जब कुछ बात करते तो शेखर भैया उस सबमें मदद कर रहे थे।

मैं किसी से कुछ कहता-सुनता, उससे पहले कुछ पुलिस वाले हॉल में आए और हमारे घरवालों को छोड़कर बाक़ी सब दोस्तों को बाहर निकाल दिया। हॉल के बाहर भी बहुत भीड़ थी। विवेकानन्द हॉस्टल से काफ़ी लड़के आए हुए थे। पुलिस ने उन सबको वहाँ से हटाने की कोशिश की तो नारेबाज़ी शुरू हो गई। शेखर भैया ने बाहर जाकर लड़कों को समझाकर नारेबाज़ी बन्द करवाई। शेखर भैया वापस आए। उनके पीछे-पीछे कुछ कमांडो भी आए और पोजीशन लेकर खड़े हो गए। कुछ ही सेकंड के अन्दर मुख्यमंत्री राज्येश सिंह राठौड़ और गृह मंत्री श्याम जोशी तीन प्रमुख अख़बारों के पत्रकारों के साथ अन्दर आए।

दोनों दुष्यन्त के घरवालों के पास गए और उन्हें सान्त्वना दी। दुष्यन्त की मम्मी

एक बार फिर सिसकने लगी। दुष्यन्त के पापा आँखों में आँसू लिये मुख्यमंत्री की तरफ़ हाथ जोड़े खड़े रहे। अख़बार वालों ने इमोशनल फ़ोटो का मौक़ा देख कई तस्वीरें खींच लीं। दोनों इसके बाद मयूर के पास पहुँचे। मयूर ने उठने की कोशिश की, पर श्याम जोशी ने उसे लेटे रहने का इशारा किया और माथे पर हाथ फेरते हुए कहा—"गोली चलाने वाले को पुलिस ने मार दिया है। मोबाइल मिला है उसके पास। हम कॉल की जाँच कर रहे हैं। कल तक पता लग जाएगा, कौन है इसके पीछे। पुलिस और मीडिया वाले तुमसे अभी बात करना चाहेंगे। तुम तो जानते ही हो, क्या बात करनी है। बहुत प्रेशर मत लेना।" मयूर कुछ नहीं बोला और उन्हें देखता रहा। यह तस्वीर भी क़ैद हो गई और मयूर की कुछ क्लोज अप तस्वीरें भी। इसके बाद मुझसे यह पूछकर कि तुम्हें कहीं चोट तो नहीं आई, दोनों निकल गए और उनके पीछे पूरा लाव-लश्कर। हॉल अचानक से ख़ाली हो गया।

मीडिया वाले वापस आए और उन्होंने मयूर से पहला सवाल दागा—"बाहर आपके दोस्त कह रहे हैं कि आप पर हमले के पीछे राघवेन्द्र शर्मा हैं, क्योंकि वह आपकी वजह से चुनाव हार रहे थे। क्या आपका भी ऐसा ही मानना है? आप जवाब दें उससे पहले आपको मालूम हो कि कल रात राघवेन्द्र इस हमले के बाद आपके समर्थन में चुनाव से पीछे हट गए हैं। उन्होंने सबको आपको वोट देने के लिए कहा है। क्या आपको अब भी लगता है कि वह इस हमले के पीछे हैं?"

राघवेन्द्र ने हमले के बाद रात को मीडिया में स्टेटमेंट जारी किया कि वह इस हमले का विरोध करता है। मयूर मेरे छोटे भाई जैसा है। भले ही आज राजनीतिक विरोध में दोनों आमने-सामने हों, लेकिन मैं और मयूर एक ही मकसद के लिए लड़े। जिस किसी ने भी यह हमला किया है, वह हम युवाओं की आवाज़ को दबाना चाहता है। अगर उन्हें लगता है कि ऐसे हमलों से हम डर जाएँगे और पीछे हट जाएँगे तो मैं उन्हें बताना चाहता हूँ कि हम में आपस में जो भी मतभेद हो, ऐसी ताक़तों का विरोध करने के लिए हम सब एक हैं। यह वह समय है जब हम ऐसे असामाजिक तत्त्वों से अलग-अलग लड़ने के बजाय एक होकर लड़ें और उन्हें मुँहतोड़ जवाब दें। मैं मयूर की लड़ाई में उसका साथ देने की घोषणा करता हूँ। मैं अपने ही छोटे भाई के ख़िलाफ़ चुनाव लड़कर उसके संघर्ष को कमज़ोर नहीं करना चाहता। मैं मयूर के समर्थन में चुनाव मैदान से हट रहा हूँ और अपने सभी समर्थकों से निवेदन करता हूँ कि मयूर को ही वोट दें। मैं अपनी पार्टी कास से माफ़ी माँगता हूँ कि मैं उनके भरोसे को तोड़ रहा हूँ।

राघवेन्द्र के इस दाँव से भौचक था, लेकिन मयूर ने कोई प्रतिक्रिया नहीं दी और

सिर्फ़ इतना बोला—"जिसको मुझसे तक़लीफ़ थी वह मुझे मारता, मेरे दोस्त को क्यों?" कहकर मयूर की आँखें नम हो उठीं।

पत्रकार ने दूसरा सवाल किया—"आपके ख़िलाफ़ लगे पोस्टरों में कहा गया कि आप रेप केस में आरोपी थे और आपके विरोधी कह रहे हैं कि लड़की पर दबाव बनाकर केस वापस करवाया गया। यह कितना सच है?"

"आपको पता है, मेरा और उस लड़की का रिश्ता क्या था?" मयूर ने उत्तेजित होकर पूछा, और फिर ढीला पड़ते हुए कहा—"मेरी गर्लफ्रेंड थी वो, और उसी के रेप केस में दुश्मनी निकालने के लिए मुझे फँसाया गया। उस पर भी मेरा नाम लेने का कुछ लोगों ने दबाव बनाया, पर उसने पुलिस को सच बताकर मुझे इस झूठे मामले से बचा लिया।"

"कौन है यह दुश्मन?"

"मैं किसी का नाम नहीं लेना चाहता। आप पुलिस से पूछिए। वह जाँच कर रहे हैं।"

आगे पत्रकारों ने कुछ देर और सवाल किए, लेकिन मयूर ने ज़्यादातर समय उन सवालों का जवाब सीधे न देकर दुष्यन्त के बारे में बात की। उससे अपनी दोस्ती के क़िस्से सुनाए। पूजा के साथ उसका कैसा रिश्ता था, कितना चाहता था, इस बारे में बात की। कुल मिलाकर उसने जो भी कहा, वह एक बहुत ही इमोशनल स्टोरी बन रही थी...

दोपहर में राघवेन्द्र ने जनता स्टोर पर कास के चुनाव कार्यालय के सामने दुष्यन्त की फ़ोटो रख के शोकसभा की। काफ़ी भीड़ इकट्ठी थी। राघवेन्द्र ने सबसे कहा कि जिस मयूर के लिए दुष्यन्त ने जान दी है, हमें उस मयूर को कल जिताना है। मुकेश सिनसिनवार राघवेन्द्र के इस क़दम से काफ़ी नाराज़ था, लेकिन कुछ कह के वह पब्लिक के इमोशन को कास के ख़िलाफ़ नहीं करना चाहता था। अध्यक्ष पद से राघवेन्द्र हट गया था। कुछ भी और कहने से बाक़ी तीन भी हार ही जाते, इसलिए वह भी राघवेन्द्र के फ़ैसले में शामिल हो गया और मयूर को कास ने भी समर्थन की घोषणा कर दी।

25 सितम्बर, 1999; चुनाव का दिन

जैसी उम्मीद थी, अख़बार में मयूर की इमोशनल कहानी छपी। मयूर और दुष्यन्त की दोस्ती को जय-वीरू की दोस्ती जैसा बताया गया। उसकी प्रेम-कहानी मुग़ले-आज़म जैसी कहानी हो गई। एक कोने में दुष्यन्त के घरवालों की फ़ोटो

भी थी। शेखर भैया के अख़बार ने इस सबके अलावा मयूर के ऊपर एक फीचर किया था जिसमें पिछले दो साल में किए गए आन्दोलनों के क़िस्से, फ़ोटो के साथ पेज नम्बर चार पर छपे थे। छात्र जब घर से वोट डालने निकले तो वह सिर्फ़ मयूर के बारे में अख़बार में पढ़कर निकले। हर किसी के मन में मयूर के लिए सहानुभूति थी। राघवेन्द्र के बयान ने शक्ति सिंह के समर्थन में हुए कुछ बनिया और अन्य जातियों को तोड़ा और मयूर के पक्ष में एक लहर आ गई। राघवेन्द्र को इसका फ़ायदा भी हुआ। कई लोगों को लगने लगा कि निशान्त की मौत दुर्घटना थी और राघवेन्द्र उसके लिए ज़िम्मेदार नहीं था। हालाँकि अभी भी बहुत बड़ा तबका राघवेन्द्र को दोषी मान रहा था; और न सिर्फ़ निशान्त का, बल्कि मयूर और दुष्यन्त का भी।

वोटिंग शुरू हुई...उम्मीद के हिसाब से वोट काफ़ी कम पड़े। अधिकतर छात्रों के घरवाले इस हत्याकांड से डरे हुए थे और उन्हें लग रहा था कि कहीं फिर से चुनाव के दौरान ख़ून-ख़राबा न हो जाए, इसलिए उन्होंने अपने बच्चों को कॉलेज नहीं जाने दिया। शाम को जब वोटों की गिनती शुरू हुई तो बैलट बॉक्स में से वोट नहीं, सहानुभूति गिर रही थी। हर चार में से तीन वोट मयूर को गए थे। एक घंटे की गिनती के बाद मयूर यूनिवर्सिटी के इतिहास में हुई सबसे कम वोटिंग के बावजूद सबसे ज़्यादा वोटों से जीता। राघवेन्द्र के मैदान से हटने की घोषणा के बावजूद उसे क़रीब 500 वोट मिले थे। शक्ति को 1856 वोट मिले थे जो पिछली बार के मुक़ाबले कम थे और मयूर को मिले 7211 वोट। बाक़ी कोई भी प्रत्याशी 100 पार नहीं कर पाया। अब तक कोई भी छात्रसंघ अध्यक्ष 2500 वोटों से ज़्यादा के अन्तर से नहीं जीता था। मयूर पहला ऐसा प्रत्याशी था जो 5000 से ज़्यादा के अन्तर से जीता था।

अगले दिन के अख़बारों की हेडलाइन थी—"जुझारू छात्र नेता मयूर भारद्वाज नये छात्रसंघ अध्यक्ष।"

मयूर की इस जीत पर जो सबसे ज़्यादा ख़ुश होता, वह अब दुनिया में नहीं था। इस ख़बर के साथ ही एक और बहुत बड़ी ख़बर थी—"मयूर और दुष्यन्त पर हमले के मामले में शक की सुई सिकन्दर बेनीवाल पर।" अन्दर ख़बर की डिटेल में लिखा था कि मयूर पर हुए हमले के हमलावर के मोबाइल पर आए सारे फ़ोन पूर्व शिक्षामंत्री सिकन्दर बेनीवाल के घर से किए गए थे और हमले से पाँच मिनट पहले तक दोनों नम्बर पर बात हुई है। यानी जब हम ऑमलेट खाकर निकल पड़े थे, तब तक! पुलिस ने बेनीवाल को पूछताछ के लिए बुलाया था।

मयूर ने ही एक तरह से सिकन्दर को मंत्री पद से हटाने के लिए इंक फेंककर

राज्येश को मसाला दिया था, इसलिए यह मान लेना स्वाभाविक था कि सिकन्दर ऐसा कर सकता है। लेकिन जिस तरह से सारी घटना घटी, कहीं तो कुछ मिसिंग था। राघवेन्द्र का एकदम से पीछे हटना, मयूर का राघवेन्द्र के ख़िलाफ़ कुछ नहीं बोलना, सिकन्दर का नाम इसमें शामिल होना, मयूर का इमोशनल कार्ड खेलना...कभी लगता कि यह सब मिले हुए हैं, पर आपस में इनके मिले होने का कोई कारण नहीं दिख रहा था। शायद कहीं कोई और था जो पर्दे के पीछे इस खेल को खेल रहा था।

***

''इतना छोटा-सा बच्चा है तू और तूने इतना बड़ा फ़ैसला ले लिया? राघवेन्द्र को मरवाने का कॉन्ट्रैक्ट दे दिया?'' मयूर सिर झुकाकर श्याम जोशी के सामने अपराधी-सा बैठा हुआ था। ''तुझे चुनाव जीतना है या हत्यारा बनना है?''

मयूर ने सहमी आवाज़ में कहा—''मुझे सिर्फ़ राघवेन्द्र से बदला लेना है।''

''तो हत्या करके लेगा? अरे पागल, तेरी ज़िन्दगी बर्बाद हो जाएगी इससे। यह तो कह कि तू शेखर का भाई है। इसलिए मैंने तुझे यहाँ बात करने को बुला लिया; वर्ना पुलिस तुझे अरेस्ट करने निकल पड़ी थी। अभी तक तू जेल में होता।'' मयूर कुछ नहीं बोला। जोशी जी ने उसे समझाया—''बदला लेना है तो चुनाव जीत के ले। उस राघवेन्द्र को मैदान से हटा के ले।''

''इतनी बदनामी के बाद मैं कैसे जीतूँगा? परसों चुनाव है। मैं क्या करूँ? मैं अपना अपमान नहीं सह सकता।''

''इस अपमान को धोने के लिए तुझे सहानुभूति की ज़रूरत है बेटा और वह सहानुभूति मैं तुझे दिलवाऊँगा। वह लड़की जो तेरी गर्लफ्रेंड थी, उसकी और तेरी स्टोरी जनता को पता लगनी चाहिए। तेरे से यह सब लोग डरते हैं, तुझे रास्ते से हटाने के लिए कुछ भी करेंगे, यह मैसेज सबको जाना चाहिए।''

''पर कैसे?''

''बस, वही करना और वही बोलना जो मैं कहता हूँ। तू जो गोली राघवेन्द्र पर चलाने वाला था, वह अब तुझ पर और तेरे दोस्त दुष्यन्त पर चलेगी। तुझे गोली छू के निकलेगी, ताकि कल बात कर सके। हाँ, दुष्यन्त को थोड़ा ज़्यादा घायल होना होगा...तभी कहानी में दोस्ती का इमोशन आएगा। फिर उस दोस्त के नाम पर, उस प्यार के नाम पर कहानी सुनाना...यह कहानी आई और तू वो

जीता!'' मयूर आँखें फाड़कर श्याम जोशी को देखता रहा। जोशी ने उससे कहा—''रहा राघवेन्द्र तो वह तेरे समर्थन में नाम वापस लेगा। तेरा बदला भी पूरा और अध्यक्ष की कुर्सी भी तेरी।''

मयूर समझ गया कि गृह मंत्री किसी बड़ी पॉलिटिक्स में उसे मोहरा बना रहे हैं। राघवेन्द्र भी तो ऐसे ही मोहरा बना था राज्येश का! मयूर ने इस प्लान के लिए मना कर दिया और कहा कि उसकी ग़लती थी राघवेन्द्र को मारने का कॉन्ट्रैक्ट देने की, वह उसे भी वापस ले लेगा और ऐसे किसी प्लान का हिस्सा नहीं बनेगा।

उसकी बात सुनकर श्याम जोशी ग़ुस्सा हो गए—''राघवेन्द्र को मारने का जो कॉन्ट्रैक्ट तूने दिया है, पुलिस के पास उसका सबूत है। तू या तो मेरी बात मान या हत्या की साजिश में गिरफ़्तार हो जा। मैं तेरे भले के लिए बोल रहा था, पर तुझे नहीं मानना तो ठीक है; मैं पुलिस को बुला लेता हूँ।''

मयूर घबरा उठा और बोला—''पर यह बहुत रिस्की है; अगर गोली ग़लत जगह लग गई और हममें से कोई मर गया तो?''

''राघवेन्द्र की सुपारी जो दी थी, वह कम रिस्की थी?'' जोशी ने तमक कर कहा। फिर आवाज़ में थोड़ी नरमी लाते हुए कहा—''गोली चलाने वाला तेरे प्रशान्त दीक्षित का ही आदमी है। ध्यान रखेगा वह। बस अब तू नार्मल होकर जा और तैयारी कर। आज रात को ही यह काम होगा। हाँ, अगर दुष्यन्त की चिन्ता है तो उसकी जगह वह जो दूसरा दोस्त है तेरा, अरुण गुप्ता, उसे साथ ले जा। अगर गोली ग़लत भी लग गई तो एक दुश्मन ही कम होगा तेरा; और दोस्ती की कहानी वैसी की वैसी ही रहेगी।''

''अरुण? पर क्यों?'' मयूर हैरान था। श्याम जोशी ने बताया—''तेरे ख़िलाफ़ था वह हमेशा...पिछले साल से ही अन्दर की तेरी ख़बरें राघवेन्द्र को देता आ रहा है। यह रेप केस वाली बात भी उसी ने राघवेन्द्र को बताई।'' मयूर सोच में पड़ गया। श्याम जोशी ने उसे प्यार से धमकाते हुए कहा—''जो कह रहा हूँ...तेरे फ़ायदे के लिए है। मानेगा तो परसों अध्यक्ष बन जाएगा, नहीं मानेगा तो...''

मयूर को कुछ समझ में नहीं आ रहा था। मेरे बारे में सुनकर उसे धक्का लगा, राघवेन्द्र से बदला लेने की इच्छा और बलवती हो गई।

श्याम जोशी वैसे मयूर से झूठ बोला था कि उसे पुलिस से इस साजिश का पता चला है। पुलिस को इस बारे में कुछ नहीं पता था। जब मैंने मयूर की प्लानिंग राघवेन्द्र को बताई तो उसने श्याम जोशी को जाकर कहा कि इस हत्या की

साजिश के इल्ज़ाम में मयूर को गिरफ़्तार करवा दें ताकि यह काँटा हमेशा के लिए रास्ते से हट जाए, पर श्याम जोशी की तो आँखें इस ख़बर को सुनकर चमक उठीं। उन्हें अपने मुख्यमंत्री बनने का रास्ता साफ़ होता दिखने लगा। अब सवाल है कि राघवेन्द्र श्याम जोशी के पास कैसे पहुँचा? वह कहानी बाद में।

श्याम जोशी पार्टी का अपने प्रति सारा रवैया बख़ूबी समझ रहे थे। तराजू का किरदार निभाना उन्हें हमेशा अखरा। इसके बावजूद चुप रहे, क्योंकि वह लोकप्रिय थे, ईमानदार माने जाते थे; पर सिकन्दर या राज्येश की तरह जननेता नहीं थे, भीड़ इकट्ठी नहीं कर सकते थे। इसलिए उनके पक्ष में गुटबन्दी करने वाला कोई नहीं था।

बतौर गृहमंत्री श्याम जोशी चुपचाप सिकंदर-राज्येश की भीतरी लड़ाई पर नज़र रखे हुए थे। उन्होंने आईबी का भरपूर इस्तेमाल किया। जासूसी कराई और हर ज़रूरी आदमी यहाँ तक कि मुख्यमंत्री के फ़ोन भी टेप कराए। फ़ोन टेपिंग से उन्हें काफ़ी ख़बर रहती और जब सिकन्दर या राज्येश में से कोई एक ज़्यादा उठने लगता तो वह दूसरे को कुछ राज इस तरीक़े से बताते कि दोनों को लगता, जोशी जी सिर्फ़ उसके हितैषी हैं। श्याम जोशी तो बस ऐसे मौक़े के इन्तज़ार में बैठे थे, जब वह इन दोनों को पटखनी दे सकें और मुख्यमंत्री बन जाएँ।

जब श्याम जोशी को राघवेन्द्र के ख़िलाफ़ राज्येश की साजिश का पता चला तो उसे लगा कि अब मोहरा मिल गया है। जोशी ने राघवेन्द्र के पीछे एक इंटेलिजेंस का आदमी लगा दिया। वही आदमी उस दिन कोर्ट में राघवेन्द्र की गिरफ़्तारी के बाद श्याम जोशी को फ़ोन पर रिपोर्ट कर रहा था। राज्येश ने राघवेन्द्र को थाने में पीटने को कहा था, श्याम जोशी ने उसे टॉर्चर ही करवा दिया।

श्याम जोशी ने राघवेन्द्र से पहली मुलाक़ात तब की जब राज्येश ने मयूर को उपाध्यक्ष पद पर चुनाव लड़वाने को कहा। ''हम ब्राह्मणों की ज़रूरत इन सबको है, लेकिन जब सत्ता बाँटने की बात आती है तो इन्हें वोटबैंक दिखता है, जो हम नहीं हैं। पार्टी अध्यक्ष बनाना हो तो दलित को बना दो, मन्त्रिमंडल में दलित रखो, और अगर सवर्ण को कुछ देना है तो पहले देख लो राजपूत और जाट को कुछ मिला कि नहीं। बचेगा तो पंडित को भी दे देंगे। भिक्षा दे रहे हैं क्या वह हमें? बेटा, यही राजनीति में होता आया है और होता रहेगा। क्यों राज्येश या सिकन्दर ही मुख्यमंत्री बनें, मेरे जैसा कार्यकर्ता क्यों नहीं? क्योंकि मैं ब्राह्मण हूँ...क्यों कास पहले राजेन्द्र को टिकट दे और फिर सुरेश को? क्यों राज्येश शक्ति को जिताने के लिए तुझे धोखा दे, सिर्फ़ इसलिए कि वह उसका वोटबैंक है और तू सिर्फ़ ब्राह्मण?''

"राज्येश सिंह ने शक्ति को जिताने के लिए मुझे धोखा दिया ? समझा नहीं मैं ?" राघवेन्द्र ने पूछा।

"तुझे पता ही नहीं कि थाने में तेरी इतनी पिटाई क्यों हुई ? राज्येश चाहे तो क्या नहीं कर सकता, पर तुझे पाँच-दस लाख का चन्दा तक नहीं दिलाया ? कोई नहीं दे रहा था तो ख़ुद ही दे देता। उसी ने तेरे को गिरफ़्तार करवाया था ताकि तू टूट जाए। यह टेप सुन..."

टेप सुनने के बाद राघवेन्द्र सन्न रह गया था। श्याम जोशी ने उसे शीशे में उतारने की तैयारी शुरू कर दी और अपनी बातचीत का टेप भी सुनाया जिसमें उसने राज्येश को कहा था राघवेन्द्र को टिकट दिलवाओ। "साम दाम दंड भेद चाहे जिस भी नीति से, हमें अपना हक़ ख़ुद लेना पड़ेगा। राघवेन्द्र बेटा, अब हमें दूसरा रास्ता लेना होगा और दूर की सोचनी होगी। यह सब अध्यक्ष पद की कुर्सी वग़ैरह मिल गई तो बढ़िया, नहीं मिली तो उसके लिए अपने आपको ख़त्म नहीं करना; बल्कि आगे का देखना है।"

"मुझे कुछ समझ में नहीं आ रहा है कि क्या करूँ ?"

"मैं समझाता हूँ। तू सिकन्दर के खेमे में घुस जा और उसका ख़ासमख़ास बन। हमें जल्दी ही इस राज्येश और सिकन्दर को ठिकाने लगाना है। हम दोनों के पॉलिटिकल कैरियर को इन दोनों ने अपने स्वार्थ के लिए बहुत नुकसान पहुँचाया है,अब हमारी बारी है।"

"सिकन्दर मुझे अपने खेमे में घुसाएगा क्यों ?"

"मैं कहूँगा उसे और वह मेरी बात मानेगा। सिर्फ़ अपने साथ रखेगा नहीं, बल्कि पैसे भी देगा। बस, इस टेप का ज़िक्र कहीं मत करना और अगर वह यह टेप सुनाए तो ऐसे बर्ताव करना जैसे तू पहली बार सुन रहा है। अभी तो दो-तीन दिन वैसे ही काम कर, जैसे राज्येश ने कहा है। सिकन्दर के खेमे में घुसाने की ज़िम्मेदारी मेरी।"

श्याम जोशी को दोनों बिल्लियों की लड़ाई में जो तराजू बैलेंस करने को कहा गया था, उसमें वह एक बार राज्येश तो एक बार सिकन्दर को एक-दूसरे के ख़िलाफ़ मदद करते और साथ में आपनी स्थिति लगातार मजबूत कर रहे थे।

हर गोटी जोशी जिस सधे ढंग से खेल रहा था, उसके अनुसार सब कुछ ठीक चल रहा था। राज्येश के हटने के आसार बन रहे थे, पर सिकन्दर को दौड़ से बाहर करने के लिए श्याम जोशी को कोई हथियार नहीं मिल रहा था। तभी उन्हें पता चला कि मयूर राघवेन्द्र को मरवाने का प्लान कर रहा है। श्याम जोशी को लगा, जो मौक़ा चाहिए था वह मिल गया है। उन्होंने राघवेन्द्र को सबसे

पहले इस बात के लिए राजी किया कि वह उनके प्लान में साथ दे।

जोशी का पूरा प्लान सुनकर राघवेन्द्र मुस्कुराया और बोला—"पिछले कुछ समय से मेरा हर प्लान फेल हुआ है, यह वाला बहुत ख़तरनाक है। लेकिन भरोसा है आप पे। आप कह रहे हैं, मैं वही करता हूँ।"

"ख़तरनाक तो है, इसलिए फ़ोन करते हुए फँस मत जाना बेटा। बहुत ध्यान से करना और हाँ, उन लोगों को यह समझा देना कि मयूर ज़िन्दा रहना चाहिए, पर उसका दोस्त जान से मर जाना चाहिए। एक तो सहानुभूति ज़्यादा मिलेगी, दूसरा, यह मामला हत्या का हो जाएगा तो गम्भीरता बनी रहेगी और मुझ पर जाँच करवाने का दबाव रहेगा। दबाव होगा तभी तो मैं अपनी पार्टी वाले के ख़िलाफ़ भी पुलिस से कार्यवाही करवाऊँगा।"

"पर मयूर को आप जानते नहीं, वह पहले मेरे ख़िलाफ़ बोलेगा और फिर सारा प्लान चौपट कर देगा।"

"उसकी चिन्ता मुझ पर छोड़ दे बेटा, मयूर को समझा दूँगा मैं। वह वही करेगा जो हम चाहते हैं। नहीं करेगा तो तेरी हत्या की साजिश रचने के जुर्म में अन्दर जाएगा।"

राघवेन्द्र को यह सारा प्लान बड़ा मज़बूत लगा। इमेज भी साफ़ हो जाएगी, राज्येश और सिकन्दर दोनों से बदला पूरा हो जाएगा और जोशी के मुख्यमंत्री बनने पर सीधा मुख्य राजनीति में एंट्री।

राघवेन्द्र ने प्लान के मुताबिक सिकन्दर के घर से हत्यारों को फ़ोन किया और एक फ़ोन तो उसके बेडरूम से भी किया। मयूर भी प्लान को मान गया था पर उसे यह नहीं पता था कि उसके क़रीबी दोस्त की जान चली जाएगी; लेकिन अब वह कुछ बोल नहीं सकता था। पुलिस को मोबाइल रिकार्ड्स में सिकन्दर के घर से आए फ़ोन दिखे और उन्होंने उसे पूछताछ के लिए बुला लिया। गृह मंत्री ने भी बयान दिया कि अपराधी कितना ही प्रभावशाली हो, वह न्याय करवा के रहेंगे।

***

राज्येश सिंह राठौड़ सिकन्दर के निपटने से ख़ुश तो बहुत हुआ, पर ख़ुशी ज़्यादा दिन टिकी नहीं। बारह दिन बाद ही कोर्ट ने राज्येश के ख़िलाफ़ मुक़दमों की जाँच शुरू कर दी और पार्टी ने उससे इस्तीफ़ा ले लिया। मुख्यमंत्री पद का दूसरा

सबसे सशक्त उम्मीदवार सिकन्दर बेनीवाल दुष्यन्त के मर्डर केस में पहले से सन्दिग्ध था, इसलिए उसे भी मुख्यमंत्री नहीं बनाया जा सकता था।

इन सब घटनाओं ने पार्टी की छवि भी ख़राब की थी, इसलिए अब एक साफ़ छवि वाले ईमानदार नेता को मुख्यमंत्री बनाया जाना ज़रूरी था। बचे हुए नेताओं में सिर्फ़ श्याम जोशी ही इस क़द के थे, जिन्हें मुख्यमंत्री बनाया जा सकता था। राज्येश ने भी श्याम जोशी को मुख्यमंत्री बनाने का समर्थन किया ताकि कुर्सी अब भी उसके गुट के आदमी के पास ही रहे। सिकन्दर ने भी श्याम जोशी का समर्थन इसी कारण से किया और आखिरकार श्याम जोशी जी राज्य के मुख्यमंत्री बन गए।

इस खेल में सबने कुछ न कुछ पाया—मयूर को अध्यक्ष की कुर्सी मिली, श्याम जोशी को मुख्यमंत्री की, राघवेन्द्र को पशु कल्याण बोर्ड का अध्यक्ष बना दिया गया; लेकिन दुष्यन्त...

***

जिस-जिस ने जो कुछ किया उसके लिए सबके पास अपनी वजहें थीं। किसी को कुर्सी चाहिए थी, किसी को बदला लेना था, किसी को फेमस होना था, मेरे पास भी अपनी दो वजहें थीं मयूर को धोखा देने के लिए। वजह कोई बहुत गहरी नहीं थी, पर जो भी थी वह मेरे लिए बहुत बड़ी थी। इस उम्र में दोस्तों के बीच अधिकतर झगड़ों की जड़ लड़की ही होती है, वही मेरे और मयूर के झगड़े की भी शुरुआत थी। बस, फ़र्क़ इतना है कि बदला तब के तब न लेकर मैंने चार साल बाद लिया।

मैं और दुष्यन्त पहली क्लास से साथ में थे। हमारे घर आसपास थे। हम लोग स्कूल साथ में जाते, साथ में टिफ़िन खाते और लड़कियाँ भी साथ में ताड़ते। मुझे जब भी ज़रूरत हो तो दुष्यन्त मेरे लिए खड़ा रहता और मैं दुष्यन्त के लिए। दुष्यन्त के साथ मैं काफ़ी सेफ फील करता था। दसवीं तक हम साथ रहे और हमें पता था कि ग्यारहवीं में भी हम साथ ही रहेंगे, क्योंकि दोनों पढ़ने में बहुत अच्छे नहीं थे, इसलिए हमें आर्ट्स ही मिलना था, और यही हुआ भी। हम दोनों आर्ट्स में आ गए, और सिर्फ़ हम नहीं, दसवीं तक हमारे सेक्शन में पढ़ने वाले तक़रीबन सत्रह और बच्चे जिनमें ग्यारह लड़के और छह लड़कियाँ थीं। उन्हीं लड़कियों में से एक थी, श्रुति। मुझे श्रुति आठवीं क्लास से पसन्द थी, पर मैं कभी उसे कुछ कह नहीं पाया। श्रुति पढ़ने में अच्छी थी लेकिन उसे दसवीं में

ही यह पता था कि उसे करना क्या है, इसलिए उसने साइंस की जगह आर्ट्स ले लिया।

मुझे लगा कि शायद ऊपर वाला हम दोनों को मिलाना चाहता है इसीलिए वह मेरे सेक्शन में फिर से आई है। श्रुति से दोस्ती बढ़ाने के लिए यह बेहतरीन मौक़ा था क्योंकि उसकी ज़्यादातर सहेलियों ने साइंस लिया था और क्लास में वह थोड़ी अकेली थी। मैं पुराने सेक्शन का होने के नाते क़रीबी हो सकता था। उससे बात करने के लिए और उसके क़रीब रहने के लिए मैंने उसके ठीक पीछे की सीट ले ली। जब वह क्लास में टीचर की बात सुनते हुए सिर हिलाती तो मेरी नज़र उसके सिर के साथ उसकी हिलती हुई पोनीटेल पर घूमने लगती। ग्यारहवीं शुरू हुए बीस दिन हो गए थे, पर अभी तक मैं सिर्फ़ उसकी पोनीटेल से ही बातें करता था। एक-दो बार हाय-हेलो तो हुई लेकिन मुझे लगा कि मेरी तरफ़ से हाय की जैसी आउटगोइंग थी, श्रुति की तरफ़ से हेलो की वैसी इनकमिंग नहीं थी। उसकी इस बेरुखी से मैं ज़्यादा बात करने की हिम्मत नहीं कर पाया।

उम्मीदें ज़िन्दा थीं कि एक दिन मयूर हमारे सेक्शन में आया। मयूर भी स्कूल में पहले से ही था, पर किसी और सेक्शन में। मयूर के भी दसवीं में अच्छे मार्क्स आए थे। शायद ऐसा धर्मशास्त्रों में लिखा गया होगा कि जिसके अच्छे मार्क्स आते हैं, उसे साइंस लेना होता है। ऐसे में मयूर को श्रुति की तरह यह पता नहीं था कि उसे करना क्या है, इसलिए उसने भेड़चाल में साइंस ही ली, पर पन्द्रह-बीस दिन पढ़ने के बाद उसे लगा कि वह साइंस के लिए नहीं बना है। तब उसने सब्जेक्ट बदलवा कर आर्ट्स ले लिया। इस तरह मयूर अब हमारा क्लासमेट बन गया था। अब लेट आया था तो बैठने के लिए आख़िरी लाइन में ठीक मेरे पीछे की सीट उसे मिली।

जिस तरह मेरे सेक्शन में लड़के ज़्यादा आए थे लड़कियाँ कम उसके उलट आर्ट्स में मयूर के पुरानी क्लास के लड़के कम थे और लड़कियाँ ज़्यादा। मयूर की बात सबसे अच्छी होती थी और आते ही वह लड़कियों से घिर गया। श्रुति भी उन लड़कियों के ग्रुप में शामिल होने लगी थी। इस तरह मयूर और श्रुति की भी थोड़ी बातचीत हुई। दोनों में यह कॉमन था कि साइंस छोड़कर आर्ट्स लिया था और इस टाइम क्लास में सबसे ज़्यादा मार्क्स वाले थे दोनों। पहले दिन में ही मयूर ने श्रुति से पाँच-छह मिनट बात की, इतनी तो मैंने उससे पूरे दस साल में एक सेक्शन में रहकर नहीं की थी। मुझे बहुत तेज़ ग़ुस्सा आया पर उसका पहला दिन था, मैंने कुछ कहा नहीं। दूसरा दिन आया तीसरा दिन आया और इन दोनों की रोज़ थोड़ी-बहुत बात होने लगी। क्लास में भी दोनों एक-दूसरे को देखकर मुस्कुराते रहते और मेरी सुलगती रहती। मैंने एक-दो

बार मयूर को घूर के देखा पर या तो उसने ध्यान नहीं दिया, और जब दिया तो मुस्कुरा के हेलो बोल के निकल गया।

मैंने एक दिन मयूर को रोककर बोला—"श्रुति से बात मत किया कर। वह मेरी है।"

मयूर हँसने लगा और बोला—"तेरी है तो अपना नाम गुदवा दे उसके माथे पे..." मुझे इस जवाब की उम्मीद बिलकुल नहीं थी। मैं कुछ सोचता उससे पहले मयूर वहाँ से निकल गया।

इसके बाद से मयूर और ज़्यादा श्रुति के पास बैठने लगा और मुझे देख के हँसता भी था। मैंने अपने गैंग—दुष्यन्त, प्रताप वग़ैरह से बात की और कहा, अब इस मयूर के बच्चे को अच्छे से हड़काना होगा। तीन दिन बाद हमारे टेस्ट शुरू होने वाले थे। दुष्यन्त ने कहा कि अगर लड़ाई बढ़ गई तो टेस्ट में पंगा हो जाएगा। इसलिए पहले यूनिट टेस्ट दे लेते हैं उसके बाद इसे फुटबॉल बनाएँगे। मैंने सोचा, इतने दिन इन्तज़ार किया तो कुछ दिन और सही।

इकोनॉमिक्स का पेपर था और दुष्यन्त को कुछ नहीं आता था। उसने इधर-उधर झाँकने की कोशिश की तो टीचर ने उसे उठाकर पीछे मयूर के बग़ल में बिठा दिया। दुष्यन्त की हालत एकदम टाइट। मयूर ने दुष्यन्त को कुहनी मारी और कॉपी से हाथ हटा लिया। दुष्यन्त को बिना ज़्यादा गर्दन घुमाए मयूर की कॉपी पूरी दिखी और उसने सारे आंसर लिख डाले। एग्ज़ाम के बाद मयूर को उसने हाथ मिलाकर 'थैंक यू' बोला। मैं दुष्यन्त के पास गया और पूछा—"हाथ क्यों मिलाया उससे?" दुष्यन्त ने जवाब दिया—"बिना जान-पहचान के उसने हेल्प की मेरी, थैंक यू बोलना तो बनता है। वैसे मुझे सही लग रहा है बन्दा।" मैं चिढ़ बैठा पर कुछ नहीं कहा। अगले दिन से टेस्ट वाले पीरियड में दुष्यन्त ख़ुद ही मयूर के बग़ल में जाकर बैठ जाता और मयूर उसे आंसर कॉपी करने देता। दुष्यन्त और मयूर अब घुल-मिलकर बातें करने लगे थे।

मैं मन-ही-मन प्रार्थना कर रहा था कि मयूर और दुष्यन्त दोनों यूनिट टेस्ट में फेल हो जाएँ, पर क़िस्मत को कुछ और ही मंज़ूर था। मयूर क्लास में फ़र्स्ट आया था। दुष्यन्त, जिसके ज़िन्दगी में कभी 50 प्रतिशत से ऊपर नहीं आए थे, वह क्लास में सेकंड था। रिजल्ट आते ही दुष्यन्त 'भाई-भाई' चिल्लाते हुए मयूर की सीट पर गया और उसे गले लगा लिया। पहले श्रुति और अब मेरे बचपन का दोस्त दुष्यन्त—दोनों पर मयूर का जादू चल गया था, मेरी सुलग रही थी। मैंने दुष्यन्त को भड़काया कि जब तूने पूरा उसका कॉपी किया तो तेरे भी बराबर मार्क्स आने चाहिए थे उसने कुछ ग़लत बताया था, तुझे पीछे रखने

को। दुष्यन्त बोला—''उसने कुछ ग़लत नहीं बताया, मैंने ही एक आंसर ईमानदारी से लिख दिया था और वहीं मार्क्स कट गए।

मैंने दुष्यन्त को याद दिलाया कि हमें एग्जाम के बाद मयूर को सबक सिखाना था। दुष्यन्त ने मेरी बात अनसुनी कर दी। मैंने दुष्यन्त को दोस्ती की क़सम दी तो वह बोला—''उसने श्रुति को न तो प्रपोज़ किया है, न कुछ बोला है उसके बारे में। क्या कह के पंगे लेंगे। अच्छा लड़का है वो, मत लड़ उससे।'' मैंने उस दिन रात को घर जाकर फुल वॉल्यूम में 'दोस्त दोस्त न रहा, प्यार प्यार न रहा' वाला गाना सुना और गाने को सुन मुझे ज़िन्दगी से ज़्यादा अपने दोस्त पर ऐतबार न रहा। अब जो करना था, मुझे ही करना था।

प्रताप मज़े ले रहा था; बोला—''यार भाभी तो वही रहेगी पर लगता है कि भैया मयूर बन जाएगा।'' मेरी पहले से सुलगी पड़ी थी और प्रताप फूँक मारकर आग भड़का रहा था। छुट्टी के टाइम मैं सीधे गया और मयूर की कॉलर पकड़ ली; बोला—''मना किया था न तुझे...बोला था न श्रुति से दूर रहियो...मेरी है वो!''

जवाब में मयूर ने मुझे धक्का दे मारा और बोला, भाग साले! मैं इससे पहले कि उसे मारता, वाइस-प्रिंसिपल उधर आ गए। उन्होंने धक्का-मुक्की देखी तो हमारे पास आ गए। मुझे लगा अब यह मेरी शिकायत करेगा, पर मयूर ने मेरी उम्मीद के उलट कोई शिकायत नहीं की और बोला—''सर, मस्ती कर रहे थे।'' वाइस-प्रिंसिपल सिर हिलाकर चले गए। मेरा ग़ुस्सा और बढ़ गया। मयूर ने आँखों से ही मुझे 'डोंट मेस विद मी' वाला लुक दिया और निकल गया।

अब दुष्यन्त को छोड़ मैंने बाक़ी सब दोस्तों से मयूर को पीटने की बात की, पर उनका भी साथ नहीं मिला। दुष्यन्त साथ नहीं तो यह लोग भी नहीं, ऊपर से वह लोग भी मयूर को पसन्द करने लगे थे। मैंने मयूर को तंग करने के दूसरे तरीक़े अख़्तियार किए। कभी उसकी कॉपी गायब कर देता तो कभी उसके टिफ़िन से खाना निकालकर फेंक देता। दो-तीन बार उसकी साइकिल के दोनों टायर पंचर कर दिए। एक दिन मयूर टॉयलेट से निकल रहा था तो मैंने उसे जानबूझकर टँगड़ी मार दी और वह गिर पड़ा। मैं हँसता हुआ निकल गया। मुझे उम्मीद थी कि अब वह मेरे से लड़ेगा और तब मेरे पुराने दोस्त मेरा साथ देंगे, पर वह उठा और चुपचाप निकल गया।

इंटरवल में उसने मुझे पकड़ा और बोला—''देख, तुझे श्रुति पसन्द है तो तू जाके उसे प्रपोज़ कर दे...तेरे को डर लगता है तो मैं बात कर सकता हूँ।''

''तू क्यों बात करेगा...मेरे कोई जुबान नहीं है क्या...तू बस मेरे रास्ते से हट जा...''

''मैं तेरे रास्ते में कहीं नहीं हूँ दोस्त...तू मेरे रास्ते में बार-बार आ रहा है और यह सब जो कर रहा है न मेरे साथ...''

''क्या कर रहा हूँ तेरे साथ...वैसे मैंने अभी तेरे साथ तो किया ही क्या है?''

''मुझे सब पता है, तू जो-जो कर रहा है। मत कर...मेरा दिमाग़ जिस दिन फिर गया ना..''

''तो क्या कर लेगा...मारेगा मुझे...ले मार...'' मैं उसके पास जाकर खड़ा हो गया और उसे धक्का देके बोला—''ले मार, मार ना...'' यह कह के मैंने दुष्यन्त और अपने बाक़ी दोस्तों को आवाज़ दे दी। सब आ गए...

मयूर ने सबको देखा। फिर मेरे दोनों कन्धों पर अपने दोनों हाथ रखे और बोला—''मैं हाथ-पाँव से नहीं मारता, क्योंकि उसकी चोट भर जाती है। मैं ऐसी चोट मारता हूँ जो दिखती नहीं, पर अन्दर से काट देती है।''

मैंने दुष्यन्त को देखा और बोला—''सुन रहा है...'' फिर मैं मयूर की ओर पलटा, उसके दोनों हाथ कन्धे से नीचे झटके और कहा—''दे, वह अन्दर की चोट ही दे दे...मैं भी देखूँ क्या करेगा...''

''जानता है क्या करूँगा...श्रुति से तेरे को राखी बँधवा दूँगा अभी के अभी...मेरी सब बात मानती है वो...कहे तो करके दिखाऊँ?'' मेरे जवाब देने से पहले वह क्लास की तरफ़ बढ़ा और श्रुति को आवाज़ देकर बोला—''मेरे बैग में एक धागा पड़ा है, ले आएगी प्लीज़...'' श्रुति ने हाँ में सिर हिलाया।''ओ भेंणचो...'' प्रताप बोला और मेरे सारे दोस्त ठहाका मारकर हँसने लगे। श्रुति सच में धागा लेके आ रही थी। दुष्यन्त मज़े लेने लगा, बोला—''बनने चले थे सैयां, बनेंगे भैया...'' दस साल से जो दोस्त थे, वह एक महीने की जान-पहचान के लिए मेरे से ऐसे दूर हो गए थे! सबसे ज़्यादा दुख मुझे दुष्यन्त के बर्ताव से हो रहा था। उसके साथ रहने पर मुझमें कॉन्फिडेंस रहता था, पर वह मुझे छोड़ इस नये लड़के की साइड ले रहा था।

मेरा दिमाग़ सुन्न हो गया और पाँव काँपने लगे। मैंने तुरन्त हाथ जोड़े और मयूर से बोला—''भाई, माफ़ कर दे; ग़लती हो गई। दुबारा नहीं करूँगा। प्लीज़, ऐसा मत कर।'' श्रुति तब तक पास आ चुकी थी। मयूर ने श्रुति से कहा—''यह धागा अरुण को दे दे...इसे एक पैकेट बाँधना है।'' श्रुति ने धागा दिया और बड़ी अजीब नज़रों से हम सबको देखती चली गई। उसके जाने के बाद मयूर बोला—''मेरी सिर्फ़ दोस्त है वह...और अच्छी दोस्त है। तुझे पसन्द है तो प्रपोज़ कर, ज़रूरत पड़े तो बोल, मैं मदद कर दूँगा। पर यक़ीन रख, मैं उसे

कभी प्रपोज़ नहीं करूँगा; क्योंकि ऐसा करके मेरा फ़्लर्ट करने का स्कोप ख़त्म हो जाएगा। हाँ, अगर उसने किया...तो सोचूँगा।''

मयूर ने जैसा कहा, कभी श्रुति को प्रपोज नहीं किया। शायद श्रुति ने भी नहीं किया होगा, वर्ना उस जैसी लड़की के लिए कौन सोचता है, सीधे 'हाँ' बोला जाता है। मैंने मयूर से बात करनी बन्द कर दी, पर वह क्लास में था और वक़्त के साथ अब वह सेक्शन वाला भेद मिट गया था। अब हम सब एक सेक्शन के थे। मयूर ने उस दिन के झगड़े के बाद ऐसे बर्ताव किया जैसे कुछ हुआ ही न हो। उसने न कभी मुझसे दुबारा उस घटना का ज़िक्र किया और न ही कभी कोई ऐसी हरकत की जिससे मुझे बुरा लगे। मेरे पास उससे नाराज़ रहने की कोई वजह नहीं थी। धीरे-धीरे उससे बातचीत शुरू हुई। जब कॉलेज में पहुँचे और दुनिया तो बड़ी हुई। हमारा ग्रुप बहुत छोटा हो गया। ऐसे में अब हमीं एक-दूसरे का सहारा थे। बातचीत दोस्ती में बदल गई।

मैं और मयूर दोस्त तो बन चुके थे, पर मेरे दिल में कहीं-न-कहीं एक फाँस जरूर थी। उसने मुझसे दो क़ीमती चीज़ें छीनीं—पहली बचपन का दोस्त दुष्यन्त और दूसरी चीज़, श्रुति का बॉयफ्रेंड बनने का चांस। उस घटना के बाद से मैं कभी श्रुति को प्रपोज करने की हिम्मत नहीं कर पाया, बल्कि उसे अपने दिल से निकालना शुरू कर दिया। अकेले में मैं अक्सर मयूर को मारा करता। एक तमन्ना थी कि कभी हिसाब चुकता करने का मौक़ा मिले। मौक़ा मिला...और मैं तो बनिया हूँ...मैंने हिसाब ब्याज समेत बराबर किया, बस, क़ीमत दुष्यन्त को चुकानी पड़ी।

***

मयूर अध्यक्ष बन गया, पर बेचैन रहने लगा। अध्यक्ष बनने के एक महीने बाद उसने अचानक अध्यक्ष पद से इस्तीफ़ा दे दिया...और रातोरात जयपुर छोड़कर कहीं चला गया...उस दिन के बाद से हमारे पूरे ग्रुप में किसी को नहीं पता कि वह कहाँ है! जाने से एक दिन पहले उसने मुझसे सिर्फ़ इतना कहा था—मुझे पता है, तूने मुझे धोखा दिया...पर दुख उसका नहीं है। बस, यही सोचता हूँ कि अगर तूने धोखा न दिया होता तो आज दुष्यन्त ज़िन्दा होता...

मयूर के ऐसे गायब होने के बाद मेरी कभी हिम्मत नहीं हुई कि मैं शेखर भैया या किसी और से पूछूँ कि वह कहाँ है। कुछ साल बाद उसके पापा रिटायर हो गए। शेखर भैया दिल्ली के एक अख़बार में नौकरी करने चले गए और

उनके साथ पूरी फैमिली जयपुर छोड़कर दिल्ली शिफ्ट हो गई। मयूर को कुछ दोस्तों ने अलग-अलग जगहों पर देखा, पर उसने सबको अपने बारे में कुछ अलग ही बताया। किसी ने कहा, वह भी पत्रकार बन गया...कोई कहता है कि एमबीए करके कॉरपोरेट में चला गया...कुछ लोगों को उसने बताया कि वह फ़ोटोग्राफर है तो कुछ लोग उसे लेखक मानते हैं।

सिकन्दर बेनीवाल पर दुष्यन्त की हत्या का दोष साबित नहीं हो पाया और दुष्यन्त की हत्या राज ही रह गई।

राज्येश सिंह राठौड़ पर मुक़दमा चला। दो मामलों में वह दोषी साबित हुआ। पार्टी ने उसे साइडलाइन कर दिया और 2003 में दिल के दौरे से उसकी भी मौत हो गई।

राघवेन्द्र ने पशु कल्याण बोर्ड का अध्यक्ष रहते अपना रुतबा कायम किया और ख़ूब पैसा कमाया। जिस गौशाला वाले ने उस पर जबरन वसूली का केस किया था, राघवेन्द्र के मंत्री बनने के कुछ दिनों बाद उसकी एक सड़क दुर्घटना में मृत्यु हो गई। गौशाला पर अब राघवेन्द्र का कब्ज़ा है। राज्य में वह एक बड़ा गौसेवक है और अगले विधानसभा चुनावों में फिर ताल ठोकने को तैयार है।

दुर्गाराम जाट बूढ़ा हो चुका है और अब फिलांथ्रोपिस्ट कहलाता है। शराब का धन्धा बेटे सँभालते हैं और वह स्कूल-कॉलेज खोलकर समाजसेवा के भाषण देता है।

श्रुति ने एक सॉफ्टवेयर इंजीनियर से शादी की और विदेश चली गई। प्रताप अभी भी जयपुर में है और अपना बिज़नेस कर रहा है। और मैं? मैंने आख़िरकार जयपुर छोड़ने से पहले श्रुति को प्रपोज़ किया था, पर उसने मना कर दिया... मयूर के लिए मेरे मन में अब कोई ग़ुस्सा नहीं। कभी-कभी अचानक से लगता है, दुष्यन्त जनता स्टोर जल्दी पहुँचने के लिए आवाज़ लगा रहा है...और मयूर उसके पीछे खड़ा मुझ पर चुटकुले बना रहा है...

✪✪✪

जनता स्टोर समसामयिक सामाजिक-राजनीतिक परिदृश्य का एक स्नैपशॉट माना जा सकता है।

—हिन्दुस्तान

जनता स्टोर हम सब की जिंदगी का एक हिस्सा है।

—अमर उजाला

जनता स्टोर राजनीति की उन्हीं तहों को उधेड़ती है जहाँ ऊपर से सब सामान्य दिखता है पर अन्दर हलचल मची होती है।

—टाइम्स नाऊ हिंदी

जनता स्टोर नाम का यह उपन्यास छात्र राजनीति और राष्ट्रीय राजनीति के आपसी गठजोड़ को बहुत ही बेबाकी और सच्चाई से दर्ज करता है।

—सत्याग्रह.कॉम

जनता स्टोर स्वयं में एक पूर्ण उपन्यास है, इसमें व्यंग्य भी है, युवावस्था की उमंग भी है, पहले-पहले इश्क की खट्टी-मीठी यादें भी हैं, मित्रों की मौत की हृदय विदारक भावनाएँ भी हैं।

—मातृभाषा.कॉम